Monday Morning
COOKING CLUB
Das Schlemmen geht weiter

Monday Morning
COOKING CLUB

Das Schlemmen geht weiter

Lisa Goldberg, Merelyn Frank Chalmers, Natanya Eskin,
Lauren Fink, Paula Horwitz und Jacqui Israel

Aus dem Englischen von Martina M Oepping

Mit Fotos von Alan Benson

Verlag Freies Geistesleben

INHALT

Unsere Geschichte entwickelt sich und das Schlemmen geht weiter ...

Im März 2006 hatten wir eine Idee: Sechs Frauen kamen jeden Montagmorgen bei unzähligen Tassen Tee zusammen, um Rezepte mit Seele zu finden, Rezepte, die verloren zu gehen drohten, Rezepte, die die Geschichte einer Gemeinschaft, einer Community, erzählen konnten: einer Gemeinschaft, bei der es immer ums Essen geht. Wir wollten Geld für eine Wohltätigkeitsorganisation beschaffen und träumten davon, ein Kochbuch zu schreiben, das neben den großen Kochbüchern der Welt bestehen konnte. Indem wir unsere Kochkünste, unsere Lust am Essen und unser Stehvermögen bündelten, ließen wir diese ursprüngliche Idee zu unserem gemeinsamen Traum wachsen.

Monday Morning Cooking Club. Sechs Freundinnen, ihre Geschichten, ihre Rezepte war die Krönung von fünf Jahren voller suchen, sammeln, testen, schmecken, auswählen, verfeinern, fotografieren, schreiben und herausgeben – und natürlich einer Sache, in der wir uns besonders hervorgetan haben: diskutieren. Das Buch ist eine einzigartige Momentaufnahme von Sydneys jüdischer Community, eine Zusammenführung einiger unserer besten Köchinnen und Köche, die uns großzügig an ihren begehrtesten Rezepten teilhaben ließen.

Sein Erscheinen im April 2011 war wie die Geburt eines (uns alle zusammengenommen) gemeinsamen 18. Kindes. Wir waren wie junge Mütter und beobachteten ängstlich die ersten Schritte unseres Babys in der großen weiten Welt. Wir kniffen uns immer wieder, als die Köchinnen und Köche ihre Rezepte begeistert zum ersten Mal gedruckt sahen, als uns jemand sagte, das Rezept erinnere ihn an seine Großmutter, und als es einen Medienrummel gab. Und noch einmal kniffen wir uns, als wir das Buch im Schaufenster von Buchhandlungen sahen; dort in vorderster Reihe präsentiert. Und dann haben wir uns wieder gekniffen, als es für unsere Lerserinnen und Leser ein regelrechtes Standardwerk wurde und die Rezepte immer wieder nachgekocht wurden.

Wir fühlten uns inspiriert, angeregt und ermutigt. Wir wollten unsere Suche über die Grenzen von Sydney hinaus auf das ganze Land ausdehnen: nach Südaustralien und Perth im Westen, nach Queensland im Norden und nach Melbourne im Süden. Es wurde Zeit für ein zweites Kind: ein weiteres Buch. Unser Aufruf erfolgte und wir wurden überschwemmt mit Rezepten aus dem ganzen Land, tatsächlich Hunderte über Hunderte; jedes einzelne eine Freude, es zu betrachten, und ein wertvoller Einblick.

Was für viele alltäglich erscheint, kann für andere etwas ganz Besonderes sein. Wie privilegiert wir uns fühlten, Zeuginnen sein zu dürfen, was Küchentische zum Abendessen ziert, welche Gerichte bei besonderen Gelegenheiten aufgetischt werden und was die Lieblingsspeisen für Schabbat und Pessach sind. Welche Ehre es für uns war, Zutritt zu erhalten zu Geschichten, die mal traurig und tragisch, heiter und besonders, vertraut und tröstlich, merkwürdig und überraschend waren: Geschichten vom Überleben und

Erfolg, von Familien und Freunden, Verlust und Genesung; Erzählungen von Großmüttern und Töchtern, Müttern und Tanten, Vätern und Freunden. So viele Rezepte, die weitergegeben worden waren von jemand Geliebtem, der längst nicht mehr da ist.

Die Rezepte für diesen Band auszusuchen war schwierig und lastete schwer auf unseren Schultern. Etwas auszusortieren war hart, und oft waren wir emotional mit den Köchinnen und Köchen wie den Rezepten verbunden. Am liebsten hätten wir alle Rezepte aufgenommen, aber wir hatten sehr strenge Kriterien, was Art, Schwierigkeitsgrad, Umfang und Platzbedarf im Buch anging. Für jedes Rezept, das wir aufgenommen haben, mussten wir schweren Herzens fünf andere weglassen. Wir entschuldigen uns bei all diesen großzügigen, freundlichen und unglaublichen Köchinnen und Köchen, die Rezepte eingereicht haben, die wir nicht verwenden konnten.

Für alle von Ihnen, die den ersten Band des *Monday Morning Cooking Club* haben, ist es vielleicht an der Zeit, ihn eine Weile aus der Hand zu legen und mit diesem aufregenden neuen Band zu experimentieren. Sie werden bemerken, dass die Bücher sich perfekt ergänzen. Für diejenigen, die uns zum ersten Mal begegnen, ist der Band ein guter Anfang.

Unser zweites Buch hat sechs Kapitel, die aus sehr lebhaften Debatten hervorgegangen sind, bei vielen Tassen Tee und der Selbstbeobachtung, wie wir, als Gesellschaft, gerne kochen und essen. Ganz zufällig (oder vielleicht vorherbestimmt) wurde uns klar, dass jedes einzelne Kapitel ein Spiegelbild einer von uns darstellt. «Mittagsbuffet» spiegelt Lauren wider, die sich zu langen Sonntagsessen hingezogen fühlt – in einem Umfang, sodass es wert wäre, diese in einem Magazin abzudrucken. Jacqui kennt sich aus mit «Alltäglichem», weiß alles über Effizienz und wie sie all ihre tägliche Arbeit am besten bewältigt – und trotzdem bekocht sie ihre Freunde und Familie mit viel Liebe und einem Minimum an Aufwand. Natanya liebt «Seelennahrung». Sie ist am glücklichsten, wenn sie Gerichte findet und erinnert, die Herzflattern hervorrufen und Leib und Seele befriedigen. Paula ist immer beim Planen eines «Festmahls», bereitet riesige Schabbat-Festtafeln zu, überbordend vor Essen und Blumen, wie für einen König. Lisa liebt die «Schlemmerei», sie isst voller Freude und Unbekümmertheit, holt sich immer einen Nachschlag und ermuntert die anderen, es ihr gleichzutun. Merelyn hält sich streng an «Traditionelles», ihre Zeit in der Küche bewegt sich nahtlos von einem jüdischen Feiertag zum nächsten. Ihr ist daran gelegen, die Traditionen der früheren Generationen an alle zukünftigen weiterzugeben.

Mögen diese Rezepte Ihr Zuhause mit köstlichen, herzerwärmenden Speisen füllen. Mögen Sie, Ihre Freunde und Ihre Familie sich von dem Essen genährt, umhegt und geliebt fühlen. Mögen unsere Geschichten Sie inspirieren, animieren und Ihnen einen Einblick in unsere außergewöhnliche Gemeinschaft geben.

Ihre MMCC girls xx

Monday Morning
COOKING
CLUB
the food, the stories, the sisterhood

Die Freundinnen

Jede von uns teilt in diesem Buch die Geschichte von jemandem, der unserem Herzen nahe ist, der neben uns in der Küche steht, entweder wörtlich genommen oder übertragen gesehen. Bei Lisa ist es eine Tante und bei Merelyn ihre Mutter, beide schmerzhaft vermisst. Bei Natanya, Paula und Jacqui sind es die Mütter, die immer noch einen starken Teil ihres Lebens bilden, und bei Lauren ihre unnachahmliche Schwiegermutter. Wir sind stolz und fühlen uns geehrt, Ausschnitte ihres Lebens und unsere Lieblingsrezepte weitergeben zu dürfen, die nun für immer weiterleben werden.

Lisa Goldberg

Ich bin die erste, die zugibt, dass ich eine «Fresserin» bin; ich träume, kaufe, koche, teile, suche, betrachte und fotografiere Essen und – natürlich – verspeise ich es. Beruflich startete ich als Juristin; seit 2006 habe ich meine Leidenschaft aufs Essen verlegt, indem ich das *Monday Morning Cooking Club*-Projekt leite. Dieses Projekt hat mein Leben verändert und meine Besessenheit für Essen auf eine ganz neue Qualitätsstufe gehoben. Ich liebe es jetzt, an meinem Herd zu stehen und etwas Neues auszuprobieren anstatt meiner alten Lieblingsspeisen, für die ich kein Rezept mehr benötige.

Meine Inspiration für Essen leitet sich von meiner Mum Paula ab, noch mehr von meiner Bubba Shendel und meiner Schwiegermutter Talia, aber am meisten von meiner Tante Myrna. Die älteste Schwester meines Vaters, die 2004 starb, war eine Pferderennen liebende, Zigaretten rauchende Platinblonde mit einem unvergleichlich großen Herzen. Ursprünglich aus Polen, immigrierte sie als kleines Kind mit meinem Vater und seiner Familie in den 1930er-Jahren nach Melbourne. Sie hatte einen wunderbar breiten australischen Carlton-Akzent mit nur einem leichten Anklang an Osteuropa. Nachdem Myrna geheiratet hatte, leiteten sie und ihr Mann Sol ein winziges Geschäft – teils Zeitschriften- und teils Delikatessenladen, wo Lastwagenfahrer und Ortsansässige für ihre köstlichen selbstgemachten europäischen Leckerbissen Schlange standen.

Da saß sie an ihrem plastikbezogenen Küchentisch, das Radio an und die Buchführungskladde offen, und stopfte mich voll mit Rugelach, kleinen Rosinenstrudeln, und Butterbiskuit. Ich bedauere, dass mein ernsthaftes Interesse an ihren Rezepten zu spät kam. Viele davon sind jetzt verloren und können nie wieder gemacht werden. Ich vermisse sie furchtbar, aber mithilfe der wenigen Rezepte, die ich doch aufgeschrieben habe, steht sie jetzt in der Küche neben mir und strahlt. Und wenn ich ihre einfachen Kohlrouladen (S. 120) mache und für meinen Mann Danny und meine vier Kinder die süßen Tzimmes (S. 267), dann sitzt Tante Myrna bei uns am Tisch.

Merelyn Frank Chalmers

Essen ist Liebe und Liebe ist Essen. So einfach ist es für mich. Ich bin in einer Familie aufgewachsen, die Essen hoch schätzte. Meine Eltern hatten während des Kriegs Hunger und Mangelernährung erlebt und auch mit ansehen müssen, wie Menschen daran starben. Sie wollten, dass ihren Kindern das nie widerfahren sollte. Meine Mutter Yolan kontrollierte unentwegt, ob ich hungrig war und trichterte mir ein, welche Nahrungsmittel köstlich waren und mir guttun würden, und sie flehte mich an, etwas an Gewicht zuzunehmen.

Das Essen war meine Verbindung zu den Herkunftsländern meiner Eltern, eine Verbindung zu ihrer Spiritualität, eine Verbindung zu ihren längst verstorbenen Eltern. Es gab Geschichten von meiner polnischen Großmutter, die in den Augen meines Vaters die beste Köchin war, die man sich vorstellen konnte. Er war eigentlich kein gefühlsbetonter Mann, aber er schwoll vor Stolz an, wenn er von ihren Gefilte Fisch und dicken Suppen sprach. Meine ungarische Mutter hatte, als sie in Australien ankam, noch nicht viel gekocht. Langsam aber stetig sammelte sie österreichisch-ungarische Rezepte, die ihr die Seele wärmten. Mein liebster Besitz ist ihr altes abgegriffenes und vergilbtes Notizbuch mit den penibel von Hand geschriebenen Rezepten in Ungarisch. Ihr Avocado-Dip (S. 207) und ihr Apfelkuchen (S. 224) können nun für immer weiterleben.

Der *Monday Morning Cooking Club* hat mich dazu inspiriert, die Rezepte meiner Mutter sachgemäß zu dokumentieren. Ich stand bei ihr in der Küche, sah zu und lernte, während meine Tochter Eliza alles auf Fotos festhielt. Ich bin dem Projekt auf ewig dankbar, dass es mich dazu angespornt hat.

Ich habe eine andere Ernährungsphilosophie als meine Mutter, dennoch ziehen wir beide am selben Strang. Ich glaube, dass alles, was selbstgekocht ist, dem Körper gut tut. Wie sie habe ich eine Aversion gegen abgepacktes Essen mit langen Inhaltslisten und ernähre meine Familie nach meiner Vorstellung von gesunder Kost. Und wie meine Mutter glaube ich, dass die meisten Probleme der Welt mit einer Kanne gut aufgebrühtem Tee, einem Stück Kuchen und einem Klecks Schlagsahne gelöst werden können.

Natanya Eskin

Eine meiner frühesten Erinnerungen ist, wie meine Mutter Ruth in der Küche steht, eine Schürze anhat und mit einem Holzlöffel hantiert. Jetzt bin ich diejenige mit der Schürze, und meine eigenen Kinder wollen den Löffel ablecken.

Mum kam mit 18 Jahren nach Australien, als sie ihre Großmutter während eines Urlaubs begleitete. Sie traf meinen Vater, sie heirateten und drei Kinder später ließen sie sich in der jüdischen Community an der Nordküste Sydneys nieder. Mum schuf ein traditionelles Heim, beging alle Feiertage und wichtigen Anlässe in unserem Leben festlich mit mehr Essen als Religion. Sie lernte ihre besten Geheimrezepte sowohl von ihrer russisch-schanghaiischen Schwiegermutter Betty (Nanna) als auch von ihrer englischen Mutter Sarah (Booba) und von engen Freundinnen.

Ich werde mich immer daran erinnern, wie ich mit meiner Mum Booba dabei beobachtete, wie sie ihr polnisches Erbe beim Kochen abrief und wir emsig alles notierten.

Noch heute kann man sich darauf verlassen, dass Mum ihre unzähligen traditionellen Gerichte macht, die so viel Reichtum und Seele auf unsere Tafel bringen: Matzenknödel und Schokoladen-Dattel-Tarte (S. 187) an Pessach, Gefilte Fisch (S. 256) und Boobas gehackte Leber und Honigkuchen an Rosch Haschana.

Die vielen Jahre mit meiner Mutter in der Küche flößten mir die Liebe zum Backen ein. Ich habe dieselbe Leidenschaft zu kochen und meine Familie gut zu nähren, genauso wie auch meine Großmütter vor mir. Dank dieser Leidenschaft bin ich ein fester Bestandteil des *Monday Morning Cooking Club* und freue mich, dass ich so viele Stunden auf der Suche nach Rezepten verbringen kann und damit, in der Küche die Gerichte auszuprobieren und die Geheimnisse unserer Gemeinschaft mit anderen zu teilen. Für mich ist die Küche mein Platz des Trostes. Für Familie und Freunde zu kochen bringt nicht nur Freude, sondern herrliche Kindheitserinnerungen und bittersüße Gedanken an geliebte Menschen, die nicht mehr unter uns sind.

Lauren Fink

Ich versorge meine Familie und Freunde gern mit gutem, einfachem Essen. Und davon reichlich! Mein Ehemann Bruce und unsere drei Kinder sind eindeutig meine größten Fans, wenn es um meine Küche geht. Und sie sind meine ganze Inspiration und die Motivation, die ich brauche. Aufgewachsen in Südafrika, immer vom köstlichen, reichlichen Essen meiner Großmutter und Mutter umgeben, stand das Vorbild fest. Meine Mum Melanie kochte mit ganzem Herzen, und wir fühlten uns alle wohlgenährt und geliebt.
Meine Schwiegermutter Yvonne Fink mit ihrer herausragenden Persönlichkeit kocht auch mit ganzer Leidenschaft und ist berühmt für ihre köstliche «haimische» Küche. Ihre Geflügelbällchen (S. 79) und ihr Tscholent (S. 265) sind inzwischen in der Familie legendär. In Melbourne geboren, heiratete sie im Alter von nur 18 Jahren Leon, einen polnischen Immigranten, und ihre eigene polnische Bubba Golda zeigte ihr einige der wunderbaren osteuropäischen Gerichte. Jetzt war es an der Zeit, dass sie kochen lernte; immerhin galt es, Leons Familie zu beeindrucken. Bubba machte sich daran, aus Yvonne die beste *Jiddische Mamma* zu machen und spornte sie an, all die Lieblingsgerichte aus der Heimat zu kochen. Gut kochen zu können verlieh ihr ein großes Selbstvertrauen, besonders in so jungen Jahren.
Bruce und ich sind in den Anfängen unserer Ehe oft zu Besuch hingefahren und haben im Gästezimmer neben der Küche übernachtet. Ich rieche immer noch die wundervollen Düfte, die von dort herausdrangen.
Es ist herrlich, wie eine Generation in die Fußstapfen der vorherigen tritt. Yvonne erzählt gern, wie die Familie jedes Wochenende zum Lunch zusammenkam, jeder brachte etwas anderes mit und sie schlemmten. In meinem Leben ist es nicht anders. Wir verbringen viele Wochenenden mit Freunden und der Familie, und es scheint sich immer alles ums Essen zu drehen.

Paula Horwitz

Meine Vorliebe für Essen, Familie und Bewirten begann vor Jahrzehnten, als ich als kleines Kind ohne Schuhe an den Füßen in den Ferien auf der Zuckerrohrplantage meiner Tante in den Natal Midlands (Südafrika) umherrannte. Ich rieche förmlich noch durch die Farmfenster das gebratene Lamm mit Knoblauch und Rosmarin. Der holzbeheizte Herd hinterließ einen köstlichen Röstgeschmack auf knusprigen Kartoffeln und Gemüse direkt aus dem Beet. Obstsalat machten wir aus allem, was wir an dem Tag im Garten frisch gepflückt hatten. Die Familie setzte sich am Esstisch zusammen, mit Cousins, Cousinen und Geschwistern, alle genossen die wunderbare Küche meiner Tante. Sie war eine erstaunliche Frau – tagsüber führte sie die Plantage, fand aber trotzdem noch Zeit, Marmeladen, eingelegte Zwiebeln, Relishes und Eingemachtes herzustellen,

alles Erzeugnisse, die sie zum finanziellen Wohl der Plantage verkaufte.
Unsere Küche und unser Zuhause heute gleichen in so vielem dem Stil, mit dem ich aufgewachsen bin. Meine Mum Sue, die wie ihre Schwester seit jeher eine perfekte Köchin gewesen ist, bereitete fast immer das Mittagessen für meinen Dad, der aus dem Büro heimkam, um es zu genießen. Noch heute kocht sie die traditionellen Gerichte, die ich auch für meinen Mann Gary und unsere drei Jungs mache. Sie haben große Lust auf Mums Spezialitäten, besonders ihren Käsekuchen, den Ochsenschwanz, die südafrikanischen Durban-Currys, Plätzchen mit Schokostückchen, Holländische Gewürzkekse (S. 240), Milchtörtchen (S. 141) und die weltbesten Käsemakkaroni.
Gary und ich genießen nichts mehr, als unsere Gäste mit gutem und reichlichem Essen und ein paar Gläschen Wein zu verwöhnen. Eigentlich ist Gary der Küchenchef, aber seit ich Teil der verschworenen Gemeinschaft des *Monday Morning Cooking Club* bin und dank des Einflusses meiner Mutter, habe ich neues Interesse am Kochen gefunden – und er damit einen neuen Rivalen in der Küche.

Jacqui Israel

Gäste zu bewirten ist absolut mein Ding. So war es nicht immer, aber mein Eintauchen in die *Monday Morning Cooking Club*-Gemeinschaft hat mir das Selbstvertrauen verliehen zu kochen ... und jetzt kann ich nicht mehr aufhören.
Ob Frühstück, Brunch, Mittagessen, Lunch, Nachmittagstee, Dinner – ich liebe alles. Ich habe die Kunst der Vorausplanung gelernt, mich zu organisieren und weiß inzwischen, was zu den verschiedenen Anlässen der Bewirtung am besten passt.
Ich habe mein Leben lang in Sydney gewohnt und bin auch englischsprachig aufgewachsen. Schon als Kind war es meine Aufgabe, einmal in der Woche das Familienessen zuzubereiten, was mich aus meiner Komfortzone hervorholte und nach neuen Rezepten suchen und damit experimentieren ließ. Inspiriert wurde ich von den Küchen meiner Großmütter, die überflossen von ganz unterschiedlichen und verlockenden Ideen. Ich habe mich besonders auf die Schabbat-Essen gefreut, und wenn wir die 45 Minuten über die Hafenbrücke fuhren und uns durch den Stop-and-go-Verkehr am Freitagabend quälten, hatte ich Zeit, davon zu träumen, was es geben würde. Meine Nana Rene verwöhnte uns alle mit riesigen Mengen Essen, bis wir bis obenhin vollgestopft waren. Die Rückfahrt verging unbemerkt, weil ich auf dem Rücksitz immer sofort einschlief, satt und zufrieden.
Meine Mum Sylvie hat sich einige Rezepte meiner Großmutter angeeignet. Ein ganz besonderes ist ihre Rote-Bete-Marmelade (S. 250) – eine dickflüssige, klebrig-süße Marmelade für Pessach. Und natürlich lieben wir alle die Kokosmakronen (S. 285), die für Pessach eigentlich pyramidenförmig gestaltet werden sollten, die ich aber auch als schmackhafte kleine Bissen mache.
Ich hoffe wirklich, dass ich meine Liebe zum Kochen an meine Tochter Lexi und meinen Sohn James weitergeben kann, denn Essen ist eine wunderbare Art, Familie und Freunde zusammenzubringen.

Mittagsbuffet

Freunde zum Lunch. Entspannt Gäste zu haben auf moderne und unaufgeregte Art, wie es meiner Generation entspricht. Die Freude, die ich empfinde, Gelächter und Freundschaft bei mir zu Hause zu genießen. Der Tisch ist beladen mit riesigen Platten von frischen Köstlichkeiten, farbenfrohen Salaten, von denen sich jeder nimmt. Knapp gegarter Lachs in Stücken über knackigem Grün, das Ganze beträufelt mit einem schönen Dressing, dazu ein Laib Sauerteigbrot vom Lieblingsbäcker und ein oder zwei Flaschen Rosé. Wie könnte man den Sonntag besser verbringen?

Lauren

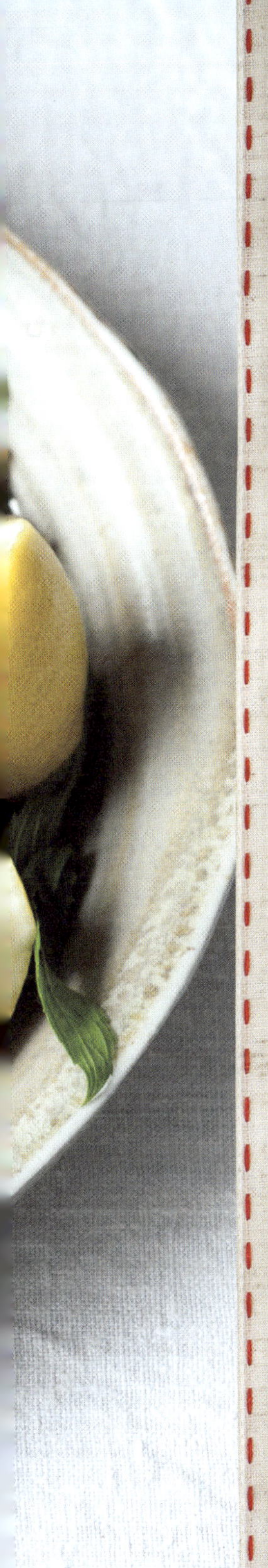

Rezepte

‹ Rubys Auberginen-Couscous-Salat

LYNN NISELOW

Dieser Lachs ist ein Beispiel für wirklich gutes Essen bei einfachster Zubereitung mit den besten Zutaten. Das Gericht ist vielseitig, es kann zum Frühstück mit Eiern serviert werden, zum Mittag- oder Abendessen mit schönen Salaten oder einfach zu gutem Sauerteigbrot mit ein paar Salatblättern und einem Tropfen Extra-Vergine-Olivenöl.

LACHS-PASTRAMI

Ergibt 20 Portionen als Vorspeise

1 EL schwarze Pfefferkörner
1 EL Koriandersamen
75 g (¼ Tasse) Salz
110 g (½ Tasse) Zucker
1 Lachsseite (ca. 1 kg), gehäutet, entgrätet
Holzofen- oder Sauerteigbrot, getoastet, zum Anrichten
Zitronenschnitze zur Verzierung
Olivenöl Extra Vergine, zum Anrichten

Gewürzkruste
1 ½ EL schwarze Pfefferkörner
1 ½ EL gelbe Senfkörner
1 ¼ EL Koriandersamen

Dieses Rezept bitte zwei Tage im Voraus beginnen.

Die Pfefferkörner und Koriandersamen in einem Mörser grob zerstoßen (oder in der Küchenmaschine). Mit dem Salz und Zucker in einer kleinen Schüssel gut vermischen. Das Fischfleisch rundum mit dieser Mischung gründlich einreiben. Den Lachs in eine Keramik- oder Glasschale legen. Mit Frischhaltefolie bedecken und für 24 Stunden in den Kühlschrank stellen. Es wird sich in der Schale eine Menge Flüssigkeit bilden, die Sie nicht zu entfernen brauchen. Wenden Sie den Fisch und stellen Sie ihn für weitere 24 Stunden in den Kühlschrank.

Den Lachs aus dem Kühlschrank nehmen und die Flüssigkeit weggießen. Mit Küchenpapier den Fisch trocken tupfen.

Für die Gewürzkruste in einer Gewürzmühle oder mit Mörser und Stößel die Pfefferkörner, Senfkörner und Koriandersamen fein zermahlen. In einer kleinen Schüssel gut vermischen. Die Gewürzmischung auf beiden Seiten fest in das Fischfleisch reiben, sodass sich eine dicke Kruste bildet. Eng mit Frischhaltefolie einwickeln und bis zum Zerschneiden kalt stellen.

Beim Anrichten den Lachs in einem 45°-Winkel an dem dünneren Schwanzende beginnend in Scheiben schneiden. Auf einer Platte mit getoastetem Brot und Zitronenschnitzen anrichten und mit Olivenöl beträufeln.

Essen hat in meinem Leben immer eine wichtige Rolle gespielt. In Johannesburg, Südafrika, geboren, habe ich die schönsten Erinnerungen daran, wie wir im Dezember nach Kapstadt reisten und ich die Vorratskammer meiner Großmutter mütterlicherseits betreten durfte. Die Regale waren voll mit Keksdosen, gefüllt mit selbstgemachten Leckereien für die Enkel. Bei meinen Großeltern väterlicherseits aß die ganze Familie an Feiertagen dieselben Lieblingsspeisen, die wir auch heute noch zu schätzen wissen. 2006 ließ ich mich in Sydney nieder. Als ich kurz darauf ins Catering-Geschäft einstieg, war meine größte Freude, Speisen anzubieten, die genauso gut schmeckten, wie sie aussahen. Heute noch liebe ich es, Familie und Freunde an meinem Tisch zu begrüßen.

BRENDA GORDON

Ich habe das Glück, von einer ganzen Reihe herausragender Köchinnen und Köchen abzustammen; nach der Geburt meiner ersten beiden Söhne waren es fünf Generationen und wir alle versammelten uns am liebsten um den Esstisch. Meine Mutter Sybil hatte die besten Geschmacksknospen von uns allen. Wenn ich ein neues Rezept ausprobieren wollte, rief ich sie an und sagte: «Es schmeckt noch nicht so ganz richtig.» Sie kam dann sofort rüber, fügte eine Kleinigkeit hinzu, und schon war es perfekt. 2002 bin ich nach Australien gezogen, um näher bei meinen Kindern zu leben, und ich muss sagen, dass ich Sydney vom ersten Tag an geliebt habe. Seit zehn Jahren betreibe ich «Bianca's Deli» in Rose Bay mit meiner Tochter Shelley und meinem Schwiegersohn Barry. Wir sind spezialisiert auf traditionelle jüdische Küche, südafrikanische Gerichte und immer selbstgekochte Mahlzeiten, aber am beliebtesten ist unser Biltong (luftgetrocknetes Wildfleisch). Ich freue mich immer, wenn Kunden in unser Deli kommen und mir sagen, wie gut ihnen mein Essen schmeckt. Aber am glücklichsten bin ich, wenn die Familie zum Abendessen kommt und sagt: «Beanie, das Essen war köstlich».

BRENDA GORDON

Ich habe immer gern Gäste bewirtet und mit neuen Rezepten für unsere Familie und Freunde experimentiert. Dieses Rezept ist das Ergebnis eines besonders gelungenen Experiments und gehört an meinem Tisch zu den Favoriten.

CHAMPIGNON-ZUCCHINI-ROLLE

Ergibt 2 Rollen à 6 – 8 Portionen

Teig

375 g (2 ½ Tassen) Mehl
¼ TL Salz
250 g kalte Butter, in Stückchen
250 ml (1 Tasse) Konditorsahne (35 % Fett)

Füllung

½ Zwiebel, fein gehackt
60 g Butter
500 g Champignons, in Scheiben geschnitten
350 g Zucchini, geraspelt
1 EL Mehl
125 ml (½ Tasse) Milch
Meersalz und Pfeffer, frisch gemahlen

1 Ei, verrührt, zum Bestreichen
2 EL Sesamsamen

Für den Teig Mehl und Salz in eine Küchenmaschine geben. Die Butter hinzufügen und verrühren, bis es grobe Brösel werden. Die Sahne dazu gießen und einige Minuten verrühren, bis sich ein Teigball bildet. In Frischhaltefolie wickeln und 30 Minuten im Kühlschrank ruhen lassen. Den Backofen auf 200 °C vorheizen. Ein Backblech mit Backpapier auslegen.

Für die Füllung eine Pfanne auf mittlere Temperatur bringen und die Zwiebel in der Butter weich und goldbraun braten. Die Champignons hinzufügen und braten, bis sie weich und goldbraun sind und die Flüssigkeit weitestgehend verdampft ist. Die Zucchini hinzufügen und 1 oder 2 Minuten mitbraten. Das Mehl einstreuen und 30 Sekunden weiterbraten, dann die Milch einrühren und einige Minuten kochen lassen, bis die Mischung andickt. Nach Geschmack großzügig mit Salz und Pfeffer würzen. Abkühlen lassen.

Den Teig halbieren und auf einer bemehlten Fläche zu einem Rechteck ausrollen. Die Hälfte der Füllung darauf geben. Den Teig darüber falten und die Ränder zuerst mit den Fingern zusammendrücken, dann einen Saum längs der Rolle bilden. Mit verbliebenem Teig und Füllung ebenso verfahren. Die Rollen (Naht nach unten) auf das vorbereitete Backblech legen. Um zu vermeiden, dass der Teig reißt, dreimal diagonal einschneiden.

Jede Rolle mit Ei bestreichen und mit dem Sesam bestreuen.

30–40 Minuten backen, bis die Rollen oben goldbraun und unten durchgebacken sind.

Warm oder bei Zimmertemperatur servieren.

HAROLD FINGER

Das Süßsaure der italienischen Zubereitung verwandelt die Paprika in eine köstliche Beilage. Sie macht sich gut auf einer Antipasti-Platte oder als Beilage zu gegrilltem Fleisch, Hähnchen oder Fisch.

PEPERONATA AGRODOLCE

Ergibt 4 – 6 Portionen als Beilage

6 rote oder gelbe Paprika (oder eine Mischung aus beiden)
2 kleine rote Zwiebeln
80 ml (⅓ Tasse) Olivenöl Extra Vergine
Meersalz und schwarzer Pfeffer, frisch gemahlen
2 EL kleine Kapern (am besten Nonpareilles), abgespült und abgetropft
2 EL Rosinen
125 ml (½ Tasse) Rotweinessig
1 EL Zucker (oder nach Belieben)
6 – 8 Basilikum- oder Minzeblätter

Die Paprika längs halb durchschneiden, die Samen entfernen und in Vierecke von ca. 2 cm Seitenlänge schneiden.
Die Zwiebeln in Scheiben schneiden und mit Olivenöl, Paprika, Salz und Pfeffer in eine große Bratpfanne geben. Die Kapern und Rosinen hinzufügen und alles bei niedriger Temperatur ca. 15 Minuten kochen, dabei regelmäßig umrühren.
Essig und Zucker mit in die Pfanne geben und weiter unter Rühren ohne Deckel für etwa 30 Minuten köcheln lassen, bis die Flüssigkeit verdampft ist. Vom Herd nehmen und die Basilikum- oder Minzeblätter beigeben.
Bei Zimmertemperatur servieren.

Meine Leidenschaft für alles, was mit Essen zu tun hat, ist eng verknüpft mit besonderen Augenblicken meines Lebens – vor allem mit meiner Familie, meiner geliebten Frau Rebecca und den Reisen nach Italien und Israel. Meine Eltern kamen 1949 nach Sydney, nachdem sie den Krieg überlebt hatten. Essen bedeutet für mich Familie und etwas mit den wichtigsten Menschen in meinem Leben zu teilen. Jetzt, da ich Großvater bin, ist es meine größte Freude, mit meinen Enkeln hausgemachte Pasta zu kochen. Zu meinen besten Gerichten gehören viele herzhafte Suppen und einfallsreiche aromatische Gerichte. Darum geht es mir beim Essen – um köstliche Aromen, die warme und besondere Erinnerungen wecken. Diese Rezepte stammen aus der Zeit, die ich auf Sizilien verbracht habe, einer Insel mit kultureller Vielfalt. Wir haben bei einer entzückenden italienischen Dame einen Kochkurs gemacht, die uns ihre Rezepte überließ, die ich über die Jahre an unseren eigenen Geschmack angepasst habe.

HAROLD FINGER

Ein Gericht, das durch seine Einfachheit besticht; Zucchini, Zitrone und Salz sind eine wunderbare Geschmackskombination. Je dünner Sie die Zucchini hobeln können, desto eleganter wird der Salat. Wunderbar als Beilage zu Hauptgerichten oder als Teil eines Salatbuffets zum Mittagessen.

ZUCCHINE MARINATE

Ergibt 4 – 6 Portionen als Beilage

500 g Zucchini
Salz
Saft von 3 Zitronen
80 ml (⅓ Tasse) Olivenöl Extra Vergine
1 Knoblauchzehe, zerdrückt
2 Handvoll glatte Petersilie, fein gehackt
1 lange rote Chilischote, entkernt und fein gehackt
schwarzer Pfeffer, frisch gemahlen
100 g Caciocavallo- oder Parmesan-Käse, in feine Späne gehobelt

Die Zucchini entweder mit einem Gemüseschäler oder einer Mandoline sehr fein hobeln. Großzügig mit Salz besprenkeln und 20 Minuten lang beiseite stellen.

Dann die Zucchini unter fließendem Wasser abspülen. Abtropfen lassen. Mit Küchenpapier gut abtupfen und in eine Schüssel geben. Zwei Drittel des Zitronensafts hinzufügen und eine halbe Stunde marinieren lassen, gelegentlich umrühren.

In der Zwischenzeit das Dressing herstellen: Olivenöl, Knoblauch, Petersilie, Chili und Pfeffer und den restlichen Zitronensaft mischen.

Die Zucchini gut abtropfen lassen und auf einer Servierplatte arrangieren. Das Dressing darüber träufeln, die zerdrückte Knoblauchzehe entfernen, dann mit dem Käse bestreuen. Bei Zimmertemperatur servieren.

CLAIRE CYMONS

Dieses Zwiebeltarte-Rezept ist aus einer Apfelwähe entstanden, dem Rezept meiner schweizerischen Tante für eine traditionelle Schweizer Apfeltarte. Den Teigboden 2 Stunden vor dem Blindbacken in den Kühlschrank zu stellen hilft zu vermeiden, dass der Teig schrumpft.

ZWIEBELTARTE

Ergibt 8 Portionen

Teig

350 g (2 ⅓ Tassen) Mehl

180 g kalte Butter, in Stückchen

2 EL kaltes Wasser

Füllung

1 kg braune Zwiebeln, grob gehackt oder in Scheiben gehobelt

60 ml (¼ Tasse) Olivenöl

4 Eigelb

250 ml (1 Tasse) Konditorsahne (35% Fett)

1 Prise Muskatnuss, frisch gemahlen

Meersalz und schwarzer Pfeffer, frisch gemahlen

Sie benötigen eine Tarteform (26 – 28 cm Durchmesser) mit herausnehmbarem Boden. Für den Teig geben Sie das Mehl, die Butter und das Wasser ein paar Minuten in die Küchenmaschine, bis sich ein grober Teig bildet. Aus der Maschine nehmen, in Frischhaltefolie wickeln und 30 Minuten kühl stellen. Den Backofen auf 180 °C vorheizen.

Den Teig auf einer bemehlten Fläche ausrollen und sanft in die Form drücken. Den überstehenden Teig der Form entlang abschneiden und mit den übrig gebliebenen Teigstücken etwaige Lücken füllen. Zum Blindbacken der Tarte legen Sie den Teig mit Alufolie oder Backpapier aus und beschweren Sie ihn mit Backlinsen, rohem Reis oder Bohnen. Backen Sie den Teig, bis er gar ist, ungefähr 20 Minuten. Entfernen Sie die Folie und die Gewichte und backen Sie weitere 15 – 20 Minuten, bis der Teig leicht braun wird. Wenn sich Risse ergeben, stopfen Sie diese mit übrigem Teig. Während die Tarte backt, beginnen Sie mit der Füllung.

Dünsten Sie die Zwiebeln im Öl in einer großen Bratpfanne, bis sie sehr weich und hellbraun sind. Dies kann bis zu 1 Stunde dauern. Beiseite stellen und leicht abkühlen lassen. Das Eigelb mit der Sahne verschlagen. Den Muskat hinzufügen und großzügig mit Salz und Pfeffer würzen. Die Zwiebeln in die Ei-Sahne-Mischung rühren.

Die Füllung vorsichtig auf den Teigboden gießen, in den Ofen stellen und backen, 45 – 50 Minuten oder bis die Füllung gestockt ist.

Warm oder bei Zimmertemperatur servieren.

Ich wurde 1925 in Melbourne geboren, mein Vater war Russe, meine Mutter Schweizerin. Sie war eins von 19 Kindern, von denen 7 mit meiner Großmutter nach Australien auswanderten. Meine Mutter war eine sehr gute Köchin. In den 1960er-Jahren eröffnete ich mit meiner Cousine Sonya Sicree eine Kochschule «Die perfekte Gastgeberin». Viele unserer Generation gingen in diese Schule und benutzen bis heute unsere Rezepte. Ende der 1980er-Jahre verkaufte ich meine Personal-Service-Firma, fing an, Chutneys und Marmeladen zu machen und erweckte den Namen «Die perfekte Gastgeberin» wieder zum Leben. Jetzt genieße ich die Erinnerungen an meine in der Küche verbrachte Zeit.

YARON FINKELSTEIN

Dieser Salat entstammt einer altehrwürdigen Tradition: Meine Frau Ruby hat mich dazu gebracht, ihn zu machen! Wir lieben beide israelischen Perlcouscous, und als ihr jährliches Geburtstagsessen nahte, schlug sie vor, ich könnte dafür doch von den Minze- und Petersilienbündeln nehmen, die wir reichlich für einen Riesensalat in Buffetgröße eingekauft hatten. Die Aubergine, langsam gebraten und dann mit Zitrone abgeschmeckt, ist die perfekte Ergänzung zu seiner israelischen Herkunft.

RUBYS AUBERGINEN-COUSCOUS-SALAT*

Ergibt 6 – 8 Portionen

1 mittelgroße Aubergine mit Haut
3 TL Koriander, gemahlen
Meersalz und schwarzer Pfeffer, frisch gemahlen
80 ml (⅓ Tasse) Olivenöl, etwas mehr, wenn nötig
1 große Zwiebel, gehackt
1 Knoblauchzehe, zerdrückt
250 g israelischer Perlcouscous
310 ml (1 ¼ Tassen) Gemüse- oder Hühnerbrühe
1 Bund frischer Koriander, gehackt
½ Bund glatte Petersilie, gehackt
½ Bund Minze, gehackt
Saft von ½ Zitrone oder nach Belieben

* Foto auf Seite 22

Den Backofen auf 150 °C vorheizen. Ein Backblech mit Backpapier auslegen.

Die Aubergine in kleine Würfel schneiden und mit 1 TL des gemahlenen Korianders und ein wenig Salz in eine Schüssel geben. 2 EL des Öls auf die Aubergine träufeln, mischen, dann mit noch einem TL Koriander bestreuen, und noch einen EL Öl darüber träufeln. Vermengen, bis die Würfel grob mit dem Öl und Gewürz bedeckt sind, dann geben Sie diese auf das Backblech und stellen sie für 25 Minuten in den Ofen. Dann die Würfel wenden und für weitere 25 Minuten in den Ofen geben, bis sie braun sind. Vorsicht, dass sie nicht anbrennen. Beiseite stellen.

Während die Aubergine röstet, dünsten Sie sanft die Zwiebeln mit dem restlichen Öl in einer Pfanne an, bis sie weich und goldbraun sind, dann fügen Sie den restlichen gemahlenen Koriander hinzu, den schwarzen Pfeffer und den Knoblauch. Eine Minute rühren, bis es duftet. Den Perlcouscous hinzufügen und rühren, bis die Körner mit der Würzmischung bedeckt und leicht angeröstet sind. Genug Brühe angießen, um den Couscous zu bedecken und zum Kochen bringen. Die Hitze ganz reduzieren und die Pfanne zudecken.

Nach 10 Minuten den Couscous kontrollieren, indem man mit einer Gabel die Körner auflockert. Körner, die sich am Boden festgesetzt haben, lösen. Wieder Deckel auflegen und noch 5 Minuten köcheln lassen. Wieder auflockern, bedeckt beiseite stellen und anschließend in einer großen Schüssel mit Kräutern und den Auberginenwürfeln mischen. Den Zitronensaft und ein wenig zusätzliches Olivenöl einrühren und nach Geschmack würzen. Warm oder bei Zimmertemperatur servieren.

YARON FINKELSTEIN

Meine ältesten Erinnerungen, die mit Essen zu tun haben, sind einfach: Ich sitze in der Küche und beobachte, wie meine Mutter kocht, und werde aufgefordert zu helfen und nicht zu stören! Ich erinnere mich, wie sie gehackte Zwiebeln und Knoblauch für ihre Fleischbällchen briet, die hübsch geformt wurden, bevor sie in die Pfanne kamen. Nur wenige Jahre später entschied ich, dass sie den Knoblauch zu früh hinzufügte und ihn dadurch anbrannte. Wofür ist ein altkluger Teenager gut, wenn nicht dafür, seinen Eltern beizubringen, dass sie etwas verbessern können, das sie schon jahrelang glauben perfekt zu machen?

Unsere Geschichte ist typisch und gleicht so vielen anderen australischer Juden aus Europa. Meine tschechische Großmutter traf meinen polnischen Großvater, als sie in Italien nach dem verheerenden Zweiten Weltkrieg auf ihre Umsiedlung warteten. Nach der Ankunft in Palästina 1947 heirateten sie und freuten sich auf einen Neubeginn. In Israel geboren und aufgewachsen, warteten meine Eltern, bis mein Vater seinen Militärdienst abgeleistet hatte, bevor sie sich auf den langen Weg nach Australien machten, wo ich geboren wurde.

Im Lauf der Jahre habe ich eine geradezu besessene Faszination für das Kochen und die Geschichte des Essens entwickelt, auch für die vielen unterschiedlichen «Cuisines», denen ich mich inzwischen versuche zu nähern. Meine Kochbuchsammlung ist kaum noch überschaubar, dennoch hilft sie mir, meine Freunde und Familie immer wieder mit fantastischen Mahlzeiten zu beglücken.

ROBYN KAUFMAN

So gut wie alles, was in unserer Familie von Bedeutung ist, dreht sich ums Essen. In einer großen Familie mit vier Kindern bestimmen die Mahlzeiten und das Essen selbst den Rhythmus, die Taktschläge, alle Beziehungen.

Als ich jünger war und in Südafrika aufwuchs, war ich Essen gegenüber zwiespältiger und bekämpfte vehement das Klischee von der Frau in der Küche. Dennoch sind all meine Kindheitserinnerungen unlösbar verbunden mit dem Vergnügen, das das Essen meiner Großmutter und Mutter, beide außergewöhnliche Köchinnen, mir machte. Die Mutter meines Vaters, Ouma, war immer an den jüdischen Feiertagen bei uns und bereitete Suppen und Kneidlach und besondere Pfannkuchen mit Zimt und Zucker, und so ganz nebenher erzählte sie uns die fantastischsten Geschichten.

Heute, da ich in Sydney lebe, gibt es nichts, das ich mehr liebe, als dass alle sich in der Küche drängen, eine Flasche Wein offen ist, Musik spielt und wir zusammen kochen. Dann geht es hoch her um den Tisch, während wir unser Essen genießen – wir lachen, reden, diskutieren und debattieren, und sind lange nicht immer einer Meinung!

ROBYN KAUFMAN

Suppen sind in unserer Familie das Lieblingsgericht für den Winter. Wenn man die Zutaten anröstet, erhält man einen volleren Geschmack als beim üblichen Kochen. Was ich an dieser Suppe mag, ist, dass man durch das Kombinieren von eigentlich schlichten Zutaten als Resultat solch eine reiche Kombination an Aromen erhält.

SUPPE AUS GERÖSTETEN KAROTTEN UND FENCHEL

Ergibt 4 – 6 Portionen

1 Fenchelknolle, geputzt, das Fenchelgrün aufbewahrt
4 – 5 Karotten, geschält und in Scheiben geschnitten
60 ml (¼ Tasse) Olivenöl
Meersalz und schwarzer Pfeffer, frisch gemahlen
1 TL Fenchelsamen
1 Zwiebel, fein gehackt
1 EL Tomatenmark
1 ¼ l (5 Tassen) Gemüsebrühe

Den Ofen auf 200 °C vorheizen.

Den Fenchel längs halbieren und dann jede Hälfte in Streifen schneiden. Die Karottenscheiben und die Fenchelstücke mit 2 EL Olivenöl verrühren und mit Salz und Pfeffer gut würzen. Gleichmäßig auf einem Backblech verteilen und 30 – 45 Minuten backen, bis die Stücke braun und weich sind.

In der Zwischenzeit die Fenchelsamen in einer großen Pfanne bei mittlerer Hitze 2 – 3 Minuten anrösten, bis sie hellbraun werden, dann in einem Mörser zerstoßen.

Das restliche Olivenöl in einer großen Pfanne bei mittlerer Temperatur erhitzen. Zwiebel und zermahlene Fenchelsamen hinzufügen und 10 Minuten garen lassen, bis die Zwiebeln weich und glasig sind. Die Hitze ganz reduzieren und das Tomatenmark, das geröstete Gemüse und die Brühe hinzufügen. 10 Minuten köcheln lassen. Mit Salz und Pfeffer würzen. Leicht abkühlen lassen. Mit einem Pürierstab oder in einer Küchenmaschine pürieren.

Wieder erhitzen und mit dem zurückbehaltenen Fenchelgrün garniert servieren.

ROBYN KAUFMAN

Dieser Salat ist bei mir der Dauerbrenner. Er ist ziemlich gesund, die Mischung ist toll, und er kann als vegetarische Mahlzeit oder als Beilage gegessen werden.

MAROKKANISCHER SALAT AUS GERÖSTETEM BLUMENKOHL

Ergibt 6 Portionen

- 1 Blumenkohl, Blätter entfernt
- 1 TL Kreuzkümmelsaat
- 1 EL Olivenöl, etwas zusätzlich zum Beträufeln
- 1 TL Kreuzkümmel, gemahlen
- ½ TL Chiliflocken, getrocknet
- ½ TL Koriander, gemahlen
- Meersalz und schwarzer Pfeffer, frisch gemahlen
- 1 Bund frischer Koriander, gehackt
- 75 g (½ Tasse) Macadamia-Nüsse, grob gehackt
- 200 g Feta-Käse, zerkrümelt

Den Backofen auf 180 °C vorheizen.

Den Blumenkohl halbieren und alle Strunkteile entfernen, beiseite stellen. Einen halben Blumenkohl in kleine Röschen teilen. Die andere Hälfte mit dem ganzen Strunk hacken, in eine Küchenmaschine geben und zerkleinern, bis er die Größe von rohem Perlcouscous hat. Geben Sie alles zusammen in eine große Rührschüssel.

Den Kreuzkümmel in einer trockenen Bratpfanne rösten, bis er zu duften beginnt. Mit dem Blumenkohl, dem Olivenöl, den Gewürzen und Salz und Pfeffer verrühren.

In einer einzigen Schicht auf einem Backblech ausbreiten und mit etwas Olivenöl beträufeln. 45 Minuten bis zu 1 Stunde backen, bis alles goldbraun und zart ist. Mit dem frischen Koriander, den Macadamia-Nüssen und dem Feta-Käse vermischen.

Warm oder bei Zimmertemperatur servieren.

ROBYN KAUFMAN

Ich habe mich mehr als 30 Jahre vegetarisch ernährt, deshalb war ich immer auf der Suche nach neuen Ideen mit interessantem Getreide. Dieses Rezept vereint einige meiner Lieblingszutaten – wie wahlweise Erbsen, Granatapfel und rote Zwiebeln – und schmeckt wirklich nach Sommer.

SOMMERLICHER GRÜNKERNSALAT

Ergibt 12 Portionen

3 rote Zwiebeln, fein in Ringe geschnitten
30 g (1 ½ EL) Zucker, extrafein
Meersalz und schwarzer Pfeffer, frisch gemahlen
125 ml (½ Tasse) Balsamico-Essig, etwas zusätzlich, zum Beträufeln
3 EL Olivenöl Extra Vergine, etwas zusätzlich zum Beträufeln
1 Paket (400 g) Grünkern
2 Bund grüner Spargel, die Enden entfernt
160 g (1 Tasse) frische Erbsen
½ Bund frischer Koriander, grob gehackt
200 g Feta-Käse, zerkrümelt
Granatapfelkerne nach Geschmack

Den Backofen auf 180 °C vorheizen.

Die Zwiebeln auf ein Backblech legen und mit Zucker, Salz und Pfeffer bestreuen. Den Balsamico-Essig darüber gießen und mit dem Olivenöl beträufeln. Ungefähr 30 Minuten rösten lassen, dann wenden und weiter rösten lassen, bis die Zwiebeln goldbraun karamellisiert sind. Das dauert insgesamt ungefähr 1 Stunde.

Während die Zwiebeln rösten, den Grünkern gut ausspülen. In einen Topf mit reichlich Wasser geben. Zum Kochen bringen, dann die Hitze reduzieren, danach 20 – 30 Minuten leise köcheln lassen, bis der Grünkern zart, aber noch bissfest ist. Ausspülen und gut abtropfen lassen. In eine Salatschüssel geben.

Den Spargel in kochendem Salzwasser ungefähr 2 Minuten blanchieren, dann sofort in eiskaltem Wasser abschrecken. Abtropfen lassen und in 2 cm lange Stücke schneiden.

Die Erbsen 1 Minute in kochendem Salzwasser blanchieren, dann abschrecken.

Verrühren Sie die karamellisierten Zwiebeln mit dem entstandenen Saft gründlich mit dem Grünkern. Fügen Sie den Spargel und die Erbsen dazu, dann den Koriander und den Feta. Nach Belieben mit Salz und Pfeffer würzen und, wenn nötig, mehr Olivenöl und Balsamico-Essig hinzufügen. Bei Zimmertemperatur servieren.

LISA LIPSHUT

Beim Anrichten von Salaten habe ich gelernt, die Zutaten dem optischen Gleichgewicht und eventuellen persönlichen Vorlieben anzupassen. Wenn in einen Salat Feta-Käse gehört, aber jemand Ziegenkäse liebt, dann nehme ich diesen. Ich benutze gern eine große, leichte Schüssel, um den Salat anzurühren, und gebe ihn dann in das Geschirr, das zum Anrichten bei Tisch am besten passt.

FENCHELSALAT MIT MINZE

Ergibt 8 Portionen

1 Fenchelknolle, ungefähr 450 g, das Fenchelgrün aufbewahrt
6 – 8 (160 g) kleine Radieschen
6 – 8 (180 g) Rosenkohl
240 g (1 ½ Tassen) Erbsen, blanchiert
1 lange rote Chilischote, entkernt und in feine Scheibchen geschnitten
1 große Handvoll Minzeblätter, gezupft
100 g (1 geh. Tasse) Walnüsse
150 g Ziegenkäse, zerkrümelt

Dressing
100 ml (5 EL) Zitronensaft
2 EL Sherry-Essig
100 ml (1 knappe Tasse) Olivenöl
¾ TL Meersalz
schwarzer Pfeffer, frisch gemahlen

Mit einer Mandoline oder einem scharfen Hobel den Fenchel, die Radieschen und den Rosenkohl in feinste Scheiben schneiden. Alles in eine Schüssel geben und die Erbsen, das Fenchelgrün, Chili und Minze hinzufügen. Locker vermischen.
Für das Dressing verrühren Sie in einer kleinen Schüssel Zitronensaft, Sherry-Essig, Olivenöl, Salz und Pfeffer.
Den Salat mit dem Dressing mischen, dann mit den Walnüssen und dem Ziegenkäse garnieren.

In Essen und Kochen habe ich mich wegen meines inzwischen verstorbenen Dads verliebt. Er hat nie aufgehört, uns mit seinen wilden kulinarischen Zusammenstellungen in Erstaunen zu versetzen. Ich weiß noch, wie ich sonntagmorgens vom Kochgeruch wach wurde. Dad kochte, weil er es liebte, uns sein Essen genießen zu sehen. Ich bin genauso und ermutige alle, Neues auszuprobieren, und ich bin einfach in der Küche glücklich, während ich für meine Jungs koche.
An den Wochenenden mit meinen langjährigen Freundinnen ist es zur Tradition geworden, dass ich unsere Menüs plane – ich schicke dann meine «Sous-Chefs» mit strengen Befehlen an die Arbeit (sie sind in der Regel recht gehorsam!) und bei einem Glas Wein kochen wir, lachen und weinen zusammen, und dann setzen wir uns hin und genießen die Früchte unserer Arbeit. Am nächsten Tag geht es genauso weiter. Ich habe irgendwo mal gelesen, dass sich deine Stimmung in deiner Art zu kochen widerspiegelt, also bin ich überzeugt, dass meine Familie und Freunde die Liebe, die ich in das Essen stecke, spüren können.

GEORGIA SAMUEL

Als Australierin in der bereits achten Generation sind wir mit traditionellem australischem Essen aufgewachsen. Mein Mann Adam, ein unglaublich guter Koch mit israelischem Erbe, führte mich in ein wahres Königreich von Aromen nahöstlicher Küche ein. Er war es, der mein neu erwachtes Interesse am Kochen inspirierte.
Als Anwältin war ich zunächst in einem großen Zusammenschluss von Anwaltskanzleien tätig. Im Lauf meiner Karriere erzählte ich Adam immer aus Spaß, eines Tages würde ich dort aufhören und eine Salatbar eröffnen. Tatsächlich bemerkte ich eine große Marktlücke für köstliches, gesundes und sättigendes Essen. Schließlich ertappte ich mich um drei Uhr nachts beim Entwerfen von Salat-Rezepten, anstatt zu schlafen, um mich für einen langen Tag mit Gesetzesentwürfen zu rüsten! Ich wachte eines Morgens auf und sagte zu Adam: «Ich werde es tun!» Er schlug vor, dass wir uns eine Weile freinehmen sollten, um sicherzustellen, dass ich die richtige Entscheidung getroffen hatte. Die nächsten fünf Monate verbrachten wir damit, quer durch Großbritannien, die Vereinigten Staaten und Südamerika zu reisen – hauptsächlich, um Ideen für das Konzept zu sammeln.
Vier Tage, bevor ich zurückerwartet wurde, kündigte ich. Im Mai 2010 eröffnete ich die erste «Famish'd»-Salatbar im Central Business District von Melbourne, die zweite 2013. Das und die Geburt unserer Tochter ist wirklich mal eine Abweichung vom Juristenalltag.

Nahöstlicher Knuspersalat ›

GEORGIA SAMUEL

Dieser Salat fing als einfacher knackiger Salat mit unserem berühmten «Famish'd»-Dressing an. Adam und ich machten ihn eines Tages zu Hause und fügten mariniertes Hähnchen hinzu. Wir hatten etwas von Adams israelischem Vater selbstgemachten Hummus im Kühlschrank, den wir auch hinzufügten. Wir ahnten gar nicht, dass wir gerade einen unglaublichen neuen Salat kreiert hatten.

NAHÖSTLICHER KNUSPERSALAT*

Ergibt 8 – 10 Portionen

Petersilien-Hummus
250 g (1 geh. Tasse) Kichererbsen, getrocknet (siehe Tipp)
240 g (1 Tasse) Tahina-Paste aus geschältem Sesam
2 Knoblauchzehen, grob gehackt
Saft von ½ Zitrone oder nach Belieben
60 ml (¼ Tasse) Olivenöl Extra Vergine, etwas zusätzlich zum Beträufeln
125 ml (½ Tasse) Wasser
1 sehr große Handvoll glatte Petersilie
2 TL Meersalz
schwarzer Pfeffer, frisch gemahlen
Paprika edelsüß oder rosenscharf

Hähnchen
80 ml (⅓ Tasse) Olivenöl
1 EL Kreuzkümmel, gemahlen
1 EL Koriander, gemahlen
1 EL Zimt, gemahlen
2 Knoblauchzehen, zerdrückt
12 Hähnchenoberschenkelfilets, ohne Haut, ohne Knochen

Wenn Sie getrocknete Kichererbsen verwenden, beginnen Sie dieses Rezept am besten am Vortag.
Die Kichererbsen über Nacht in Wasser einweichen. Abtropfen lassen und unter fließendem Wasser abspülen, dann in einen Topf geben und mit reichlich Wasser bedecken. Zum Kochen bringen, dann 1 Stunde köcheln lassen, bis sie bissfest sind. Mit kaltem Wasser abschrecken, damit sie nicht weitergaren.
Für den Hummus geben Sie Tahina, Knoblauch, Zitronensaft, Olivenöl und Wasser in eine Küchenmaschine, bis alles glatt verrührt ist.
Die Kichererbsen, Petersilie, Salz und Pfeffer dazu geben und gut durchpürieren. Wenn nötig, etwas mehr Öl, Wasser oder Zitronensaft hinzufügen, bis Sie die von Ihnen gewünschte Konsistenz und Ihren Geschmack erreichen. In eine Schüssel gießen und das Paprikagewürz einrühren. Zum Servieren mit Olivenöl beträufeln.

Für das Hähnchen Olivenöl, Kreuzkümmel, Koriander, Zimt und Knoblauch vermischen und das Hähnchenfleisch fest damit einreiben. Im Kühlschrank marinieren lassen, während Sie den Salat fertigstellen, oder auf Wunsch über Nacht.

* Foto auf Seite 45

Salat
200 g (1 Tasse) brauner Reis
160 g (1 Tasse) Wildreis
je 1 rote, grüne und gelbe Paprika
8 kleine Selleriestängel
3 Frühlingszwiebeln
150 g (1 Tasse) Pinienkerne
1 Handvoll frischer Koriander, die Blätter grob gehackt
Kerne eines Granatapfels
130 g (1 Tasse) Sonnenblumenkerne

Dressing
60 ml (¼ Tasse) Pflanzenöl
60 ml (¼ Tasse) Sojasauce
Saft einer Zitrone
1 EL Honig
1 Knoblauchzehe, zerdrückt
schwarzer Pfeffer, frisch gemahlen

Für den Salat die beiden Reissorten in unterschiedlichen Töpfen je nach Packungsanweisung getrennt garen. Gut abtropfen und abkühlen lassen. Die Paprika fein würfeln, die Selleriestangen und die Frühlingszwiebeln in kleine Stücke schneiden und in eine große Salatschüssel geben. Die Pinienkerne unter ständigem Rühren bei mittlerer Temperatur in einer Pfanne erhitzen, bis sie leichte Bräune annehmen. Sofort aus der Pfanne nehmen und zum Abkühlen beiseite stellen. Dann die Pinienkerne, den frischen Koriander und die Granatapfelkerne zu den kleingeschnittenen Gemüsesorten hinzufügen. Gut mit dem Reis mischen und die Sonnenblumenkerne unterrühren.
Für das Dressing alle Zutaten gründlich miteinander verrühren.
Gießen Sie das Dressing über den Salat und vermischen Sie die Zutaten.
Alles auf einer großen Servierplatte arrangieren.

Die Hähnchenteile auf dem Grill oder in der Pfanne braten, bis sie gar sind. Oben auf den Salat legen und mit einem Klecks Hummus verzieren.
Den Rest Hummus in einer Schüssel separat dazu servieren.
Reste halten sich in einem luftdichten Behälter einige Tage im Kühlschrank.

TIPP:
Wenn die Zeit knapp ist, können Sie die trockenen Kichererbsen auch durch 2 x 400 g aus der Dose ersetzen. Gut abspülen und abtropfen lassen.

ZOE UND ADAM MILGROM

Um aus den Wintergemüsen das Beste herauszuholen, gehört dieser Krautsalat fest zu unserem Repertoire – die Balance zwischen bitteren Blättern, süßen Rosinen und frischen Kräutern macht ihn zu einem idealen Begleiter zu gebratenem Hähnchen, gegrilltem Fleisch oder einem langsam geschmorten Eintopfgericht.

ROTKOHLSALAT MIT ROSINEN

Ergibt 10 – 12 Portionen

¼ Rotkohl
1 Fenchelknolle
1 Kopf Radicchio oder Treviso
1 Bund Dill, nur die Spitzen
1 Bund glatte Petersilie, nur die Blätter
80 g (½ Tasse) Rosinen
80 g (½ Tasse) Pinienkerne, angeröstet

Dressing
2 EL Zitronensaft
2 EL Weißweinessig
170 ml (⅔ Tasse) Olivenöl Extra Vergine
1 TL Meersalz

Den Kohl und den Fenchel auf einer Mandoline oder mit einem scharfen Messer in feinste Scheiben hobeln. Den Radicchio oder Treviso halbieren, dann wie den Kohl fein schneiden. Die Dillspitzen abzupfen. Alles in eine große Schüssel geben. Petersilie, Rosinen und Pinienkerne hinzufügen.
Für das Dressing Zitronensaft, Weißweinessig, Olivenöl und Salz in einer kleinen Schüssel gut verrühren oder in einem Einmachglas schütteln.
Den Salat erst kurz vor dem Servieren anmachen.

In der High School waren wir schon die besten Freunde; jetzt sind wir verheiratet und haben gerade begonnen, unsere eigene Familie zu gründen. Wir sind beide in traditionell jüdischen Haushalten aufgewachsen, tief verankert in der Essenserinnerung unserer Großeltern. Rezepte wurden nicht etwa aufgeschrieben, sondern nach den Vorkriegsgeschichten aus Polen, Deutschland und der Tschechoslowakei gekocht. Unsere Großeltern kamen mit nichts in Australien an – für sie bedeutete uns ihre Traditionen und Familiengeheimnisse zu lehren eine Möglichkeit, sich zu erinnern und das Erbe miteinander zu teilen. Indem wir in diesen Küchen aufgewachsen sind, lernten wir eine Wertschätzung für das Kochen mit Instinkt und Respekt vor der Herkunft eines Gerichts.
Kochen ist eine Leidenschaft, die wir teilen und genießen; 2011 haben wir uns ein ganzes Jahr in London an der «Leith's Cooking School» (renommierte Kochschule für Profis und Laien; Anm. d. Ü.) ausbilden lassen. Obwohl wir jetzt ein privates Catering-Unternehmen haben, arbeite ich als Beraterin in Genetik-Fragen und Adam in Handel und Marketing. An das Kochen gehen wir mit einem spielerischen Ansatz und Lust am Experimentieren heran. Wenn Sie in unsere Küche kommen, können Sie alles Mögliche von frisch geschöpfter Butter und knetfreiem Brot bis zu einer Ochsenbrust finden, die 72 Stunden sous vide gegart wird.

GLORIA NEWHOUSE

Diesen wunderbar frischen Salat habe ich vor Jahren in einem libanesischen Restaurant gegessen und dann meine eigene Version kreiert. Für mich ist er ein echter Treffer, denn alles mit Granatapfel oder Granatapfelsirup lässt mir das Wasser im Mund zusammenlaufen. Und er ist eine schöne Abwechslung von all den Kuchen, die ich im Lauf der Zeit so kennengelernt habe.

FATTOUSH

Ergibt 8 Portionen

2 Scheiben Pita- oder Fladenbrot
2 TL Olivenöl
¼ Eisbergsalat, in kleinen Stücken
500 g Kirsch- oder ähnlich kleine Tomaten, halbiert
3 Radieschen, in feinen Scheibchen
5 Schalotten, in feinen Scheibchen
2 libanesische (kurze) Gurken, längs halbiert und in feine Scheiben geschnitten
1 große Handvoll glatte Petersilie, grob gehackt
1 Handvoll Minzeblätter, grob gehackt
2 TL Sumach-Gewürz
Meersalz und schwarzer Pfeffer, frisch gemahlen
½ TL Sumach-Gewürz extra zum Servieren

Dressing
125 ml (½ Tasse) Olivenöl
80 ml (⅓ Tasse) Zitronensaft
1 EL Granatapfelsirup
1 ½ TL Salz
½ TL Zucker

Den Backofen auf 170 °C vorheizen. Mit einem Backpinsel das Brot mit dem Olivenöl bestreichen, es auf einem Backblech ungefähr 10 Minuten goldbraun backen. Auskühlen lassen, dann in Stücke brechen.
Für das Dressing alle Zutaten in einer Schüssel gut verrühren oder in einem verschlossenen Einmachglas schütteln.
Alle vorbereiteten Gemüse und Kräuter in eine Salatschüssel geben. Mit dem Sumach und so viel von dem Dressing besprenkeln, dass die Blätter bedeckt sind. Gut vermischen. Das Brot hinzugeben und sanft schwenken. Abschmecken und, wenn nötig, Salz und Pfeffer hinzufügen. Zum Servieren mit dem zusätzlichen Sumach bestreuen.

Meine Mutter war eine großzügige Gastgeberin, aber Kochen war nicht ihre große Liebe. Meine Leidenschaft für das Kochen stammt tatsächlich von meiner australischen Schwiegermutter.
Während einer Reise nach London gab mir meine Cousine Lyn ein Rezept für Florentiner, die ich bis dahin noch gar nicht kannte. Nachdem ich mein zweites Baby bekommen hatte, machte ich sie für mehrere Cafés und schob den Kinderwagen durch Bondi, während ich auslieferte. Mein Repertoire wuchs um Kuchen und fand 1979 seinen Höhepunkt in der Eröffnung von «Cuisine» mit meiner Freundin und Geschäftspartnerin Anne. Anne ging in Ruhestand, dann wurde Pear meine Geschäftspartnerin. 25 Jahre später verkauften wir das Geschäft.
Immer noch koche ich sehr gern und habe gern Gäste. Jeden Freitag ist volles Haus. Meine Töchter sind große Köchinnen, und mein vierjähriger Enkel werkelt gern mit mir in der Küche. Er ist Großmutters Liebling – selbst wenn ich entdecke, dass er rohe Eier in die Küchenschublade geworfen hat!

JACK SAGES, TANYA BEVERLEY UND NILLY BERGER

Vater, Tochter und Nichte

JACK

Jack Sages war die sechste Generation seiner Familie, die in der Türkei geboren wurde, nachdem seine Vorfahren während der Inquisition aus Spanien vertrieben worden waren. Er lebte über 55 Jahre mit seiner Frau, der Künstlerin Jenny Sages, in Sydney, bis er 2010 verstarb.

Jacks Mutter und seine Schwester Rachel waren sehr gut in der Küche. Jack kam zum Kochen, weil er hungrig war; Jenny kochte nicht!

Jack sagte oft, er besäße keine Eignung zum Koch, aber er besaß dank seiner Mutter viel Wissen. Er kam auf den Geschmack, sich gern in der Küche aufzuhalten. Er sprach voller Freude darüber, die Türkei zu besuchen, morgens früh nach draußen zu gehen und zu beobachten, wie die Händler vor Ort mit Liebe und Aufmerksamkeit die frischen Früchte für den Verkauf arrangierten.

Diese Leidenschaft für Kochen hat sich auf seine Tochter Tanya und seine Enkel übertragen; Jacks Erinnerungen leben in den Rezepten und Geschichten, die er hinterlassen hat, weiter.

TANYA

Meine Mutter ist eine extrem begnadete Künstlerin, aber Kochen war nie ihre Sache. Zum Glück hatte mein Vater eine wahre Kochleidenschaft. Wir haben immer gerne Rezepte ausgetauscht und gegenseitig unsere Gerichte gekostet. Ich vermisse ihn und seine Albondigas (spanische Fleischbällchen) sehr. Meine Großmütter waren wunderbare Köchinnen. Bubbie (die Mutter meiner Mutter) machte köstliche Matzenknödel-Suppen, Borschtsch, und Hähnchen-Kotletki (Hähnchenfrikadellen). Wann immer ich krank war, bereitete sie die beste Medizin zu: Goggelmoggel, ein warmes Getränk mit Eigelb. Obwohl die Mutter meines Vaters starb, bevor ich geboren wurde, haben ihre wunderbaren Rezepte durch ihn und Tantchen Rachel überlebt.

Ich lebe mit meinem Mann im ländlichen New South Wales. Seine Küche ist einer der Gründe, warum ich mich in ihn verliebt habe. Als wir den ersten Abend zusammen verbrachten, machte er ein köstliches Satay-Hähnchen, und schon war es um mich geschehen. Er und seine Mutter Jan haben mich dazu inspiriert, eine bessere Köchin zu werden.

NILLY

Meine Eltern Rachel und Chaim Shalom sind beide als Kinder in den 1930er-Jahren aus der Türkei nach Israel gezogen. Als Frischverheiratete lebten sie mit meinen Großeltern in einer kleinen Wohnung. Kochen und essen nahmen einen großen Teil ihres Lebens ein, und ich wuchs als glückliche Nutznießerin köstlichen und reichlichen Essens auf. Wir lebten sechs Jahre in Brasilien, bevor wir zu meinem Onkel Jack und den Großeltern nach Sydney zogen.

Obwohl meine Liebe zu gutem Essen früh in meinem Leben begann, durfte ich nie meiner Mutter in der Küche helfen. Ich selbst kochte erst, als ich in die Berger-Familie einheiratete, denen Sydneys Kultstätte «Gelato Bar» gehört. Seit 1958 ist es ein Heim weit weg von zu Hause für die osteuropäische Gemeinde. Die Australier lieben das Essen vom alten Kontinent; den Leuten fallen fast die Augen aus dem Kopf bei den üppigen Auslagen voller Kuchen und Plätzchen. Jetzt teilen unsere Töchter die Leidenschaft für Kochen und Essen, nachdem sie in unserer sephardischen wie auch ungarischen Küche aufgewachsen sind.

JACK SAGES
Hier handelt es sich um eine typisch türkische Süßigkeit, die oft in Zellophan verpackt verkauft wird. Sie ist wunderbar dazu geeignet, um eine Mahlzeit bei einer Tasse gesüßtem Tee aus frischer Minze ausklingen zu lassen.

SESAMHÄPPCHEN*

Ergibt eine Platte von 60 x 30 cm

250 g (2 Tassen) Sesamsamen
250 g (1 Tasse plus 1 EL) Zucker
1 EL Honig

* Foto auf Seite 63

Breiten Sie ein großes Stück Backpapier (60 x 30 cm) auf der Arbeitsfläche oder einem Schneidbrett aus.

Rösten Sie die Sesamsamen bei niedriger Hitze in einer Pfanne, bis sie goldbraun sind. Vorsicht, dass sie nicht anbrennen.

Geben Sie den Zucker und den Honig in eine beschichtete Pfanne mit schwerem Boden und lassen Sie bei mittlerer Hitze den Zucker auflösen. Ständig rühren. Einige Minuten kochen lassen, bis die Mischung richtig goldbraun ist. Die Sesamsamen hinzufügen und gut rühren.

Die Mischung ganz vorsichtig auf das Backpapier gießen, dann sofort mit einem zweiten Blatt Backpapier bedecken. Schnell mit einem Nudelholz die Sesammischung auf ungefähr 5 mm Dicke ausrollen. Sofort in Rauten schneiden oder auskühlen lassen und in Stücke brechen.

Die Stücke sind in einem luftdichten Behälter bis zu einer Woche haltbar.

NILLY BERGER

Diese Lauch-Fleisch-Frikadellen stammen von meiner Mutter und Jack Sages Schwester Rachel, die bis zum heutigen Tag eine hervorragende Köchin ist. Für eine vegetarische Version ersetzen Sie das Rinderhack durch zwei gekochte und zerstampfte Kartoffeln.

PRASSA

Ergibt 20 Stück

1 kg Lauch, gewaschen und geputzt
300 g Rinderhack
3 Eier, leicht verrührt
40 g (⅓ Tasse) feines Matzemehl oder Semmelbrösel
Meersalz und frisch gemahlener schwarzer Pfeffer
60 ml (¼ Tasse) Pflanzenöl
2 EL Olivenöl
2 EL Tomatenmark
185 ml (¾ Tasse) Wasser

Den Lauch (nur weiße und hellgrüne Teile verwenden) fein hacken oder in einer Küchenmaschine zerkleinern, dass er fein ist, aber kein Püree.
In einem Topf Wasser zum Kochen bringen, den Lauch hineingeben und ungefähr 5 Minuten köcheln lassen, bis er weich ist. Gut abtropfen lassen und mit der Hand alle überschüssige Flüssigkeit herausdrücken.
Das Hack, die Eier und das Matzemehl oder die Semmelbrösel in eine Schüssel geben, den Lauch hinzufügen. Gut vermischen und großzügig mit Salz und Pfeffer würzen. In flache Frikadellen formen.
Das Pflanzenöl in einer großen Pfanne erhitzen und die Plätzchen schubweise unter Wenden ausbraten, bis sie goldbraun sind. Auf Küchenpapier abtropfen lassen.
Wenn alle Plätzchen gebraten sind, gießen Sie das Öl aus der Pfanne und wischen Sie sie mit einem Stück Küchenpapier aus. Die Pfanne mit dem Olivenöl wieder erhitzen, dann Tomatenmark und Wasser hinzugeben und alles gut verrühren. Zum Köcheln bringen und alle Plätzchen in die Sauce legen. Bedecken und ein paar Minuten auf jeder Seite garen, einmal wenden, bis sie gut durchgebraten sind und die Sauce aufgesaugt ist.

JACK SAGES

Dies ist eine wunderbare und äußerst beeindruckende Pastete als leichte Mahlzeit, ganz einfach herzustellen. Mit einem einfachen grünen Salat zum Lunch servieren. Es ist am besten, wenn man den Filoteig mindestens 2 Stunden, bevor man das Rezept in Angriff nimmt, aus dem Kühlschrank holt. So lassen sich die Rosetten leichter rollen.

SPINAT-FETA-SCHNECKEN*

Ergibt 8 – 10 Portionen

8 – 10 Scheiben Filoteig
1 Bund Spinat, ungefähr 180 g Blätter
250 g Feta-Käse
100 g Pecorino-Käse, geraspelt
100 g Parmesan-Käse, geraspelt
1 EL Mehl
2 Eier
100 g Butter, geschmolzen
100 ml (knapp ½ Tasse) Pflanzenöl
1 Ei, leicht verrührt (für das Überglänzen)
Sesamsamen

*Fotos auf Seite 56/57

Den Filoteig mindestens 2 Stunden vor Beginn der Zubereitung aus dem Kühlschrank nehmen. So lassen sich Risse beim Rollen vermeiden.

Den Backofen auf 200 °C vorheizen. Zwei Bleche mit Backpapier auslegen.

Den Spinat waschen, lange Stiele entfernen und die Blätter hacken. In kochendem Wasser blanchieren, dann gründlich abtropfen lassen. Kurz abkühlen lassen, dann so gut wie möglich alle überschüssige Flüssigkeit ausdrücken. Der gekochte Spinat sollte ungefähr 85 g wiegen.

Den Feta-Käse in eine Schüssel krümeln, die anderen Käsesorten, Mehl, Eier und Spinat hinzufügen. Alles gut vermischen.

Die geschmolzene Butter und das Öl in einer Schüssel gut vermischen. Legen Sie 1 Blatt Teig auf die Arbeitsfläche, die kurze Seite nach vorn. Die restlichen Blätter mit einem feuchten Tuch bedecken. Das Filoblatt leicht mit dem Buttergemisch einstreichen, sodass die ganze Oberfläche bedeckt ist. Machen Sie an den kurzen Enden eine 4 cm hohe Falte in das Filoblatt, dann streichen Sie eine 2 cm dicke Schicht der Spinatfüllung von dieser Falte aus von links nach rechts und sparen dabei an beiden Enden 2 cm aus.

Falten Sie die langen Seiten der Pastete nach innen, um Austropfen zu verhindern, dann rollen Sie sie von unten nach oben zu einer Rolle. Formen sie diese Rolle in eine Schnecke und legen Sie sie auf das vorbereitete Backblech. Diesen Vorgang mit der restlichen Füllung und den restlichen Filoblättern wiederholen, bis Sie 8 – 10 Schnecken haben. Die Oberflächen mit dem verrührten Ei einstreichen und mit Sesamsamen bestreuen. 25 – 30 Minuten backen, bis sie goldbraun sind. Mit einem Stück Küchenpapier alles überschüssige Fett abtupfen.

2/3

Spinat-Feta-Schnecken

TANYA BEVERLEY

Nicht wenige meiner Freunde haben eine Glutenunverträglichkeit, deshalb bin ich immer auf der Suche nach guten glutenfreien Rezepten. Dieses hier ist eine Abwandlung eines wundervollen Nigella-Lawson-Kuchens; die Orangen machen ihn wunderbar saftig und genussvoll, aber da er weder Butter noch Öl enthält, ist er nicht schwer. Ich mache diesen Kuchen besonders gern; er geht nie schief und verfehlt nie seine Wirkung.

SCHOKOLADEN-ORANGEN-KUCHEN

Ergibt 10 – 12 Stücke

- 3 – 4 kleine dünnhäutige Orangen
- 300 g (2 Tassen) ganze Mandeln, geröstet
- 9 Eier
- 2 ¼ TL Backpulver
- 400 g (1 ¾ Tassen) Rohrohrzucker (Demerara)
- 100 g (1 Tasse) Kakaopulver bester Qualität

Ganache

- 360 g dunkle Schokolade bester Qualität, gehackt
- 250 ml (1 Tasse) Konditorsahne (35 % Fett)

Die Orangen in einem Topf gut mit Waser bedecken. Zum Kochen bringen, dann ungefähr 2 Stunden leise köcheln lassen; gelegentlich umdrehen. Aus der Kochflüssigkeit nehmen und abkühlen lassen.

Den Backofen auf 180 °C vorheizen. Eine Springform einfetten und mit Backpapier auslegen.

In der Zwischenzeit die Mandeln in einer Küchenmaschine oder mit der Mandelmühle fein mahlen. Beiseite stellen.

Wenn die Orangen kühl sind, in Viertel schneiden, Kerne entfernen und genau 560 g auswiegen. Die gekochten Orangen in der Küchenmaschine zerkleinern, bis sie fein sind. Die gemahlenen Mandeln und alle anderen Zutaten hinzufügen und pürieren, bis alles glatt ist; dabei die Seiten der Küchenmaschine dann und wann mit einem Küchenspatel ausschaben.

Die Mischung in die vorbereitete Kuchenform gießen und 1 Stunde goldbraun backen oder mit einem Holzstäbchen prüfen, dass nichts mehr daran klebt. (Bedenken Sie, dass es sich um einen sehr feuchten Kuchen handelt.)

In der Kuchenform auskühlen lassen.

Machen Sie die Ganache erst, wenn der Kuchen ausgekühlt ist.

Die Schokolade in eine hitzefeste Schüssel geben. Die Sahne bis fast zum Siedepunkt erhitzen, dann über die Schokolade gießen und alles glatt rühren. Leicht abkühlen lassen, dann ein paar Minuten verquirlen, bis die Masse dicklich ist, sich aber noch verteilen lässt. Über dem Kuchen verstreichen und fest werden lassen, am besten im Kühlschrank.

COLETTE LEVY

In Kairo aufzuwachsen war herrlich: Es fanden ausgelassene Familienmahlzeiten statt; zwar von einer Angestellten serviert, aber immer von meiner Mutter zubereitet, bevor sie das Haus verließ, um Karten spielen zu gehen. Sie versprach, mir all die Familienrezepte beizubringen, wenn ich erst verheiratet wäre. Jedoch wurde während der Suez-Krise 1956 mein Verlobter Ray des Landes verwiesen, immerhin durfte ich mit ihm gehen. Wir brachen kurzfristig auf, daher fanden all diese wichtigen Kochstunden erst viele Jahre später statt.

Wir trafen in London als Flüchtlinge ein. Die jüdische Gemeinschaft in der spanisch-portugiesischen Synagoge arrangierte unsere Hochzeit; ich kannte keinen einzigen Gast. Drei Jahre später brachen wir auf nach Adelaide.

Erst viele Jahre später schaffte ich es, mit meinen beiden Töchtern nach Mailand zu reisen, wo sie ihre Großmutter Nona Angele kennenlernten und ich endlich mit ihr kochen und ihre Rezepte lernen konnte. Ich liebte den tröstlichen Duft all der Gewürze in ihrer Küche, und meine Töchter erinnern sich voller Liebe an Familienessen mit reichlich Ful Medames (ein ägyptisches Gericht aus Saubohnen), dazu selbstgemachtes Pita-Brot, hartgekochte Eier und Tahina.

Heute liebe ich es, meinen Enkeln ihre Lieblingssüßigkeiten zuzubereiten, und ich schicke sie ihnen paketweise nach Melbourne und Sydney.

COLETTE LEVY

Ich mache dieses Basbousa-Rezept seit fast 40 Jahren, und es ist das Lieblingsrezept meiner Töchter. Ich mag den süßen Sirupgeschmack und das Krachen der Mandeln. Für die Konsistenz ist es wichtig, feinen Grieß zu nehmen. Da wir heutzutage gesundheitsbewusster sind, reduziere ich manchmal den Butter- oder Zuckergehalt, aber ich bin überzeugt, dass alles in Maßen genossen gut ist, also lassen Sie es sich schmecken.

BASBOUSA

Ergibt ungefähr 25 Stück

360 g (2 Tassen) feiner Grieß
220 g (1 Tasse) Zucker
2 ¼ TL Backpulver
250 g Butter, geschmolzen
¼ TL Vanillezucker
250 ml (1 Tasse) Milch
25 ganze Mandeln, blanchiert

Sirup
440 g (2 Tassen) Zucker
250 ml (1 Tasse) Wasser
Saft von ½ Zitrone
¼ TL Vanille-Extrakt

Den Grieß mit Zucker, Backpulver, geschmolzener Butter, Vanillezucker und ½ Tasse der Milch verrühren. Die Masse ungefähr 30 Minuten quellen lassen.

Den Backofen auf 180 °C vorheizen. Sie benötigen ein rechteckiges Backblech von ungefähr 27 x 18 x 3 cm. Das Blech mit Backpapier auslegen, das Papier an den langen Seiten etwas überhängen lassen, damit die Basbousa leichter herauszunehmen ist.

Die restliche Milch zu der Grießmischung hinzufügen und alles gründlich verrühren. In das vorbereitete Blech gießen und 20 – 25 Minuten backen, bis der Teig hellbraun und fest ist; sie müssen ihn zu diesem Zeitpunkt noch schneiden können. Aus dem Ofen nehmen und den Teig alle 3 – 4 cm durchschneiden, dann diagonal von einer Ecke zur anderen, um Rauten zu erzeugen. Drücken Sie in jede der Rauten eine Mandel, mit der spitzen Seite nach oben.

Alle Sirupzutaten in einem Topf zusammenrühren und köcheln lassen, bis sich der Zucker aufgelöst hat. Weiter kochen lassen, bis die Flüssigkeit andickt und klebrig wird. Das dauert ungefähr 10 Minuten.

Die Basbousa zurück in den Ofen stellen und weitere 10 Minuten backen lassen, bis sie goldbraun ist. Aus dem Ofen nehmen, den abgekühlten Sirup über die heiße Basbousa träufeln, dann noch einmal für 10 Minuten in den Ofen geben.

Den Ofen ausstellen, die Basbousa noch 30 Minuten darin stehen lassen. Aus dem Blech nehmen und zum Anrichten endgültig zu Rauten schneiden. Hält sich in luftdichten Behältern bis zu 3 Wochen.

MELANIE KNEP

Meine Mum machte diese köstlichen buttrigen Stäbchen für die kleine Hausbäckerei, die sie begann, als wir gerade nach Australien gezogen waren. Ein einfaches Rezept, das nie schief geht. Es ist eines der liebsten meiner Kinder. Sie kämpfen immer um die Ränder, die noch im Blech kleben – wenn ich sie ihnen nicht schon weggegessen habe! – Lauren Fink

GRANNYS SHORTBREAD

Ergibt 24 – 30 Stücke Shortbread

175 g Butter, in Stückchen, Zimmertemperatur
45 g Speisestärke
225 g (1½ Tassen) Mehl
90 g Zucker, extrafein, plus etwas Zucker zum Bestreuen

Den Backofen auf 150 °C vorheizen. Eine Backform von 30 x 20 cm einfetten.

Alle Zutaten in der Küchenmaschine oder mit dem Handrührgerät vermischen, bis Sie einen leicht krümeligen Teig haben.

Den Teig in die vorbereitete Form geben und mit den Fingern oder einem Backspatel drücken, bis die Oberfläche glatt ist. Mit einer Gabel gleichmäßig einstechen.

Für ungefähr 1 Stunde backen, bis die Ränder goldbraun werden.

Aus dem Ofen nehmen und noch in der Form mit einem scharfen Messer in gleichmäßige Streifen schneiden. In der Form auskühlen lassen. Mit dem zusätzlichen Zucker bestreuen und zum Servieren aus der Form holen.

Lesen Sie Laurens Geschichte auf Seite 15

Alltägliches

Was gibt's zu essen? Die niemals endende Frage. Ich suche immer nach Anregungen für Abendessen innerhalb der Woche bis zu einfachem Brunch am Wochenende. Ich suche nach nicht zu komplizierten Rezepten mit schlichten, aber köstlichen Aromen, die meine Familie und Freunde glücklich machen. Ein Eintopfgericht wie Bœuf Bourguignon, das man morgens machen und abends servieren kann, lässt meinen Tag reibungslos verlaufen.

Jacqui

Rezepte

‹ Rindspastete mit Kartoffeln

JACQUI ISRAEL

Meine Vorliebe für ein gutes Frühstück spornte mich an, das beste Birchermüesli in Sydney zu finden, aber ich mochte immer ein bisschen mehr von dem und ein bisschen mehr von jenem. Ich entschied mich also, ein eigenes Müesli zu kreieren, inspiriert von David Cullens Rezept aus dem wunderbaren «Sugar Café» vor einigen Jahren. Nachdem ich probiert hatte, ein paar neue Zutaten hinzugefügt, von manchem einfach mehr genommen hatte, von anderem weniger, habe ich jetzt das perfekte «Bircher».

BIRCHERMÜESLI

Ergibt 8 – 10 Portionen

- 120 g (1 Tasse) kernige Haferflocken
- 375 ml (1 ½ Tassen) Apfelsaft
- 45 g (¼ Tasse) Datteln, entkernt getrocknet, gehackt
- 60 g (⅓ Tasse) Aprikosen, getrocknet gehackt
- 1 roter Apfel, geschält, ohne Kerngehäuse, geraspelt
- 175 g (¾ Tasse) griechischer Joghurt
- 2 EL Buchweizen, roh oder geröstet
- 2 EL Leinsamen
- 35 g (¼ Tasse) Sonnenblumenkerne
- 40 g (⅓ Tasse) Mandeln, geraspelt, geröstet

Beginnen Sie dieses Rezept am besten einen Tag im Voraus.

Die Haferflocken in dem Apfelsaft in einem Keramik- oder Glasgefäß einweichen und über Nacht mit Frischhaltefolie abgedeckt im Kühlschrank stehen lassen.

Am nächsten Tag alle übrigen Zutaten, außer den Mandeln, hinzufügen und gut vermischen.

Kurz vor dem Anrichten die Mandeln über das Müesli streuen.

Lesen Sie Jacquis Geschichte auf Seite 16

MICHELLE FISCHL

Diese Suppe ist die Abwandlung eines Rezepts einer guten Freundin. Sie hatte es ursprünglich von einer Nachbarin, und jetzt bin ich diejenige, die es weitergibt. Es ist einfach, köstlich und funktioniert immer tadellos.

ZUCCHINI-ERBSEN-SUPPE MIT MINZE

Ergibt 8 – 10 Portionen

2 – 3 Stangen Lauch, nur das Weiße verwenden, geschnitten
2 EL Olivenöl
8 – 10 Zucchini (ca. 1 kg), in Scheiben geschnitten
500 g (3 Tassen) Erbsen
1,5 l (6 Tassen) Geflügel- oder Gemüsebrühe
1 Bund Minze, nur die Blätter
Meersalz und schwarzer Pfeffer, frisch gemahlen

In einer großen Kasserolle den Lauch im Olivenöl bei mittlerer Hitze anschwitzen, bis er weich ist, dann die Zucchini hinzufügen, bis sie weich und zart sind. Die Erbsen hinzufügen und genug Brühe, um alles zu bedecken, dann köcheln lassen, bis alle Gemüsesorten gut durchgegart sind. Das dauert ungefähr 30 Minuten.

Die Hitze herunterschalten und leicht abkühlen lassen, dann die Minzeblätter hinzufügen und durchpürieren. Großzügig mit Salz und Pfeffer würzen.

Ich lebe schon immer in Sydney – sogar im selben Vorort, in dem ich aufgewachsen bin. Ich bin Australierin der ersten Generation; meine polnische Mutter und mein ungarischer Vater überlebten beide den Krieg und hatten Glück, in Australien eine neue Heimat zu finden. Meine Mutter war eine elegante Geschäftsfrau ohne großes Interesse am Kochen. Nachdem ich 12 Jahre immer dasselbe Schulessen genießen «durfte», war ich fest entschlossen, einmal eine gute Köchin zu werden, und fing damit an, als ich heiratete, unterstützt von meiner talentierten Schwägerin und von Freundinnen.

Sehr schöne Erinnerungen habe ich an Zeiten um den winzigen Küchentisch bei meinen Großeltern. Was immer meine Großmutter auftischte, mein Großvater dachte, er äße in einem Restaurant mit Michelin-Stern. Heute sammle ich voll Stolz Rezepte, und Kochbücher sind meine Bettlektüre. Ich lache immer noch über die Episode, wie ich zufällig Bill Granger begegnet bin. Ich sagte ihm, wie gut mir sein neues Kochbuch gefiele und dass ich jede Nacht vor dem Einschlafen darin läse, woraufhin mein Mann kleinlaut hinzufügte: «Manchmal wünsche ich, ich wäre Ihr Buch!»

Heutzutage teilen meine Kinder meine Kochleidenschaft. Es schmeichelt ungeheuer meinem elterlichen Stolz; was sie noch nicht so gut meistern, ist hinterher sauberzumachen.

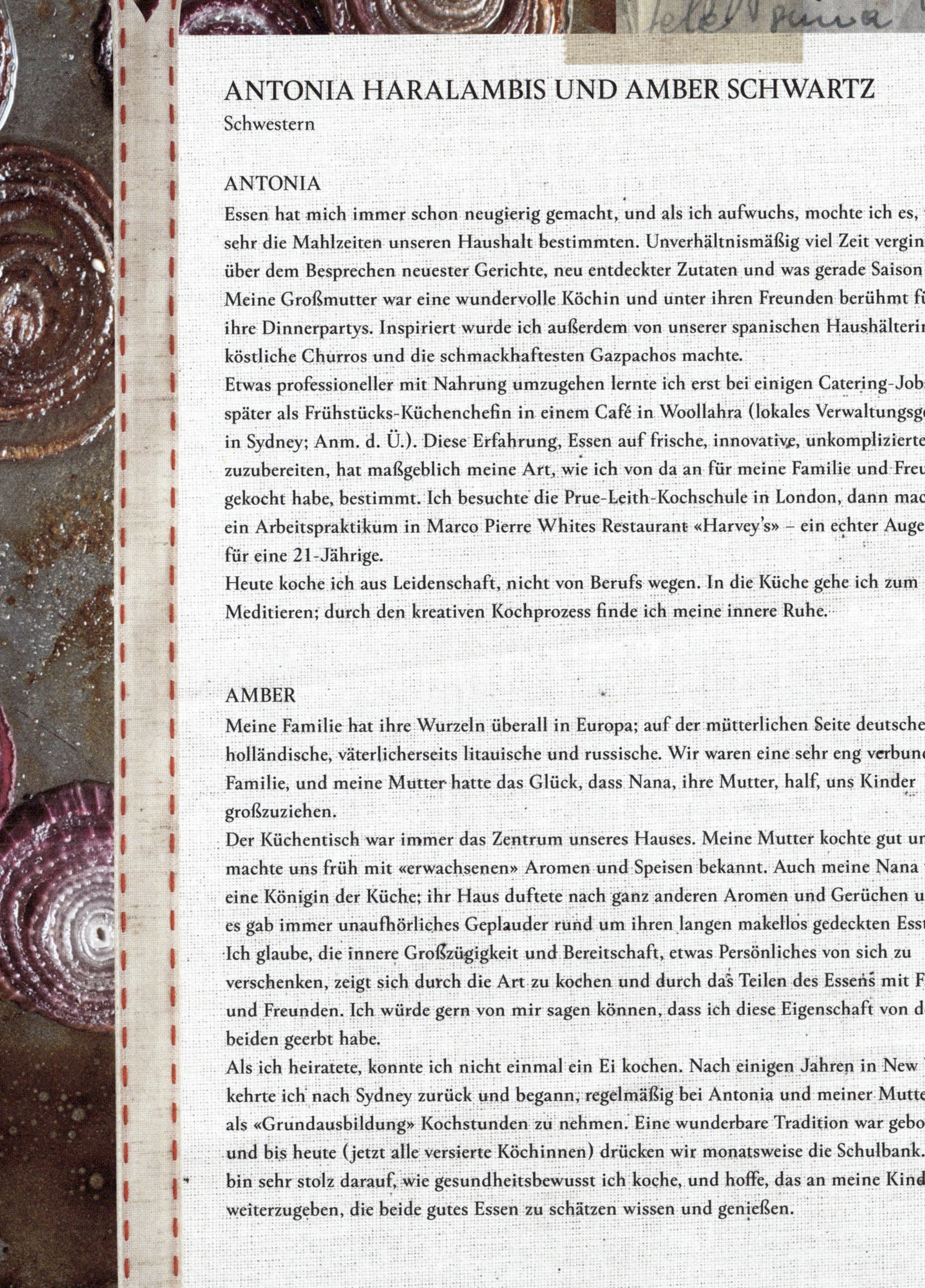

ANTONIA HARALAMBIS UND AMBER SCHWARTZ

Schwestern

ANTONIA

Essen hat mich immer schon neugierig gemacht, und als ich aufwuchs, mochte ich es, wie sehr die Mahlzeiten unseren Haushalt bestimmten. Unverhältnismäßig viel Zeit verging über dem Besprechen neuester Gerichte, neu entdeckter Zutaten und was gerade Saison hatte. Meine Großmutter war eine wundervolle Köchin und unter ihren Freunden berühmt für ihre Dinnerpartys. Inspiriert wurde ich außerdem von unserer spanischen Haushälterin, die köstliche Churros und die schmackhaftesten Gazpachos machte.

Etwas professioneller mit Nahrung umzugehen lernte ich erst bei einigen Catering-Jobs, später als Frühstücks-Küchenchefin in einem Café in Woollahra (lokales Verwaltungsgebiet in Sydney; Anm. d. Ü.). Diese Erfahrung, Essen auf frische, innovative, unkomplizierte Weise zuzubereiten, hat maßgeblich meine Art, wie ich von da an für meine Familie und Freunde gekocht habe, bestimmt. Ich besuchte die Prue-Leith-Kochschule in London, dann machte ich ein Arbeitspraktikum in Marco Pierre Whites Restaurant «Harvey's» – ein echter Augenöffner für eine 21-Jährige.

Heute koche ich aus Leidenschaft, nicht von Berufs wegen. In die Küche gehe ich zum Meditieren; durch den kreativen Kochprozess finde ich meine innere Ruhe.

AMBER

Meine Familie hat ihre Wurzeln überall in Europa; auf der mütterlichen Seite deutsche und holländische, väterlicherseits litauische und russische. Wir waren eine sehr eng verbundene Familie, und meine Mutter hatte das Glück, dass Nana, ihre Mutter, half, uns Kinder großzuziehen.

Der Küchentisch war immer das Zentrum unseres Hauses. Meine Mutter kochte gut und sie machte uns früh mit «erwachsenen» Aromen und Speisen bekannt. Auch meine Nana war eine Königin der Küche; ihr Haus duftete nach ganz anderen Aromen und Gerüchen und es gab immer unaufhörliches Geplauder rund um ihren langen makellos gedeckten Esstisch. Ich glaube, die innere Großzügigkeit und Bereitschaft, etwas Persönliches von sich zu verschenken, zeigt sich durch die Art zu kochen und durch das Teilen des Essens mit Familie und Freunden. Ich würde gern von mir sagen können, dass ich diese Eigenschaft von den beiden geerbt habe.

Als ich heiratete, konnte ich nicht einmal ein Ei kochen. Nach einigen Jahren in New York kehrte ich nach Sydney zurück und begann, regelmäßig bei Antonia und meiner Mutter als «Grundausbildung» Kochstunden zu nehmen. Eine wunderbare Tradition war geboren, und bis heute (jetzt alle versierte Köchinnen) drücken wir monatsweise die Schulbank. Ich bin sehr stolz darauf, wie gesundheitsbewusst ich koche, und hoffe, das an meine Kinder weiterzugeben, die beide gutes Essen zu schätzen wissen und genießen.

ANTONIA HARALAMBIS

Dieses Gericht habe ich entworfen, als ich als innerbetriebliche Chefköchin für eine wunderbare jüdische Steuerberatungsfirma in London tätig war. Diese langsam geschmorte Tomatensauce ist eine der verlockendsten Alternativen für Nichtfleischesser, die ich entwickelt habe, mit dem intensiven, köstlichen Aroma von Knoblauch, Kapern, Sardellen und Oliven. Sie lässt sich gut einfrieren und wie viele Gerichte schmeckt sie aufgewärmt am besten.

LANGSAM GESCHMORTE TOMATENSAUCE FÜR SPAGHETTI

Ergibt 5 Tassen Spaghetti-Sauce
Entspricht 6 Portionen

80 ml (⅓ Tasse) Olivenöl Extra Vergine
2 kg sehr reife Tomaten, in 1 cm dicke Scheiben geschnitten
2 rote Zwiebeln, in Scheiben geschnitten
2 Knoblauchzehen, zerdrückt
50 g (¼ Tasse) gesalzene kleine Kapern, gut abgespült und abgetropft
8 Sardellenfilets (jedes in 3 Stücke geteilt)
120 g (¾ Tasse) Kalamata-Oliven, entsteint
schwarzer Pfeffer, frisch gemahlen
Meersalz
1 EL Tomatenmark
500 g Spaghetti
40 g (½ Tasse) Parmesan-Käse, geraspelt
½ Bund glatte Petersilie, gehackt
¼ Bund Basilikum, Blätter zerzupft

Garnitur
40 g (½ Tasse) angeröstete Pinienkerne
1 Handvoll glatte Petersilie, gehackt
Parmesan-Käse, nach Belieben

Den Backofen auf 200 °C vorheizen.
Verwenden Sie zwei große Bräter (wenn möglich beschichtet), um die Zutaten zu schichten. Beginnen Sie mit einem guten Schuss Olivenöl, dann teilen Sie Tomaten, Zwiebeln, Knoblauch, Kapern und Sardellen auf die beiden Bräter auf, fügen noch einen Schuss Olivenöl hinzu und verteilen die Oliven und den Pfeffer. Zum Schluss noch ein wenig Olivenöl.
Stellen Sie die beiden Bräter in den Ofen und reduzieren Sie die Temperatur auf 170 °C. 1 ½ bis 2 Stunden schmoren, bis der Inhalt weich und ein wenig karamellisiert ist, aber nicht so, dass alle Flüssigkeit verdampft ist. Die Mischung alle 20 Minuten wenden, damit nichts am Boden ansetzt.
Wenn alles gar ist, den Inhalt der beiden Bräter in einem zusammenführen, abschmecken und das Tomatenmark hinzufügen. Vorsichtig salzen, da die Kapern, Sardellen und Oliven schon salzhaltig sind.
Die Spaghetti in reichlich gesalzenem Wasser al dente kochen, abtropfen lassen und ¼ Tasse des Nudelwassers aufbewahren.
Vermischen Sie in einer großen Schüssel die gekochte Pasta mit der geschmorten Tomatensauce und dem Parmesan-Käse und fügen etwas von dem Nudelwasser hinzu, wenn nötig. Die Petersilie einrühren, ebenso das Basilikum und einen Schuss Olivenöl. Auf einer großen Platte arrangieren. Die Pinienkerne und die gehackte Petersilie darüber streuen und heiß oder bei Zimmertemperatur mit zusätzlichem Parmesan servieren.

AMBER SCHWARTZ

Mein Kochen wurde im Lauf der Jahre stark von einer gesunden Lebensweise und davon beeinflusst, wie nachhaltig unser Essen ist. Die Qualität der Zutaten und das Wissen um ihre Herkunft sind für mich sehr wichtig, damit ich genau weiß, womit ich meine Familie ernähre. Dieses einfache Fischgericht spiegelt meine Einstellung – es enthält kein zusätzliches Fett und ist schnell und leicht zuzubereiten. Manchmal ersetzte ich die Sojasauce auch durch Tamari (glutenfreie Sojasauce; Anm. d. Ü.).

AHORN-SOJA-FORELLE

Ergibt 6 – 8 Portionen, je nach Größe des Fischs

1 Seite Meerforelle, enthäutet und entgrätet, ungefähr 1 kg schwer
185 ml (¾ Tasse) Sojasauce
185 ml (¾ Tasse) reiner Ahornsirup
1½ EL Ingwer, fein gerieben
1½ EL Limettensaft
2 EL Sesamsamen, angeröstet, zum Servieren / Garnieren
Limettenachtel zum Garnieren

Dieses Rezept beginnen Sie am besten am Vortag.

Legen Sie den Fisch in eine tiefe Keramikschale oder ein anderes ofenfestes Gefäß. Mischen Sie die Sojasauce, den Ahornsirup, den Ingwer und den Limettensaft in einer kleinen Schüssel, dann gießen Sie alles über den Fisch, sodass er bedeckt ist. Mit Frischhaltefolie bedecken und 24 Stunden kalt stellen, einmal wenden.

Nehmen Sie den marinierten Fisch 2 Stunden vor dem Zubereiten aus dem Kühlschrank.

Den Backofen auf 200 °C vorheizen. Den Fisch unbedeckt in der Marinade garen, von 15 Minuten (glasig) bis 30 Minuten (gut durch), je nach Ihrem persönlichen Geschmack. Aus dem Ofen nehmen und für dieselbe Zeitspanne des Kochvorgangs noch einmal ruhen lassen (der Fisch gart weiter).

Den Fisch aus der Sauce nehmen, bedecken und beiseite stellen.

Die Sauce durch ein Sieb in einen kleinen Topf gießen. Zum Reduzieren und Andicken köcheln lassen.

Den Fisch auf einer Platte anrichten, mit der Sauce beträufeln und mit den gerösteten Sesamsamen und den Limettenachteln garnieren. Dazu am besten Jasmin-Reis reichen und gedünstetes Gemüse mit ein paar Tropfen Sesamöl, wenn gewünscht.

ANTONIA HARALAMBIS

Ich lerne gerne neue Rezepte, besonders von meiner griechischen Schwiegermutter Maria. Sie hat diese Fleischklößchen für meine Kinder gemacht, als sie noch Kleinkinder waren. Sie sind wunderbar für die Pausenbrotdosen, für Kinder- oder Erwachsenenpartys oder als Bestandteil eines großen Familienbuffets. Sie sind kalt oder warm einfach köstlich. Marias besonderer Trick für die Fluffigkeit ist, eine gute Prise Backpulver hinzuzufügen und sie in Mehl mit Backpulver zu rollen anstatt mit normalem Mehl.

MARIAS KEFTETHES

Ergibt ungefähr 70 Klößchen

- 250 g altbackenes Sauerteigbrot, ohne Kruste
- 1 kg Rinderhack
- 2 Eier, verrührt
- 2 braune Zwiebeln, geraspelt
- ½ TL Paprika
- ½ TL Muskatnuss, frisch gerieben
- 1 Bund glatte Petersilie, fein gehackt
- 3 Knoblauchzehen, zerdrückt
- ½ TL Backpulver
- 2 TL Zitronensaft
- 80 ml (⅓ Tasse) Olivenöl
- Meersalz und frisch gemahlener schwarzer Pfeffer
- 150 g (1 Tasse) Mehl mit Backpulverzusatz (siehe Anm. S. 293)
- Pflanzenöl zum Ausbacken

Das Brot einige Minuten vollkommen mit Wasser bedecken. Abtropfen lassen und gut ausdrücken, dann in eine große Schüssel bröckeln. Hack, Eier, Zwiebeln, Paprika, Muskat, Petersilie, Knoblauch, Backpulver, Zitronensaft und Olivenöl hinzufügen. Mit den Händen gut vermengen und großzügig nach Belieben mit Salz und Pfeffer würzen. Mit Frischhaltefolie bedecken und mindestens 1 Stunde in den Kühlschrank stellen.

Das Mehl auf einem kleinen Tablett verteilen. Eine kleine Schüssel Wasser bereitstellen. Das Pflanzenöl in einer großen Pfanne bei mittlerer Temperatur erhitzen. Mit feuchten Händen die Hackmischung zu golfballgroßen Klößchen formen. In dem Mehl wälzen und sofort schubweise ausbacken. Wenn die Klößchen zu schnell braun werden, Hitze reduzieren. Wenn sie gar sind, auf Küchenpapier abtropfen lassen. Bis zum Servieren warm stellen.

YVONNE FINK

Dies war immer das Grundnahrungsmittel meiner Schwiegermutter Yvonne beim Schabbat-Dinner und anderen hohen Feiertagen. Ich wäre nie auf die Idee gekommen, sie nachzukochen, denn es gab kein Rezept und ihre waren perfekt. Durch den *Monday Morning Cooking Club* angeregt, habe ich sie genau beobachtet, und jetzt wollen meine Kinder sie für all ihre Geburtstagsessen am Schabbat. Immer noch werde ich leicht nervös, wenn Yvonne zum Essen kommt, und frage mich mit Spannung: «Sind sie so gut wie ihre?» – Lauren Fink

NANNAS GEFLÜGELBÄLLCHEN

Ergibt 8 – 10 Portionen

125 ml (½ Tasse) Pflanzenöl
8 Zwiebeln, gehackt
1 kg Hähnchenschenkelfleisch, gehackt oder durch den Fleischwolf gedreht
1 Ei
2 EL Tomatenmark
2 EL Tomatensauce (Ketchup)
70 g (½ Tasse) trockene Brotbrösel
80 ml (⅓ Tasse) Wasser
Meersalz und schwarzer Pfeffer, frisch gemahlen

Sauce
2 Dosen à 400 g Tomatenwürfel
300 ml Tomatenpüree aus der Dose
2 EL Tomatenmark
60 ml (¼ Tasse) Wasser
1 Dose (400 g) Tomatensuppe

Das Öl in einem großen ofenfesten Bräter bei mittlerer Temperatur erhitzen und die Zwiebeln goldbraun braten. ¾ der gebratenen Zwiebeln in eine große Schüssel geben und leicht abkühlen lassen.

Für die Geflügelmischung das Hähnchenhack, das Ei, Tomatenmark, Tomatensauce, Brotbrösel, Wasser, Salz und Pfeffer zu den abgekühlten Zwiebeln in die Schüssel geben. Gut durchmischen und 30 Minuten in den Kühlschrank stellen.

Für die Sauce alle Zutaten in den ofenfesten Bräter zu den verbliebenen gebratenen Zwiebeln geben. Zum Kochen bringen, dann die Hitze zum Simmern reduzieren und 10 Minuten köcheln lassen.

Mit feuchten Händen die Geflügelmischung zu golfballgroßen Klößchen formen. Arbeiten Sie schnell und geben die Klößchen immer direkt in die Sauce. Rütteln Sie den Topf, damit sich die Klößchen bewegen. Keinen Kochlöffel benutzen, bis sie fest sind. Fügen Sie weitere Klößchen hinzu, bis die Mischung aufgebraucht ist. Bedecken und 40 Minuten weiterköcheln, ab und zu vorsichtig umrühren.

Mit Risoni oder kurzen Nudeln servieren.

Lesen Sie Laurens Geschichte auf Seite 15

ATA GOKYILDRIM

Ein einfaches Gericht: frischer Fisch mit Gewürzen, einem Stück Butter, alles serviert auf nussigem Bulgur. Es wird traditionell «Adana-Snapper» genannt und in einem Tontopf zubereitet.

SNAPPER AUS DEM TONTOPF MIT BULGUR-PILAW

Ergibt 4 Portionen

750 g (ungefähr 4 große) Snapper-Filets, enthäutet
1 ½ EL Atas Gewürzmix: Kurkuma, Paprika edelsüß, Paprika rosenscharf, Kreuzkümmel, Baharat (arabische Würzmischung) zu gleichen Teilen; Chili nach Belieben
½ Bund glatte Petersilie, nur die Blätter, grob gehackt
50 g Butter, in Stückchen
Meersalz
1 Zitrone, in Scheiben geschnitten
1 EL Olivenöl
frischer Chili, gehackt, oder eingemachte Chilischoten zum Servieren

Bulgur-Pilaw

30 g Butter
40 g (¼ Tasse) türkische Suppennudeln oder feine Vermicelli
200 g (1 geh. Tasse) Bulgur
375 ml (1½ Tassen) kochendes Wasser
1 kleine Handvoll glatte Petersilie, nur die Blätter, grob gehackt

Sie benötigen einen Tontopf oder einen großen ofenfesten Tiegel.

Den Fisch in der Kräutermischung und ¾ der Petersilie und der Butter wälzen und in einen großen Tontopf oder ein anderes Gefäß geben.

Bei Zimmertemperatur 30 Minuten marinieren lassen.

Den Backofen auf 210 °C vorheizen.

Den Fisch großzügig salzen, oben mit den Zitronenscheiben bedecken und mit Olivenöl beträufeln. Mit Alufolie oder einem Deckel abdecken und für 20 Minuten in den Ofen geben. Den Deckel entfernen, noch einmal für 5 Minuten in den Ofen oder bis der Fisch durchgebraten ist.

In der Zwischenzeit für den Bulgur-Pilaw die Butter in einer Bratpfanne bei mittlerer Hitze schmelzen lassen. Fügen Sie die Nudeln hinzu und rühren, dann fügen Sie den Bulgur hinzu und lassen ihn eine Minute in der Butter andünsten. Eine Tasse Wasser hinzufügen und rühren. Mit einem Deckel bedecken, die Hitze herunterstellen und 5 Minuten kochen lassen, bis der Bulgur weich wird und das Wasser absorbiert ist. Fügen Sie das restliche Wasser hinzu, rühren, wieder bedecken und wenige Minuten köcheln lassen, bis das Wasser verbraucht ist. Wenn der Bulgur noch nicht fertig und das ganze Wasser aufgesaugt ist, fügen Sie noch etwas Wasser hinzu und lassen alles dämpfen, bis der Bulgur gar ist. Fügen Sie die Petersilie hinzu und salzen.

Den Fisch mit der restlichen Petersilie garnieren und mit dem Bulgur-Pilaw als Beilage servieren. Zur Garnitur den kleingehackten oder eingemachten Chili hinzufügen.

Lesen Sie Atas Geschichte auf Seite 112

LISA MANOY

Meine Mutter macht diese Hähnchen oft als schnelles Sonntagabendessen für die Familie. Sie serviert dazu einen knackigen grünen Salat und die weltbesten gerösteten Kartoffeln – in Entenfett. Sie zaubert immer schnell etwas auf den Tisch, das so köstlich ist, dass man glaubt, sie hätte dafür den ganzen Tag hart in der Küche geschuftet.

HÄHNCHEN MIT OLIVEN UND KAPERN

Ergibt 4 Portionen

1 Hähnchen, zerlegt, oder 4 Hähnchenoberschenkel mit Rückenteil
50 g (¼ Tasse) kleine Kapern in Salzlake, gut abgespült und abgetropft
75 g (½ Tasse) Kalamata-Oliven, entkernt, halbiert
2 Knoblauchzehen, ungeschält
250 ml (1 Tasse) Weißwein
1 EL Olivenöl
3 Thymianzweige
schwarzer Pfeffer, frisch gemahlen

Den Backofen auf 200 °C vorheizen. Die Hähnchenstücke in einen eingeölten Bräter legen, dann die Kapern, Oliven und den Knoblauch obenauf verteilen. Den Wein und das Olivenöl über die Hähnchenstücke gießen, mit dem Thymian bestreuen und großzügig mit Pfeffer würzen.

45 Minuten bis zu 1 Stunde braten. Das Hähnchen soll goldbraun sein und der Fleischsaft klar, wenn man das Fleisch mit einem Messer ansticht. Wenn das Hähnchen nicht braun genug ist, die letzten 5 Minuten auf höchster Temperatur garen.

Als Kind war ich umgeben von meiner Mutter und Tanten, die immer über neue Rezepte sprachen und was es abends zu essen geben sollte oder üppige Speisen für einen der Feiertage planten. Obwohl meine Mum aus Polen nach Australien kam, als sie erst 13 Jahre alt war und kein Wort Englisch sprach, und mein Dad aus Israel kam, kochen wir fast nie Gerichte aus ihren Herkunftsländern. Mums einziges Zugeständnis an ihren kulinarischen Hintergrund war der Gebrauch von Mengen an Chili für meinen Dad, dem es nie scharf genug sein konnte.

Stattdessen gab Mum meiner Schwester und mir die Liebe zum Kochen mit frischen, gesunden Zutaten aus der eigenen Umgebung weiter. Ich habe oft darum gebettelt, die Schule schwänzen und stattdessen zu Hause kochen zu können. Manchmal fuhren wir zu weit entfernten Märkten oder gingen in die Berge zum Pilze pflücken.

Mein Mann ist in der sechsten Generation Australier; seine Familie ist durchweg schokoladesüchtig und sie haben unsere gesunde Ernährung teilweise korrumpiert. Es «muss» ein Dessert geben und es «muss» Schokolade enthalten. Dad sagt immer, dass Mum mir ihre besondere Eigenart weitergegeben hat. Ich hoffe, ich kann sie auch an meine Kinder geben.

VERONICA LEYDMAN

Pollo con salsa ist ein klassisches argentinisches Gericht, das sich auch heute noch in manchen Restaurants findet. Das Rezept meiner Mutter hüllt das ganze Haus mit dem unwiderstehlichen Duft von Knoblauch und Tomaten ein. Es ist ein perfektes Wintergericht, serviert mit Reis, Pasta, Couscous oder einfach ohne weitere Zutaten. Ich stelle am liebsten den Topf auf den Tisch und verleite durch die Farben und den Duft meine Gäste, tüchtig zuzugreifen.

POLLO CON SALSA

Ergibt 4 Portionen

2 EL Olivenöl
1 große rote Zwiebel, in dünne Scheiben geschnitten
1 große rote Paprika, in schmale Streifen geschnitten
6 Knoblauchzehen, zerdrückt, oder nach Belieben
8 Hähnchenschenkel-Filets, ohne Haut
500 ml (2 Tassen) Geflügelbrühe
1 Dose (400 g) italienische Tomatenwürfel
Meersalz und schwarzer Pfeffer, frisch gemahlen
1 große Handvoll glatte Petersilie, grob gehackt

Für dieses Rezept benötigen Sie eine tiefe Bratpfanne mit Deckel. Das Öl in der Pfanne erhitzen, die Zwiebeln hinzufügen und bei mittlerer Temperatur 10 Minuten anschwitzen, bis sie weich sind. Die Paprika und den Knoblauch hinzufügen und weitere 5 Minuten braten, bis sie ebenfalls weich sind.
Aus der Pfanne nehmen und beiseite stellen. Die Hähnchenteile in die Pfanne geben und von allen Seiten gut anbräunen.
Die Zwiebelmischung zu den Hähnchen in die Pfanne zurückgeben und die Geflügelbrühe hineingießen. Abdecken und bei mittlerer Hitze 30 Minuten garen, bis die Hähnchenstücke gerade weich sind. Die Tomaten hineinrühren und mit Salz und Pfeffer würzen. Die Petersilie darüber streuen und unbedeckt weitere 15 Minuten köcheln, bis alles gar ist.

Während andere Kinder Sausage Rolls und Fleischpasteten aßen, wuchs ich mit Mais-Empanadas, selbstgemachten Fioquis (ähnlich wie Gnocchi) und Pastel de papa (eine Art argentinischer Shepherd's Pie) auf. Meine südamerikanische Mutter verbrachte viel Zeit damit, diese Köstlichkeiten zuzubereiten, und so lernte auch ich das Kochen früh lieben.
Ich hatte ihre Rezepte dabei, als mein Mann und ich vor mehr als zehn Jahren nach Canberra zogen, und ich habe sie seitdem für eine wachsende jüdische Gemeinde gekocht. Als wir das erste Mal bei einem öffentlichen Seder teilnahmen, sagte ich zu meinem Mann: «Erinnere mich daran, wenn wir nächstes Jahr wieder hier sind, koche ich für den Sederabend.» Und tatsächlich, im Jahr darauf stand ich in der Schulküche, im siebten Monat schwanger mit Zwillingen, und bereitete 120 Kneidlach.
Heute nennt meine Mutter unser Haus «la casa del pueblo» (das Dorfzentrum), denn meine Küche ist eine Art Drehtür geworden, durch die viele Freunde kommen und gehen – und das zu unserer größten Freude.
Meine wunderbare lettische Schwiegermutter ist auch eine begnadete Köchin. Also genießen wir das Beste aus beiden Welten.

NATALIE TOPPER UND ADAM LOPATA

Schwester und Bruder

NATALIE

Für viele bedeutet Kochen Arbeit, für mich war es immer ein tolles kreatives Ventil. Die Küche ist ein Ort voller Glück – und solange ich mich erinnern kann, bin ich von Speisen aller Art besessen.

Ich bin Australierin der zweiten Generation, in Sydney geboren und aufgewachsen. Ich bin in einem Haus voller Kinderlachen groß geworden, in dem unentwegt Essen aufgetischt wurde. Meine Mutter Bessie war für mich immer die beste Anregung. Sie kann aus dem Stand sensationelle Mahlzeiten hervorzaubern.

Immer wieder sitze ich auf der Couch, dem Bett oder vor dem Fernseher und wälze Kochbücher. Das tägliche Essensangebot ist ein echter Schwerpunkt unserer Familie. Meine Schwiegermutter Sandra bereitet in aller Schnelle Mahlzeiten, auf die jeder Küchenchef stolz wäre, und mein Bruder Adam spricht unentwegt über neue Ideen für sein Café in Double Bay (Naturhafen in einem östlichen Vorort von Sydney; Anm. d. Ü.). Mein Mann und ich haben drei kleine Kinder und wir sitzen abends um den Esstisch und reden über unseren Tag. Das Essen ist unser gemeinsames Thema. Ich freue mich so sehr, dass unsere Kinder jetzt in der Küche helfen wollen, und hoffe, dass sich auf diese Weise ein dauerhaftes Band zwischen uns bildet.

ADAM

In meinen frühesten Erinnerungen stehe ich in der Küche und beobachte meine Mum, wie sie Schabbat-Essen und Partys plant und scheinbar mühelos kocht. Jeden Sonntagmorgen verbrachten sie und Dad bei «Starks», dem koscheren Laden in Bondi (Stadtteil von Sydney), und füllten die Vorräte an Bagels, Lachs, Hering und «chopped egg» wieder auf.

Da wir einen osteuropäischen Hintergrund haben, hatten wir auch immer Salami, verschiedene Käsesorten, Leber und andere Köstlichkeiten im Kühlschrank. Als meine Mutter mir zum ersten Mal ein Sandwich mit Käse und Vegemite (vegetarischer Hefeextrakt, Australiens Brotaufstrich Nr. 1; Anm. d. Ü.) in meine Lunchbox packte, bin ich in das Schulbüro gelaufen und habe sie angerufen, schockiert über den Fehler, den sie gemacht hatte. Sie hatte aber nur versucht, mir das zu geben, was sie sich als Kind immer gewünscht hatte, ein richtiges «Aussie lunch». Zum Glück waren wir schnell wieder bei Schnitzelsandwiches.

Wir haben oft auswärts gegessen, und ich entwickelte bald eine Leidenschaft für Essen und Restaurants. Schon früh wusste ich, dass ich in diesem Business arbeiten wollte. Ich habe bereits eine Reihe von Cafés besessen, und Essen ist immer mein Fokus. Selbst wenn ich reise, bin ich auf der Suche nach neuen Ideen und Kombinationen, die ich an meinem momentanen Standort in Double Bay, «Café Arno», einführen kann, wo die Angebote ständig wechseln, um Sydneys wunderbare frische Produkte in aller Bandbreite darzustellen.

NATALIE TOPPER

Bei mir kommen oft Familien auch ohne tagelange Voranmeldung zum Abendessen zu Besuch, also sind mir die Rezepte am liebsten, die schnell und einfach zu machen sind und deren Zutaten man in der Vorratskammer hat. Dies ist eine perfekte Marinade, selbst für den heikelsten Gast, und kann für Hähnchen, Rind und verschiedene Teile vom Lamm verwendet werden. Man kann sie am Abend vorher zubereiten, damit sich die Aromen entfalten, aber auch in der letzten Minute, wenn die Zeit knapp ist.

MARINIERTE LAMMKOTELETTS

Ergibt 6 – 8 Portionen

16 Lamm-Stielkoteletts, die Stiele vom Metzger freigelegt

Marinade

80 ml (⅓ Tasse) Olivenöl
2 EL Dijon-Senf
1 EL glatte Petersilie, gehackt
2 EL Sojasauce
6 Knoblauchzehen, zerdrückt
schwarzer Pfeffer, frisch gemahlen

Alle Zutaten für die Marinade in einer Schüssel gut verrühren.
Die Koteletts gut mit der Marinade bedecken und 2 Stunden oder über Nacht kalt stellen.
Einen Grill oder eine Grillpfanne sehr hoch erhitzen, dann die Koteletts auf jeder Seite 2 – 3 Minuten grillen, dann sind sie «medium», oder länger nach Belieben.

Diese Kartoffeln sind immer ein Treffer – ob bei Erwachsenen oder Kindern jeden Alters. Sie können im Voraus zubereitet und später am Abend in den Ofen geschoben werden. Für den verwöhnten Gaumen können Sie Kräuter (zum Beispiel Rosmarin) hinzufügen. Was mir besonders gefällt, ist, dass nur wenig Öl nötig ist.

STAMPFKARTOFFELN

Ergibt 8 Portionen

1 kg neue Kartoffeln (ungeschält)
60 ml (¼ Tasse) Olivenöl
Meersalz

Den Backofen auf 180 °C vorheizen. Ein Backblech mit Backpapier auslegen.
Die Kartoffeln 10 – 20 Minuten kochen, bis sie gar sind. Gut abtropfen lassen und dann die gekochten Kartoffeln auf dem vorbereiteten Blech verteilen und mit einem Kartoffelstampfer stampfen und flachdrücken. Mit dem Öl beträufeln und mit Meersalz bestreuen. 1 Stunde im Backofen rösten, bis sie goldbraun und knusprig sind.

ADAM LOPATA

Dieser Salat ist eines unserer beliebtesten Mittagsgerichte im Café Arno. Er ist leicht, frisch und voller Aromen. Die karamellisierten Lauchstreifen harmonieren gut mit dem Spargel und dem Lachs – ein weich pochiertes Ei wäre noch das Tüpfelchen auf dem i.

SALAT MIT POCHIERTEM LACHS UND ZITRONENDRESSING

Ergibt 4 Portionen

4 x 200 g Lachsfilet, enthäutet und entgrätet
500 ml (2 Tassen) Weißwein
500 ml (2 Tassen) Wasser
2 frische Lorbeerblätter
Meersalz und schwarzer Pfeffer, frisch gemahlen
3 Stangen Lauch, nur weißer Teil
1 EL Olivenöl
100 g (½ Tasse) Zucker
1 Bund grüner Spargel
4 große Handvoll gemischte Salat- und Babyspinatblätter
1 rote Zwiebel (in feinen Scheiben)
2 Tomaten, geschnitten
2 TL kleine Kapern in Salzlake, gut abgespült und grob gehackt

Zitronendressing

60 ml (¼ Tasse) Weißweinessig
2 TL Dijon-Senf
170 ml (⅔ Tasse) Olivenöl
2 TL kleine Kapern in Salzlake, gut ausgespült und abgetropft
125 g (½ Tasse) Mayonnaise
3 TL Zitronensaft
1 EL Ahornsirup

Um den Lachs zu pochieren, geben Sie Wein, Wasser, Lorbeerblätter, 1 TL Salz und ½ TL Pfeffer in einen Topf, der groß genug ist, dass alle Filets nebeneinander (in einer Schicht) Platz haben. Zum Kochen bringen. Die Lachsfilets hineinrutschen lassen, Deckel auflegen und den Topf von der Herdplatte nehmen. Die Lachsfilets 10 Minuten pochieren. Die Filets aus dem Wasser nehmen, auf Zimmertemperatur abkühlen lassen. In mundgerechte Stücke zerteilen.

Den Lauch in dicke runde Scheiben schneiden, das Olivenöl in einer Bratpfanne bei mittlerer Temperatur erhitzen und den Lauch mit dem Zucker und einer Prise Salz sanft braten. Rühren, bis der Lauch weich und goldbraun ist. Das dauert ungefähr 20 Minuten. Beiseite stellen.

Den Spargel leicht ölen und in einer Grillpfanne oder auf dem Grill garen, bis er Röstspuren zeigt.

Für das Dressing vermischen Sie den Essig und den Senf in einer kleinen Küchenmaschine oder einem Mixer. Das Olivenöl vorsichtig zugeben, dabei immer weiterrühren. Die Kapern und die Mayonnaise löffelweise zugeben, dann den Zitronensaft und den Ahornsirup, nach jeder Zutat weitermixen. Mit Salz und Pfeffer abschmecken.

Die Salatblätter, die roten Zwiebeln, die Tomaten und den Spargel auf einer großen Platte ausbreiten. Mit etwas Dressing beträufeln und leicht schwenken. Das Gemüse soll auf den Blättern bleiben. Den Lachs obenauf legen, den karamellisierten Lauch und die Kapern darüber verteilen, dann noch Dressing darüber gießen und alles behutsam vermischen.

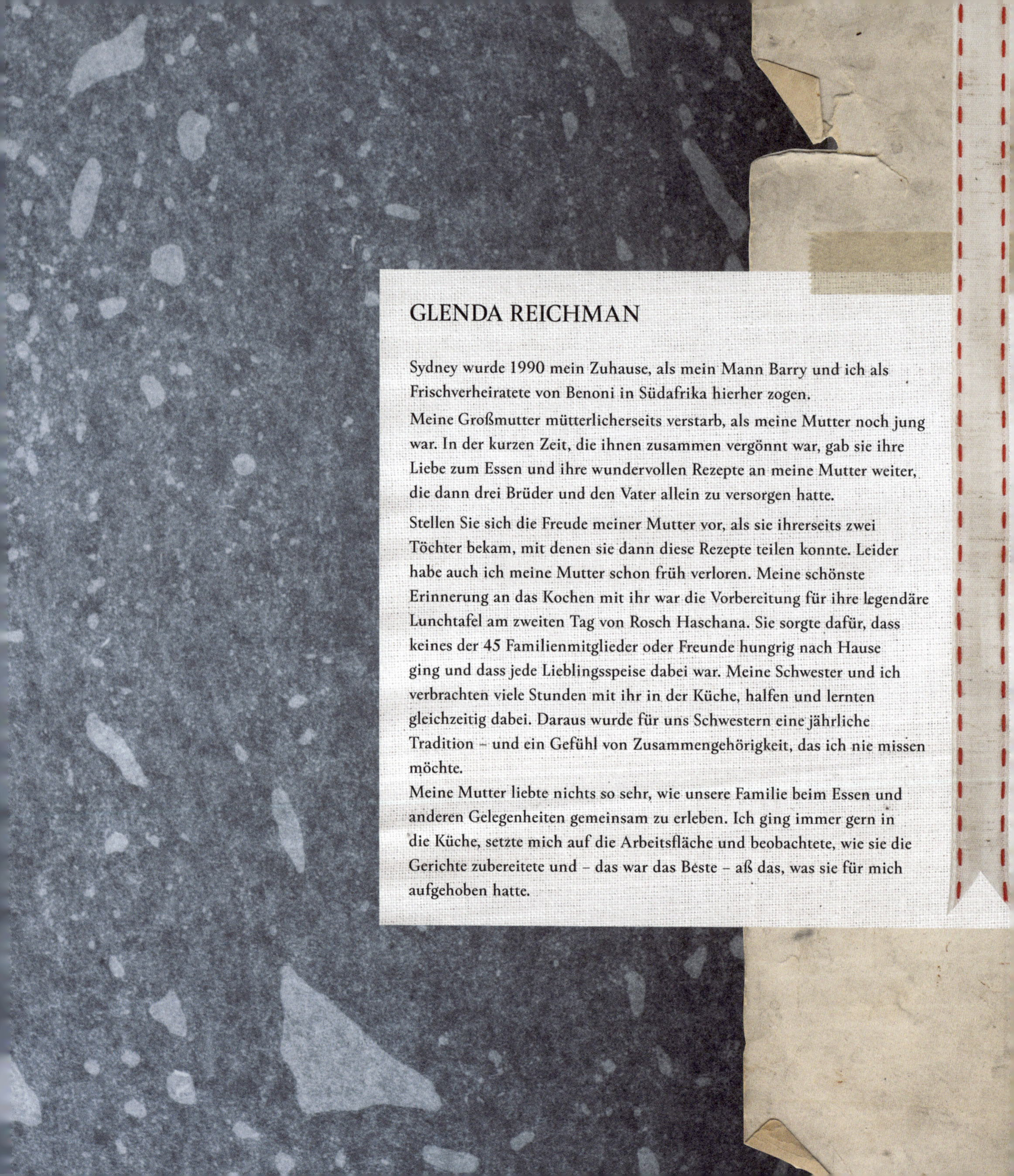

GLENDA REICHMAN

Sydney wurde 1990 mein Zuhause, als mein Mann Barry und ich als Frischverheiratete von Benoni in Südafrika hierher zogen.

Meine Großmutter mütterlicherseits verstarb, als meine Mutter noch jung war. In der kurzen Zeit, die ihnen zusammen vergönnt war, gab sie ihre Liebe zum Essen und ihre wundervollen Rezepte an meine Mutter weiter, die dann drei Brüder und den Vater allein zu versorgen hatte.

Stellen Sie sich die Freude meiner Mutter vor, als sie ihrerseits zwei Töchter bekam, mit denen sie dann diese Rezepte teilen konnte. Leider habe auch ich meine Mutter schon früh verloren. Meine schönste Erinnerung an das Kochen mit ihr war die Vorbereitung für ihre legendäre Lunchtafel am zweiten Tag von Rosch Haschana. Sie sorgte dafür, dass keines der 45 Familienmitglieder oder Freunde hungrig nach Hause ging und dass jede Lieblingsspeise dabei war. Meine Schwester und ich verbrachten viele Stunden mit ihr in der Küche, halfen und lernten gleichzeitig dabei. Daraus wurde für uns Schwestern eine jährliche Tradition – und ein Gefühl von Zusammengehörigkeit, das ich nie missen möchte.

Meine Mutter liebte nichts so sehr, wie unsere Familie beim Essen und anderen Gelegenheiten gemeinsam zu erleben. Ich ging immer gern in die Küche, setzte mich auf die Arbeitsfläche und beobachtete, wie sie die Gerichte zubereitete und – das war das Beste – aß das, was sie für mich aufgehoben hatte.

GLENDA REICHMAN

Ich hätte gerne gehabt, dass meine Söhne das Essen meiner Herkunft lieben und zu schätzen wissen, aber ich hatte bei ihnen kein Glück mit den Curry-Fischbällchen meiner Mutter, Gefilte Fisch, Halva-Eis oder Ingwerkuchen. Zum Glück habe ich mit Pasteten das große Los gezogen. Dieses Rezept ist ein Liebling der Familie und ein Tribut an meine Mutter, die diese Pastetchen sicher gern in der Runde ihrer Enkel genossen hätte.

RINDSPASTETE MIT KARTOFFELN*

Ergibt 6 – 8 Portionen

- 2 Zwiebeln, gehackt
- 60 ml (¼ Tasse) Olivenöl
- 1,5 kg Rindfleisch aus der Schulter oder Schmorfleisch, in Würfel geschnitten
- 1 Dose (400 g) gewürfelte italienische Tomaten
- 125 ml (½ Tasse) Tomatensauce (Ketchup)
- 60 ml (¼ Tasse) Barbecue-Sauce
- 1 EL Sojasauce
- 1½ TL italienische Kräuter, getrocknet
- 1½ TL «Season All»-Gewürzsalz (siehe Tipp)
- ½ TL Meersalz
- 60 ml (¼ Tasse) Wasser
- 2 Kartoffeln, gewürfelt
- 80 g (½ Tasse) Erbsen
- 4 Blätter Fertig-Blätterteig

In einer großen Bratpfanne oder einem ofenfesten Bräter die Zwiebeln in dem Öl ungefähr 10 Minuten sanft braten, bis sie weich sind. Das Fleisch schubweise hinzufügen und rundum bräunen lassen. Die Tomaten, Tomatensauce, Barbecue-Sauce, Sojasauce, getrocknete Kräuter, «Season All», Salz und Wasser hinzufügen. Umrühren und zum Kochen bringen, dann die Hitze auf kleinste Stufe herunterschalten. 1 Stunde mit Deckel köcheln lassen, ab und zu umrühren.

Die Kartoffeln in die Pfanne geben und noch weitere 30 Minuten köcheln lassen. Die Erbsen hinzugeben und noch einmal 30 Minute simmern lassen, dabei ab und zu umrühren. Während der letzten 30 Minuten den Deckel entfernen, wenn das Gemisch noch zu viel Flüssigkeit enthält. Am Boden soll sich nur noch wenig Flüssigkeit befinden. Im Teig wird das Fleisch noch weiter austrocknen. Vor dem Weiterverarbeiten leicht auskühlen lassen.

Den Backofen auf 200 °C vorheizen. Sie benötigen eine 2,5- bis 3-Liter-Backform oder einen entsprechenden Bräter.

Wenn Sie auch am Boden der Pastete Teig wünschen, rollen Sie die Teigplatten aus und legen den Boden und die Seiten der Form mit Teig aus (auf Wunsch). Füllen Sie die Form mit der abgekühlten Fleischmischung. Eine Schicht Teig obenauf legen und zurechtschneiden. An den Rändern versiegeln, indem Sie diese mit den Zinken einer Gabel andrücken. In den Deckel mit einem Messer ein paar Schlitze schneiden. 45 Minuten backen, bis der Teig goldbraun und durchgebacken ist. Aus dem Ofen nehmen und vor dem Servieren 15 Minuten ruhen lassen.

TIPP: «Season All» ist eine gebräuchliche Gewürzmischung und enthält Chili, schwarzen Pfeffer, Selleriesamen, Muskatnuss, Koriander, getrocknete Zwiebeln und Knoblauch.

*Foto auf Seite 68

Bœuf Bourguignon

PAUL GORDON

Unzufrieden mit der politischen Situation in Südafrika, entschieden sich meine Eltern, mit der Familie auszuwandern, als ich noch sehr jung war. Wir nahmen die lange Reise nach Australien auf uns und ließen uns in Adelaide nieder, bereit, ein neues Leben anzufangen. Da wir ohne Familie dastanden, klammerten wir uns durch unsere Küche an unsere Familienwurzeln, nämlich Polen und Weißrussland auf der einen elterlichen Seite und Litauen auf der anderen.

Ich habe kochen gelernt, während ich bei meiner Mutter auf dem Knie saß und beobachtete, wie sie Kneidlach für Pessach machte oder Mandeltarte bei anderen Gelegenheiten. Ich erinnere mich lebhaft, mitten in der Nacht meine Mutter und meine Großmutter, die zeitweise da war, beim Teigausrollen für Teiglach (südafrikanische Kekse, in Sirup getränkt) beobachtet zu haben. Manchmal durfte ich sogar den Teig schneiden und zusehen, wie sie ihn dann in den zähflüssigen Sirup tunkten.

Seitdem ist meine Liebe zum Kochen stetig gewachsen. Essen und Kochen spielen heute eine große Rolle in der Beziehung zu meiner Frau Jasmine. Wir haben zusammen die Welt bereist, haben neue Geschmacksrichtungen ausprobiert und neue Gerichte gelernt.

Für mich ist ein bestimmter Geschmack eine wesentlich bessere Erinnerung an Orte und Menschen als nur ein Foto.

PAUL GORDON

Dieses Gericht versetzt mich nach Frankreich. Gelernt habe ich es von Caroline, der Besitzerin des Bed-and-Breakfast, in dem wir während unserer Reise durch das Burgund wohnten. Ich habe nachträglich etwas variiert, aber das Kernstück des Rezepts ist unverändert. Obwohl die Zutaten einfach scheinen, passen sie perfekt zusammen. Dieses Gericht tischt man am besten mit einem Glas französischen Wein auf und teilt es mit guten Freunden.

BŒUF BOURGUIGNON*

Ergibt 4 – 6 Portionen

4 EL Mehl (genug, um das Fleisch zu bestäuben)
1 TL Paprika edelsüß
1 TL Meersalz
60 ml (¼ Tasse) Olivenöl
1 kg Rindfleisch (Gulaschfleisch), in große Würfel geschnitten
8 Schalotten, geschält und halbiert, oder 1 große Zwiebel, fein gehackt
120 g (1 Tasse) kleine Champignons
400 ml (1 ⅔ Tasse) Rotwein
400 ml (1 ⅔ Tasse) Rinderfond bester Qualität
1 großes Bouquet garni (siehe Tipp)
1 frisches Lorbeerblatt
schwarzer Pfeffer, frisch gemahlen

Mehl, Paprika und Salz in einem flachen Gefäß mischen und das Fleisch gründlich darin wälzen.

Das Öl in einem ofenfesten Bräter mit schwerem Boden bei mittlerer Temperatur erhitzen und das Fleisch portionsweise darin anbräunen. Beiseite stellen. Etwas mehr Öl in den Bräter geben und die Schalotten oder Zwiebeln weich und glasig braten. Dabei regelmäßig rühren und die karamellisierten Teile vom Bräterboden kratzen. Die Champignons hinzufügen und umrühren.

Das Fleisch wieder in den Bräter geben und den Wein hinzufügen. Wenn nötig, den Boden des Bräters erneut freikratzen, um die Röststoffe freizusetzen. Für 1 Minute zum Kochen bringen, dann den Fond, das Bouquet garni und das Lorbeerblatt hinzufügen. Wenn nötig, mehr Wasser oder Brühe hinzugeben, sodass das Fleisch gerade bedeckt ist. Zum Köcheln bringen, einen Deckel auflegen und 2 ½ Stunden schmoren, dabei ein- oder zweimal umrühren. Sie können des Fleisch aber auch für die gleiche Zeit bei 150 °C in den Ofen stellen. Wasser oder Brühe nachgießen, falls und wann immer nötig. Wenn zu viel Flüssigkeit übrig bleibt, den Deckel für die letzten 15 Minuten entfernen. Nach Belieben abschmecken.

Mit Kartoffelstampf oder Kartoffel-Zwiebel-Gratin (siehe Seite 175) servieren.

TIPP:

Ein Bouquet garni ist ein Kräuter-Sträußchen, das in der Regel Thymian, Petersilie und Lorbeerblätter enthält. Es ist als Würzbeutel in der Gewürzabteilung von Lebensmittelgeschäften erhältlich.

*Foto auf Seite 93

VIVIENNE POLAK

Bei meinen Söhnen, überhaupt der ganzen Großfamilie, ist dies ein Lieblingsgericht am Schabbat. Es werden dafür die üblichen chinesischen Zutaten verwendet, bietet aber die begehrten Sticky Ribs mit dem gewünschten vollen Geschmack. Ganz in Sinne meiner Tradition, meine Rezepte mit anderen zu teilen, kam das Original von meiner Freundin Aviva Teperman, es kann aber an den persönlichen Geschmack angepasst werden. Garen Sie die Rippchen langsam – mit Liebe – und unter häufigem Einpinseln. Dieses Rezept funktioniert genauso gut bei Schulterstücken vom Rind.

STICKY RIBS

Ergibt 6 Portionen

3 kg kurze Rinderrippchen

Sauce
250 ml (1 Tasse) Tomatensauce (Ketchup)
250 ml (1 Tasse) Pflaumensauce
125 ml (½ Tasse) Hoisin-Sauce
230 g (⅔ Tasse) Honig
1 ½ EL Worcester-Sauce
3 Knoblauchzehen, zerdrückt

Den Backofen auf 180 °C vorheizen.

Alle Saucenzutaten in einer Schüssel gut verrühren.

Die Rippchen in eine Bratenform legen und mit der Sauce bedecken. Fest mit zwei Schichten Alufolie abdecken. 30 Minuten braten, dann die Temperatur auf 160 °C reduzieren und weitere 3 Stunden schmoren, bis das Fleisch gabelzart ist. Die Folie entfernen und noch weitere 30 – 60 Minuten braten, bis die Rippchen braun und schön klebrig sind. Ab und zu prüfen, etwas Wasser angießen, wenn der Bräterboden auszutrocknen droht.

Während unserer Kindheit in Melbourne waren mein Bruder und ich unglaublich heikle Esser und aßen grundsätzlich nichts Grünes oder Rotes und absolut kein gegartes Gemüse. Die Freunde unserer tschechisch-slowakischen Eltern fragten sich immer, wieso meine Mutter keinen Herzinfarkt vor Sorge um uns bekam! Schließlich waren wir doch inmitten von osteuropäischen Delikatessen aufgewachsen. Als Teenager habe ich mit dem Backen begonnen und übernahm auch das Kochen für die Familie, wenn meine Mutter keine Zeit hatte. Später erlebte ich Kochen unter Druck in der verrückten Atmosphäre einer Kibbuz-Küche, dann, als meine Kinder geboren waren, denke ich liebevoll an meinen zweijährigen Sohn, der mir in seinem Hochstühlchen half, Schokoladenmousse für den Seder zu bereiten oder sonntags mit mir «Pakepakes» (so nannte er Pancakes) teilte. Wie im Zeitraffer – 40 Jahre später – klingelt bei mir, sobald der Freitagabend naht, unentwegt das Telefon, und die Großfamilie hat Fragen oder macht Vorschläge. Für mich ist Kochen eine lebensspendende Tätigkeit; ich koche zur Entspannung, aus Kreativität und einfach aus Freude, teilen zu können.

VIVIENNE POLAK

Meine gute Freundin Susie hat eine Weile diesen Salat regelmäßig für ihre Familie gemacht, und alle mochten ihn. Dann hat sie ihn aber so oft auf den Tisch gebracht, dass sie versprechen musste, ihn nie wieder zu machen, also gab es ihn jahrelang nicht. Der Witz ist, dass ich das Gericht «Susies Rote-Bete-Salat» nenne, sie selbst ihn aber kaum noch anbietet.

ROTE-BETE-SALAT MIT KRÄUTERN

Ergibt 8 – 10 Portionen

75 g (½ Tasse) Pistazien, kleingehackt
2 große Rote Bete, geschält
2 EL Olivenöl Extra Vergine
60 ml (¼ Tasse) Granatapfelsirup
2 TL Rosenwasser (nach Wunsch)
Saft von 1 Zitrone
1 Bund Schnittlauch, gehackt
½ Bund Minze, nur die Blätter, gehackt
½ Bund glatte Petersilie, nur die Blätter, gehackt
½ Bund Dill, die Spitzen gehackt
Kerne eines Granatapfels

Die Pistazien 5 – 10 Minuten in einem auf 160 °C vorgeheizten Ofen oder in einer Pfanne rösten, bis sie leicht Farbe annehmen und duften. Abkühlen lassen.

Die Rote Bete in eine Schüssel raspeln.

Für das Dressing Olivenöl, Granatapfelsirup, Rosenwasser und Zitronensaft in einer kleinen Schüssel oder in einem Einmachglas vermischen, dann über die Rote Bete gießen und gut umrühren.

Kurz vor dem Anrichten die gehackten Kräuter, die Pistazien und die Granatapfelkerne untermischen.

VIVIENNE POLAK

Diese köstliche geeiste Zitronen-Baiser-Torte ist mein Beitrag zu glutenfreien Köstlichkeiten. Manchmal experimentiere ich mit anderen Garnierungen oder Geschmackssorten. Wenn die Torte fertig ist, kann sie im Tiefkühler aufbewahrt werden und muss nur 20 Minuten vor dem Servieren herausgenommen werden. Der Zitronensirup ist das i-Tüpfelchen auf diesem herrlich opulenten «Fertig-Dessert».

GEFRORENE ZITRONEN-BAISER-TORTE*

Ergibt 8 – 10 Portionen

Baiserscheiben
4 Eiweiß
¼ TL Cream of Tartar (Weinsteinrahm)
2 TL Speisestärke
225 g Zucker, extrafein

Zitronencreme
4 Eidotter
125 g Zucker, extrafein
125 ml (½ Tasse) Zitronensaft
feiner Schalenabrieb von 2 Zitronen
300 ml (1 ⅓ Tasse) Konditorsahne (35 % Fett)

Zitronensirup (auf Wunsch)
feiner Schalenabrieb von ½ Zitrone
60 ml (¼ Tasse) Zitronensaft, frisch gepresst
2 EL Zucker

Dieses Rezept bitte am Vortag beginnen.

Den Backofen auf 150 °C vorheizen. Zwei Bleche mit Backpapier auslegen, auf dem drei Kreise mit je 20 cm Durchmesser bezeichnet sind (oder Rechtecke von 28 x 12 cm).

Das Eiweiß mit dem Weinstein steif schlagen, die Speisestärke mit dem Zucker vermischen, dann Löffel für Löffel zu dem Eiweiß geben, dabei weiterschlagen. Noch ein paar Minuten schlagen, bis das Eiweiß dick und glänzend ist. Mit einem Spatel das Eiweiß innerhalb der markierten Umrisse aufstreichen, an den Rändern glatt streichen. In den Ofen geben, die Temperatur auf 140 °C reduzieren und 1 Stunde backen, bis die Baiserscheiben sich knusprig anfühlen und sich leicht vom Backpapier lösen lassen. Auf einem Drahtgitter vollkommen auskühlen lassen.

Mit der Zitronencreme beginnen, sobald die Baiserscheiben im Ofen sind, denn sie muss kühl sein, bevor die Sahne eingerührt wird. Die Eidotter und den Zucker in einen Topf mit schwerem Boden geben. Über niedriger Temperatur glatt verrühren, dann den Zitronensaft und den Abrieb hinzufügen. Weiter ständig rühren, bis die Mischung andickt und auf einem Löffelrücken eine Schicht bildet («zur Rose abziehen»; Anm. d. Ü.), das dauert ungefähr 10 – 15 Minuten. Vom Herd ziehen und noch eine weitere Minute rühren. In eine Schüssel gießen und kalt stellen, bis die Masse vollkommen abgekühlt ist, oder in eine Schüssel mit Eis stellen, um alles schneller abzukühlen. In einer anderen Schüssel die Sahne steif schlagen (wenn gewünscht mit Sahnesteif; Anm. d. Ü.), dann vorsichtig Löffel für Löffel unter die Zitronencreme heben, bis alles gut vermischt ist. Kühl stellen.

Die bestgelungene Baiserscheibe für die Oberseite beiseite stellen. Zum Zusammenfügen eine Baiserscheibe auf ein Stück Backpapier legen und mit der Hälfte der Zitronencreme bestreichen. Nicht bis zum Rand streichen – wenn Sie die nächste Scheibe auflegen, wird sich die Creme ohnehin verteilen. Mit der nächsten Baiserscheibe und der restlichen Füllung ebenso verfahren, dann mit der letzten Baiserscheibe vollenden. Vorsichtig in Folie packen und mehrere Stunden oder über Nacht kalt stellen oder einfrieren. Dies können Sie mehrere Tage im Voraus machen.
Für den Zitronensirup alle Zutaten in einen kleinen Topf geben und bei niedriger Hitze verrühren, bis sich der Zucker auflöst. Ohne Rühren 5 Minuten köcheln lassen, bis der Sirup angedickt und klebrig ist. Bei Zimmertemperatur kühlen lassen.
Die Zitronen-Baiser-Torte ungefähr 20 – 30 Minuten vor dem Servieren aus dem Tiefkühler nehmen und mit dem Sirup beträufeln.

*Foto auf Seite 102

Gefrorene Zitronen-Baiser-Torte

Zimtkuchen

VARDA GOODMAN

Ich habe in Los Angeles eine Cousine, die mir sehr nahe steht. Bei einem ihrer Besuche erwachten wir bei einem köstlichen Zimtduft. Margo hatte gerade diesen wunderbaren Zimtkuchen aus dem Hut gezaubert, der jetzt auf unserer Kuchenliste nicht fehlen darf.

ZIMTKUCHEN*

Ergibt 10 – 12 Stück

60 g Butter
60 g (½ Tasse) brauner Zucker
2 EL Zimt, gemahlen
4 Eier
345 g (1 ½ Tassen) Zucker, extrafein
185 ml (¾ Tasse) Pflanzenöl
225 g (1 ½ Tassen) Mehl
mit Backpulverzusatz
(siehe Anm. S. 293)
80 g Vanillepuddingpulver
125 ml (½ Tasse) Orangensaft
¼ Tasse Puderzucker
zum Bestäuben

Den Backofen auf 180 °C vorheizen. Eine beschichtete Gugelhupfform (2,5 l) großzügig einfetten und mit Mehl ausstreuen.

Die Butter mit dem braunen Zucker und dem Zimt schmelzen. Beiseite stellen.

Die Eier mit dem Zucker verquirlen, bis die Masse hell und schaumig ist. Das Öl unterrühren, dann das Mehl hinzufügen, das Vanillepuddingpulver, den Saft und alles gut vermischen. Drei Viertel der Mischung in die vorbereitete Form geben, dann mit der Zimtmischung begießen, danach den Rest der Teigmischung hinzufügen.

Die Form einmal heftig auf dem Tisch aufschlagen, dann in den Ofen geben und 45 Minuten backen (Stäbchenprobe). Sofort auf ein Drahtgitter stürzen, um ein Ansetzen zu vermeiden. Zum Servieren mit Puderzucker bestäuben.

*Foto auf Seite 103

Unsere Küche war nie «das Reich der Frau». Mein Vater räucherte Hähnchen selbst, zauberte sonntagmorgens überwältigende Scones und kann nicht nur ein köstliches Curry zubereiten, sondern macht auch einen tollen Wein. Die ganze Familie ist an seiner Weinherstellung beteiligt, die schon zu einer beliebten jährlichen Tradition geworden ist und immerhin unseren süßen Schabbat-Wein hervorbringt und auch einen Tropfen für Pessach. Wegen Dad fühlen sich alle Männer unserer Familie am Herd oder mit einem Kochbuch in der Hand wohl, und ich habe das Glück, dass dieses Können und der Enthusiasmus auf meine Söhne übergegangen sind.

Eigentlich aus Johannesburg, lebte ich als junges Mädchen sieben Jahre in Israel, dann kehrte ich bis nach meiner Heirat nach Südafrika zurück. Ich bin mit den legendären Sonntagsbraten meiner Mutter neben traditioneller jüdischer Kost aufgewachsen, außerdem war da ja noch die köstliche israelische Küche.

Wir wussten immer, dass Südafrika nicht für immer unser Zuhause bleiben würde, und mein Mann und ich kamen in den frühen 1990er-Jahren glücklich in Sydney an. Nachdem bei uns immer Essen und Familie Hand in Hand gegangen sind, spielt es keine große Rolle, wo unsere Großfamilie gelandet ist. Hauptsache, wir sitzen um einen Tisch, dann ist alles wie in alten Zeiten.

JUSTINE COHEN

Mein Opa wollte immer, dass Oma Vollkornplätzchen machte, denn er glaubte, diese seien wirklich gesund. Niemand hat es übers Herz gebracht, ihm zu sagen, wie viel Zucker und Butter sie enthielten. Dieses Rezept ist eine weitaus modernere Version, die ich meinen Kindern für die Frühstückspause einpacke.

«SCHICKE» VOLLKORNPLÄTZCHEN

Ergibt ca. 80 Vollkornplätzchen

200 g Butter, Zimmertemperatur
220 g (1 Tasse, fest gepresst) brauner Zucker
2 EL Zuckerrübensaft, hell
1 Ei
150 g (1 Tasse) Vollkornmehl
1 TL Backpulver
75 g (½ Tasse) Weizenmehl
90 g (1 Tasse) Kokosraspeln
50 g (½ Tasse) Haferflocken, kernig
70 g (1 Tasse) Weizenkleie oder andere ballaststoffreiche Frühstücksflocken
120 g (¾ Tasse) Sonnenblumenkerne

Den Backofen auf 180 °C vorheizen. Zwei Bleche mit Backpapier auslegen. In einem Elektromixer rühren Sie Butter, Zucker und Zuckerrübensirup zusammen. Das Ei hinzufügen und gut vermischen. Wenn Sie die Plätzchen rustikaler mögen, rühren Sie die restlichen Zutaten einfach per Hand ein. Sonst mischen Sie weiter im Elektromixer und lassen Sie sie, sobald sich ein grober Teig gebildet hat, noch ein oder zwei Minuten länger im Mixer, damit die einzelnen Zutaten feiner werden. Zu einem Ball formen, in Frischhaltefolie einpacken und 15 Minuten kalt stellen.
Den Teig zwischen zwei Lagen gut bemehltem Backpapier ungefähr auf 3 – 5 mm ausrollen. Mit einem ebenfalls bemehlten Messer Quadrate ausschneiden oder einer bemehlten runden Ausstecherform (Durchmesser 5,5 cm) mehrere Plätzchen ausstechen und auf die vorbereiteten Bleche legen. 12 – 15 Minuten backen, bis sie goldbraun sind.
Halten sich in luftdichten Behältern.

Ich bin mit Backen groß geworden. Meine Großmutter war eine berühmte Bäckerin, und meine Schwester und ich saßen immer in ihrer Küche und sahen zu. Alle Früchte und Gemüse, die sie verarbeitete, stammten aus dem biologisch-dynamischen Garten meines Großvaters, wo wir immer gerne halfen.
In Johannesburg hatten mein Mann und ich fünf Jahre eine Catering-Firma und für kurze Zeit ein eigenes Restaurant. 1994 brachen wir mit unseren drei kleinen Töchtern nach Adelaide auf und bekamen bald darauf unseren Sohn. Meine Grundkenntnisse vom Einmachen, Marmeladen-Kochen und das Gefühl fürs Würzen habe ich aus der Kindheit beibehalten, aber jetzt genieße ich das Backen mit Hefe am meisten. Challahs, Babkes und Bulkas werden bei uns am Schabbat wie am Fließband produziert, und mein Pane acido, eine Sauerteig-Vorspeise, feiert schon ihren zehnten Geburtstag.

Lesen Sie auch Justines Sufganiot-Rezept, Seite 286

JO MILLER

Dieses Rezept ist von meiner Schwester Jo. Jo hat viele Fähigkeiten und Interessen, aber Kochen steht nicht gerade an erster Stelle; dennoch behauptet sie, es reicht, wenn man ein paar Dinge richtig kann, und dieser Schokoladenkuchen entspricht diesem Anspruch vollkommen. Sie macht diesen Kuchen zu jedem Geburtstag, egal, ob in der Familie oder bei Freunden. Die Kinder können ihn auch gut mit in die Schule nehmen – meine Jungs stehen buchstäblich für ein Stückchen Schlange, wenn sie einen mitbringt. Sie mögen meine Schwester sehr, aber noch mehr ihren Kuchen. – Paula Horwitz

GEBURTSTAGS-SCHOKOLADENKUCHEN

Ergibt 16 Stücke

300 g (2 Tassen) Mehl
460 g (2 Tassen) Zucker, extrafein
250 ml (1 Tasse) Wasser
25 g (¼ Tasse) Kakaopulver bester Qualität
60 ml (¼ Tasse) Pflanzenöl
120 g Butter
2 Eier, leicht verrührt
125 l (½ Tasse) Buttermilch
1 TL Vanille-Extrakt
1 TL Backsoda (Natron)

Glasur
60 g Butter
2 EL Buttermilch
2 EL Kakaopulver bester Qualität
160 g (1 Tasse) Puderzucker

Den Backofen auf 180 °C vorheizen. Eine rechteckige Backform (ungefähr 32 x 22 x 4 cm) einfetten und mit Backpapier auslegen.
In einer großen Schüssel das Mehl und den Zucker mit einem Holzlöffel verrühren.
In einem kleinen Topf Wasser, Kakao, Öl und Butter vermischen. So lange erhitzen, bis die Butter geschmolzen ist und alle Zutaten gut verbunden sind.
Die erhitzte Mischung zu den trockenen Zutaten hinzufügen und alles gut verrühren.
In einer weiteren Schüssel Eier, Buttermilch, Vanille und Backsoda verquirlen. Zu der Mehl-Butter-Mischung in die große Schüssel geben und alles gut vermengen. In die vorbereitete Backform gießen und 20 – 30 Minuten backen, bis der Teig durchgebacken ist (Stäbchenprobe).
Während der Kuchen im Ofen ist, für die Glasur die Butter schmelzen und mit der Buttermilch und dem Kakao mischen. Gut verrühren.
Den Puderzucker gründlich unterrühren, bis die Glasur glatt ist.
Sobald der Kuchen aus dem Ofen genommen werden kann, die Glasur über die Oberfläche gießen.

Lesen Sie Paulas Geschichte auf Seite 15 f.

Seelennahrung

Essen, das sich nach Zuhause anfühlt. Ich liebe Rezepte, die unser Herz erwärmen und die Seele trösten. Ich mag es, wenn für kalte Nächte langsam geschmort wird, Gerichte, die meine Kinder zum Lächeln bringen, nahrhafte Suppen, mit denen man Freunde, die es nötig haben, umsorgen kann, Desserts voller Erinnerungen an die Kindheit. Es gibt nichts Besseres für mich, als den Nachmittag mit Kneten und Backen eines Schokoladengugelhupfs zu verbringen, während die tröstlichen Düfte unser Haus erfüllen und Erinnerungen an längst vergangene Generationen wecken.

Natanya

Rezepte

‹ Schokoladen-Pflaumen-Kuchen

ATA GOKYILDRIM

Meine Mutter kam immer ganz aufgeregt vom Markt, wenn sie frische Borlotti-Bohnen hatte ergattern können. An dem Abend würde es ihre hochgeschätzten türkischen Baked Beans geben – die sie nur mit den frischesten Bohnen machte – als Teil der Mezze, einer Reihe wunderbar zubereiteter Gerichte.

TÜRKISCHE BAKED BEANS

Ergibt 6 Portionen als Beilage

500 g frische Borlotti-Bohnen (auch Romano-Bohne oder Cranberry-Bohne genannt; Anm. d. Ü.), ungeschält
½ Zwiebel, fein gehackt
2 Karotten, fein gehackt
1 EL Olivenöl, etwas Öl extra zum Anrichten
140 g Tomatenmark
250 ml (1 Tasse) Wasser
½ TL Paprika edelsüß
1 TL Meersalz
schwarzer Pfeffer, frisch gemahlen

Lesen Sie auch Atas Rezept für Snapper aus dem Tontopf mit Bulgur-Pilaw, Seite 80

Die Bohnen pellen, dann in Wasser 20 Minuten kochen. Sie sollen noch nicht ganz gar und weich sein. Abtropfen lassen und beiseite stellen.
In einem Topf über mittlerer Hitze die Zwiebel und die Karotten in dem Öl sautieren, bis sie weich sind. Tomatenmark, Wasser und die Bohnen hinzufügen. Ungefähr 30 Minuten kochen lassen, bis alles andickt und die Bohnen vollständig gar sind. Noch etwas Olivenöl hinzufügen und mit Paprika, Salz und Pfeffer würzen.

Ich war erst 5 Jahre alt, als wir aus der Türkei emigrierten. Meine wunderschöne Mutter Sevin arbeitete als junge Braut sehr hart, um uns ein neues Leben in Australien zu ermöglichen, und es war ihr immer wichtig, für meinen Vater, einen Traditionalisten, ein aufwendiges Mahl auf den Tisch zu bringen. Irgendetwas wurde in der Küche immer gerade eingeweicht; etwa Linsen, Kichererbsen oder Bohnen. Das hat auch mich ermuntert, Hülsenfrüchte zu kochen und sie in vielen traditionellen türkischen Gerichten zu verwenden.
Als Hauptkoch in unserer Familie weiche ich auch immer gerade etwas ein, mache ein oder experimentiere, um die Aromen und Gerüche zu finden, die Teil meiner Kindheit waren. Wir haben zwei Kinder; meine Tochter ist Vegetarierin und unser Sohn liebt Fleisch. Talia liebt Bohnen, weil sie unerlässlich für ihre Gesundheit sind, während sie für Tyssen einfach zum Geschmack gehören.
Meine regelmäßigen Reisen in die Türkei mit meiner Frau Robyn bestätigen meine Liebe zur türkischen Küche immer wieder. Der Schlüssel zu dieser Küche ist Frische und Einfachheit, aber die Grundzutat, so habe ich es von meiner Mutter gelernt, ist Liebe.
Leider ist meine Mutter vor ein paar Jahren mit erst 62 Jahren verstorben. Ihre Rezepte zu kochen ist eine Möglichkeit, mit dem Verlust umzugehen, und diese Gerichte bewahren die Erinnerungen am Leben.

ATA GOKYILDRIM

Diese Joghurtsuppe kochte meine Mutter besonders gern. Sie benutzte dazu ihre eigene Sahne, leicht sauer, selbstgemachten Joghurt und schuf so eine warme, wohlige und besonders gut für den Winter geeignete Suppe.

JOGHURTSUPPE*

Ergibt 12 Portionen

1 Ei
750 g (3 Tassen) Joghurt griechischer Art
75 g (⅓ Tasse) französische grüne Linsen (Puy-Linsen)
750 ml (3 Tassen) aromatische Gemüsebrühe
110 g (½ Tasse) Basmatireis
Meersalz und schwarzer Pfeffer, frisch gemahlen
getrocknete Minze zum Anrichten

*Foto auf Seite 113

Das Ei mit dem Joghurt verrühren und beiseite stellen.
Einen Topf mit Wasser zum Kochen bringen und die Linsen hinzufügen. 20 Minuten gar kochen, dann abtropfen lassen.
In einem anderen Topf die Gemüsebrühe zum Kochen bringen und den Reis hinzufügen. Die Hitze reduzieren und ungefähr 15 Minuten kochen lassen, bis der Reis gar ist, aber noch etwas Brühe im Topf verbleibt.
Den Topf vom Herd nehmen, die Joghurtmischung einrühren, dann die Linsen. Sehr gut verrühren und mit Salz und Pfeffer abschmecken, wenn nötig, mehr Brühe hinzufügen. Mit der getrockneten Minze bestreuen und anrichten.
Warm in kleinen Schüsseln servieren.

TIPP:
Die Brühe für diese Suppe sollte sehr aromatisch sein. Dafür am besten 1 l (4 Tassen) Brühe zum Kochen bringen und auf 750 ml (3 Tassen) reduzieren.

ATA GOKYILDRIM

Dieses einfache und gesunde Gericht soll gut zu verdauen sein – mit wenig Würze und ohne Fleisch –, also bringen wir es gerne Freunden, die sich nicht wohlfühlen. Meine Kinder finden es äußerst nahrhaft und mögen es inzwischen besonders gern.

WOHLTUENDER SPINATREIS*

Ergibt 6 Portionen als Beilage

1 ½ Bund Spinat oder Mangold
2 EL Olivenöl
½ Zwiebel, fein gehackt
220 g (1 Tasse) Basmati-Reis, gewaschen und abgetropft
625 ml (2 ½ Tassen) Geflügel- oder Gemüsebrühe
Meersalz und schwarzer Pfeffer, frisch gemahlen
Joghurt zum Anrichten (nach Belieben)

*Foto auf Seite 113

Die Strünke aus dem Spinat oder Mangold entfernen und die Blätter grob hacken.

In einer tiefen Pfanne mit fest schließendem Deckel das Öl bei mittlerer Temperatur erhitzen und die Zwiebeln 10 Minuten braten, bis sie weich sind. Den Spinat oder Mangold hinzugeben, ebenso den Reis und die Brühe, dann rühren. Mit Salz und Pfeffer würzen. Zum Kochen bringen, den Deckel auflegen; dann die Hitze ganz reduzieren und ungefähr 12 Minuten köcheln lassen, bis der Reis gar ist.

Mit einem Löffel Joghurt servieren, wenn gewünscht.

YIGAL MERON

Dieses einfache, wärmende und einzigartige Gericht stammt von Savta Malka (Großmutter Malka). Jedes einzelne Mal, wenn wir diese Suppe zu Hause genießen, wird ihre Geschichte mit den liebevollsten Erinnerungen an unsere Ahnin wieder am Familientisch erzählt.

SEPHARDISCHE LUBIYA-SUPPE

Ergibt 4 Portionen

185 g (1 Tasse) getrocknete Schwarzaugenbohnen (auch «Kuhbohne» genannt; Anm. d. Ü.)
2 Zwiebeln, fein gehackt
2 Knoblauchzehen, zerdrückt
1 EL Olivenöl
1 TL Kreuzkümmel, gemahlen
1 TL Kurkuma, gemahlen
1 Vogelaugenchilischote, fein gehackt
½ TL Salz
1 Dose (400 g) italienische Tomaten, gewürfelt
625 ml (2 ½ Tassen) Geflügel- oder Gemüsebrühe
Meersalz und schwarzer Pfeffer, frisch gemahlen

Dieses Gericht bitte am Vortag beginnen.

Die Schwarzaugenbohnen in eine Schüssel geben und mit reichlich Wasser bedecken. Beiseite stellen und über Nacht einweichen lassen. Die Bohnen abtropfen lassen, unter kaltem Wasser abspülen und wieder abtropfen lassen.

In einem großen Topf bei niedriger bis mittlerer Hitze die Zwiebeln und den Knoblauch in dem Öl 15 Minuten garen, bis sie weich sind. Kreuzkümmel, Kurkuma und Chili hinzufügen und 2 – 3 Minuten kochen lassen, bis es zu duften beginnt. Alle anderen Zutaten hinzufügen und 1 Stunde kochen lassen, bis die Bohnen weich sind; wenn nötig, Wasser hinzufügen, damit die Suppe nicht zu dick wird. Mit Salz und Pfeffer abschmecken und mit knusprigem Brot servieren.

Ich bin ein Sabra – in Israel geboren und aufgewachsen – aus dem Kibbuz Zikim an der Mittelmeerküste. Meine Frau Johanne und ich heirateten in Israel und bekamen unsere erste Tochter, Leah. Als sie 18 Monate alt war, brachen wir wegen meiner Tätigkeit im Bewässerungswesen nach Goondiwindi im Hinterland von Queensland auf. Inzwischen haben wir drei Kinder.

Wir wundern uns oft über die Liebe unserer Großmutter Savta Malka zu Suppen und denken an die Geschichte, warum sie sie immer nach dem Hauptgang aß und nicht als Vorspeise, wie alle anderen Leute.

Savtas Eltern verließen Russland kurz nach 1900. Sie erklärten ihr, dass Juden in schwierigen Zeiten lebten und sie nie sicher sein konnten, wann sie das nächste Mal wieder entwurzelt werden würden. Bei Tisch füllten sie ihren Magen immer zuerst mit dem Hauptgang und aßen danach die Suppe. Wenn sie ihr Haus wegen Pogromen oder Verfolgung fluchtartig verlassen mussten, hatten sie wenigstens eine nahrhafte Mahlzeit gegessen, um zu überleben. Deshalb hat sie uns immer beigebracht, die Suppe bis zum Schluss aufzuheben.

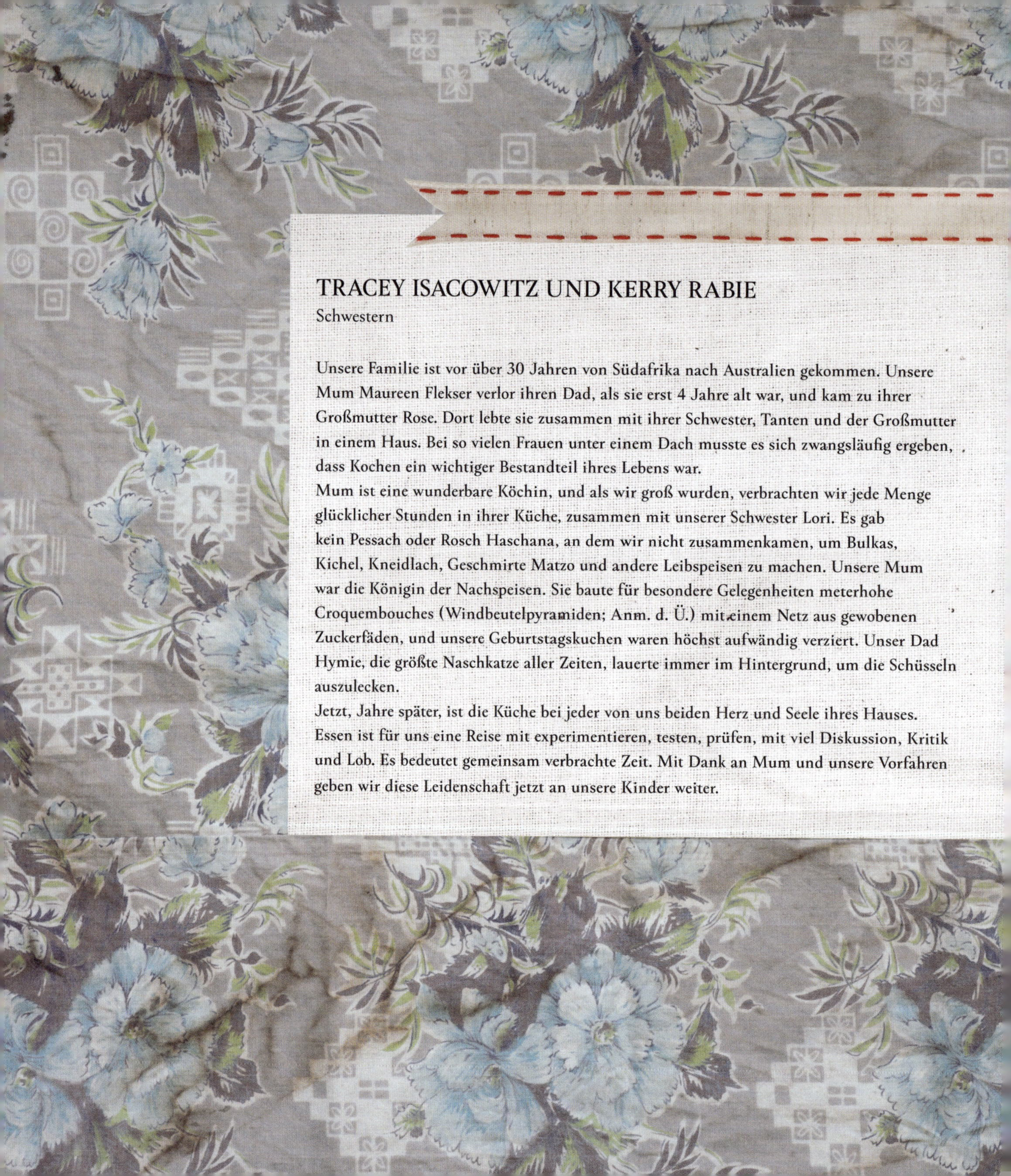

TRACEY ISACOWITZ UND KERRY RABIE

Schwestern

Unsere Familie ist vor über 30 Jahren von Südafrika nach Australien gekommen. Unsere Mum Maureen Flekser verlor ihren Dad, als sie erst 4 Jahre alt war, und kam zu ihrer Großmutter Rose. Dort lebte sie zusammen mit ihrer Schwester, Tanten und der Großmutter in einem Haus. Bei so vielen Frauen unter einem Dach musste es sich zwangsläufig ergeben, dass Kochen ein wichtiger Bestandteil ihres Lebens war.

Mum ist eine wunderbare Köchin, und als wir groß wurden, verbrachten wir jede Menge glücklicher Stunden in ihrer Küche, zusammen mit unserer Schwester Lori. Es gab kein Pessach oder Rosch Haschana, an dem wir nicht zusammenkamen, um Bulkas, Kichel, Kneidlach, Geschmirte Matzo und andere Leibspeisen zu machen. Unsere Mum war die Königin der Nachspeisen. Sie baute für besondere Gelegenheiten meterhohe Croquembouches (Windbeutelpyramiden; Anm. d. Ü.) mit einem Netz aus gewobenen Zuckerfäden, und unsere Geburtstagskuchen waren höchst aufwändig verziert. Unser Dad Hymie, die größte Naschkatze aller Zeiten, lauerte immer im Hintergrund, um die Schüsseln auszulecken.

Jetzt, Jahre später, ist die Küche bei jeder von uns beiden Herz und Seele ihres Hauses. Essen ist für uns eine Reise mit experimentieren, testen, prüfen, mit viel Diskussion, Kritik und Lob. Es bedeutet gemeinsam verbrachte Zeit. Mit Dank an Mum und unsere Vorfahren geben wir diese Leidenschaft jetzt an unsere Kinder weiter.

TRACEY ISACOWITZ UND KERRY RABIE

Kerry liebt jede Gelegenheit, Ideen aus Zeitschriften, die im Wartezimmer von Arzt- oder Zahnarztpraxen liegen, aufzugreifen, sich die Hauptzutaten zu merken und sie dann anzupassen – so ist auch diese Suppe entstanden. Es fing an mit «Kerrys Pilz-und-Graupen-Suppe», dann wurde sie weitergereicht an einige von Traceys Freundinnen, die sie dann «Traceys Pilz-und-Graupen-Suppe» nannten. Jetzt ist es «Kerrys und Traceys Pilz-und-Graupen-Suppe»! So oder so, sie ist köstlich und herzhaft.

PILZ-GRAUPEN-SUPPE

Ergibt 6 – 8 Portionen

10 g getrocknete Steinpilze
250 ml (1 Tasse) kochendes Wasser
1 EL Olivenöl
1 große Zwiebel, gehackt
1 Selleriestange, gehackt
1 große Karotte, gewürfelt
500 g Champignons, in Scheiben geschnitten
1 l (4 Tassen) Gemüsebrühe
150 g (⅔ Tasse) Perlgraupen, abgespült
Meersalz und schwarzer Pfeffer, frisch gemahlen
1 Handvoll glatte Petersilie, gehackt

Die Steinpilze 15 Minuten in dem kochenden Wasser einweichen.

Das Öl in einem großen Topf bei mittlerer Temperatur erhitzen und die Zwiebel, die Selleriestücke und die Karottenwürfel hinzugeben. 10 Minuten braten, bis alles weich ist. Die geschnittenen Champignons einrühren und etwa 10 Minuten kochen, bis sie weich sind.

Die Steinpilze abseihen, die Flüssigkeit aufbewahren.

Die Brühe, die Steinpilze und die Steinpilzflüssigkeit in den Topf geben. Dann die Perlgraupen hinzufügen und zum Kochen bringen. Die Hitze herunterschalten und für 1 Stunde köcheln lassen. Wenn die Suppe zu dick wird, Wasser hinzufügen. Mit Salz und Pfeffer abschmecken. Vor dem Servieren die Petersilie dazugeben und durchrühren.

MYRNA ABADEE

Dies ist ein Gericht, das meine liebe Tante Myrna Abadee oft machte, denn sie hatte es immer im Kühlschrank vorrätig, wenn Freunde auf einen Happen vorbeikamen. Das ist Hausmannskost im herzerwärmenden Sinn. Ich glaube, das Hinzufügen von Tomatensuppe geschah erst in Australien, als sie versuchte, den Geschmack ihrer eigenen Kindheit wieder aufleben zu lassen. Die Aromen kommen tatsächlich besser zur Geltung, wenn das Gericht ein paar Tage im Kühlschrank durchziehen darf. – Lisa Goldberg

TANTE MYRNAS KOHLROULADEN

Ergibt 8 Portionen

1 Weißkohl

Sauce
2 Zwiebeln, gehackt
60 ml (¼ Tasse) Pflanzenöl
1 Dose (420 g) Tomatensuppe
1 Dose (400 ml) Tomaten, püriert
1 Dose (400 g) Tomaten, gewürfelt
Saft von 2 Zitronen
1 ½ EL Zucker
1 TL Salz
½ TL schwarzer Pfeffer, frisch gemahlen

Füllung
600 g Rinderhack
2 – 3 Knoblauchzehen
2 TL Meersalz
185 g (1 Tasse) Langkornreis, gekocht, entspricht ungefähr 100 g (½ Tasse) im Rohzustand
1 Zwiebel, geraspelt
½ TL schwarzer Pfeffer, frisch gemahlen
2 Eier, leicht verrührt

Beginnen Sie dieses Rezept mindestens am Vortag, da die Aromen Zeit brauchen, sich zu entfalten.

Den Strunk aus dem Kohl entfernen und den Kopf in einem großen Topf mit kaltem Wasser ganz bedecken. Zum Kochen bringen und 15 Minuten köcheln lassen. Vom Herd nehmen und im Wasser abkühlen lassen. Nach dem Abkühlen abtropfen lassen und die Blätter lösen, die dicken Stiele mit einem Messer herausschneiden.

Für die Sauce benötigen Sie einen großen Topf. Die Zwiebeln im Öl bei mittlerer Hitze 20 Minuten braten, bis sie weich sind. Die übrigen Zutaten hinzufügen und 15 Minuten köcheln lassen. Mit Salz und Pfeffer abschmecken. Beiseite stellen.

Für die Füllung geben Sie das Fleisch in eine mittelgroße Schüssel. Zerdrücken Sie auf einem Küchenbrett mit einem Messerrücken den Knoblauch auf ein wenig Salz zu einer Paste. Zum Fleisch hinzufügen, zusammen mit dem Reis, der Zwiebel und dem Pfeffer. Großzügig würzen. Noch die Eier hinzufügen und gut vermischen.

Für die Rouladen-Päckchen legen Sie ¼ Tasse Füllung auf mehrere Kohlblätter, die Sie zu einer rechteckigen Grundfläche zusammengelegt haben. Falten Sie die Ränder nach innen und dann wie ein Päckchen. In die Sauce legen, mit der Nahtseite nach unten. Mit der restlichen Füllung ebenso verfahren, die Päckchen in der Sauce eng aneinanderlegen. Übrige Blätter können aufgerollt und zwischen die Päckchen gesteckt werden. Sorgen Sie dafür, dass alles mit Sauce bedeckt ist. Einen Deckel auflegen und 3 Stunden köcheln lassen, ab und zu begießen. Wenn die Rouladen zu trocken werden, gießen Sie Wasser zu, dass sie wieder bedeckt sind. Abgekühlt in den Kühlschrank stellen, am nächsten Tag aufwärmen und servieren.

Lesen Sie Lisas Geschichte auf Seite 13

Langsam geschmortes Rind mit Ras el-Hanout

MIRI COLLIS

Hier haben Sie das perfekte Essen, wenn es draußen kalt ist. Als wir klein waren, gab es oft ähnliche langsam gegarte aromatische Gerichte zum Schabbat-Mittagessen. Diese Speise erinnert mich an meine Großmutter Eto, wie sie nachmittags zu uns kam, um meiner Mutter zu helfen, ihre Gewürzmischung machte und die Tomaten zerkleinerte. Das Gericht stand die ganze Nacht auf dem Kachelofen, und der Duft am Schabbat-Morgen war so warm und heimelig, dass jeder froh war, zu Hause zu sein.

LANGSAM GESCHMORTES RINDFLEISCH MIT RAS EL-HANOUT*

Ergibt 4 – 6 Portionen

1 kg Schmorfleisch vom Rind, in 2,5-cm-Würfel geschnitten
2 kleine Zwiebeln, fein gehackt
2 Knoblauchzehen, zerdrückt
2 EL Olivenöl
2 TL Würzmischung Ras el-Hanout (siehe folgendes Rezept)
2 Vogelaugenchilischoten, fein gehackt und entkernt
je ¼ TL Meersalz und schwarzer Pfeffer, frisch gemahlen
4 Tomaten
1 ½ eingemachte Zitronenviertel (konserviert)
2 TL Honig
1 Bund frischer Koriander, grob gehackt
1 Bund glatte Petersilie, grob gehackt

*Foto auf Seite 123

Den Backofen auf 140 °C vorheizen.

Die Fleischwürfel in eine tiefe Kasserolle legen. Die Zwiebeln hinzufügen und mit Knoblauch, Öl, Ras el-Hanout, Chili, Salz und Pfeffer gut vermischen.

Die Tomaten quer halbieren, den Saft ausdrücken und die Kerne entfernen.

Die Tomaten grob bis auf die Haut raspeln, gleich in die Kasserolle. Die Haut nicht mitverwenden. Die eingemachte Zitrone abspülen, das Fruchtfleisch und die Innenhäute entfernen und die Schale fein hacken. Zum Fleisch hinzufügen, etwas für die Garnitur zurückbehalten. Den Honig und je eine Handvoll Koriander und Petersilie hinzufügen.

Gut umrühren, bedecken und im Backofen mindestens 3 ½ Stunden kochen, bis das Fleisch von der Gabel fällt. Der Fleischsaft sollte das Gericht saftig halten, aber prüfen Sie vorsichtshalber nach 1 ½ Stunden, ob es nötig ist, etwas Wasser hinzuzufügen.

Wenn das Fleisch zart ist, in eine Servierschüssel geben, die verbliebenen Zitronenstückchen und die restlichen Kräuter über das Fleisch geben.

Ras-el-Hanout

Ergibt 60 g

½ TL Gewürznelke
½ TL Cayennepfeffer
2 TL Nelkenpfeffer, gemahlen
2 TL Kreuzkümmel, gemahlen
2 TL Ingwer, gemahlen
2 TL Kurkuma, gemahlen
2 TL schwarzer Pfeffer, frisch gemahlen
2 TL Kardamom, gemahlen
3 TL Zimt, gemahlen
3 TL Koriander, gemahlen
1½ TL Muskatnuss, frisch gerieben

Alle Gewürze in ein Einmachglas geben, gut verschließen und gut schütteln. An einem dunklen Ort aufbewahren.

MIRI COLLIS

Ich wurde in Israel in einer marokkanischen Familie geboren, als jüngstes von sieben Kindern. Ich erinnere mich, wie ich am Ende der Woche aus der Schule nach Hause kam und meine Eltern in der Küche waren, um den Schabbat vorzubereiten. Dad nahm das frisch gebackene Brot aus dem Ofen und, während es noch warm war, machte er mir ein Sandwich mit Tomatensauce, frisch gebratener Aubergine und einem Häppchen von dem köstlichen Fleisch, das wir später alle essen würden.
Als ich das, was ich schlicht für das beste Sandwich der Welt hielt, gegessen hatte, ging ich in die Küche und half bei der Vorbereitung unserer Freitagabendtafel. Als dann mein Vater und meine Brüder aus der Synagoge zurückkamen, roch das Haus nach Schabbat; warm und einladend. Der Tisch war immer mit vielen Dips und Salaten gedeckt, besonderem Wein und Challah, und alle übrigen Gerichte waren auch servierbereit.
Jetzt habe ich mein eigenes Catering-Geschäft, das ich enorm genieße. Ich freue mich, dass Essen – das meine Leidenschaft ist – einen Teil meines Lebens bildet.

MIRI COLLIS

Bei uns war Schakschuka eine Mahlzeit, die es gab, wenn alles andere aufgegessen war, normalerweise am Sonntag, dem Tag nach Schabbat. Meine Eltern konnten die Eier perfekt kochen, nicht zu hart und nicht zu weich. Wir haben alles einfach mit Brot gelöffelt, und genauso mache ich es heute noch. Für mich ist dies die einzige Art, Schakschuka zu machen.

SCHAKSCHUKA-EIER

Ergibt 4 – 6 Portionen

2 kg Roma-Tomaten (Pflaumentomaten)
60 ml (¼ Tasse) Olivenöl
2 große grüne Paprika (500 g)
2 lange grüne Chilischoten
3 Knoblauchzehen, zerdrückt
1 TL Meersalz
¾ TL schwarzer Pfeffer, frisch gemahlen
½ TL Paprika edelsüß
4 – 6 Eier

Die Tomaten am spitzen Ende kreuzweise einschneiden. In eine große Schüssel legen und mit kochendem Wasser übergießen. Nach 10 – 15 Minuten lässt sich die Haut abziehen. Die Tomaten stückeln und in einen großen Topf geben. Das Öl hinzugeben und über mittlerer Hitze 1 ½ Stunden köcheln lassen, dabei oft umrühren.

Den Backofen auf 220 °C vorheizen. Ein Blech mit Backpapier auslegen. Während die Tomaten kochen, legen Sie die entkernten Paprika- und Chilischoten in Hälften auf das vorbereitete Blech und rösten sie, bis sie fast schwarz und weich sind, das dauert bei den Chilischoten ungefähr 10 Minuten, bei den Paprikaschoten 30 Minuten. (Unter dem Grill geht es schneller.) Aus dem Ofen nehmen, mit Alufolie bedecken, um sie zu dünsten; wenn sie kühl genug zum Anfassen sind, schälen, entkernen und in Streifen schneiden.

Paprika, Chili, Knoblauch und Gewürze zu den Tomaten hinzufügen. Mindestens 1 Stunde köcheln lassen, bis die Masse dick ist, wenn nötig, Wasser hinzufügen. Es ist fertig, wenn die Farbe dunkler geworden und das Aroma vollmundig ist. Abschmecken; wenn nötig, mehr Gewürz verwenden. Die Sauce kann jetzt unmittelbar gebraucht werden oder mehrere Tage im Kühlschrank aufbewahrt werden, bis Sie bereit sind, die Eier hinzuzugeben und zu servieren.

Für den letzten Arbeitsgang erwärmen Sie das Schakschuka in einer Bratpfanne. Machen Sie 4 – 6 Markierungen, wo die Eier eingesetzt werden sollen. Brechen Sie die Schalen vorsichtig auf und lassen Sie die rohen Eier in die Markierungen gleiten, schalten Sie die Hitze niedriger und legen einen Deckel auf. Pochieren Sie die Eier 5 – 15 Minuten, je nachdem, wie sie es mögen. Sofort servieren.

ROBIN SOBEL

Wenn ich dieses Gericht zubereite, duftet das ganze Haus nach dem langsamen Schmoren. Im Winter ist es das Lieblingsessen der Familie, und ich muss immer so viel machen, dass es für den nächsten Tag auch noch reicht.

OSSO BUCO MIT LINSEN

Ergibt 4 Portionen

2 EL Olivenöl
1 kg Osso buco vom Kalb
1 Zwiebel, fein gehackt
1 Karotte, fein gehackt
2 Selleriestangen, fein gehackt
3 Knoblauchzehen, zerdrückt
2 Rosmarinzweige
½ Bund Thymian
2 frische Lorbeerblätter
3 ganze Gewürznelken
250 ml (1 Tasse) Weißwein
1 Dose (400 g) italienische Tomaten, gewürfelt
500 ml (2 Tassen) Geflügel- oder Kalbsbrühe
225 g (1 Tasse) französische grüne Linsen (Puy-Linsen)
1 Handvoll glatte Petersilie, Blätter grob gehackt

Den Backofen auf 180 °C vorheizen. Erhitzen Sie das Olivenöl in einer ofenfesten Kasserolle und braten Sie die Osso-buco-Stücke an, bis sie gut gebräunt sind. Aus dem Topf nehmen. Zwiebel, Karotte, Sellerie und Knoblauch hinzufügen und über mittlerer Hitze 10 Minuten garen, bis sie weich sind. Wenn nötig, mehr Öl hinzufügen. Die Kräuter, Lorbeerblätter und Gewürznelken hineinrühren.

Den Wein hinzufügen, alles zum Kochen bringen und um die Hälfte reduzieren. Die Tomaten hinzugeben und 1½ Tassen der Brühe, einmal umrühren, dann die Fleischstücke wieder in die Sauce legen und zum Kochen bringen. Den Topf bedecken und im Ofen 1 Stunde kochen lassen.

Die Linsen und die restliche Brühe zu dem Fleisch in den Topf geben. Sie sollten genug Flüssigkeit haben, um darin zu kochen. Wieder in den Ofen schieben, ab und zu wenden und begießen und insgesamt noch 30 Minuten garen, bis das Fleisch zart ist und fast vom Knochen fällt.

Lesen Sie Robins Geschichte auf Seite 160

JUDY KAYE

Ich habe dieses Gericht immer wieder gemacht, bis es wie bei meiner Mutter schmeckte – die fehlende geheime Zutat war der Kalocsai-Paprika (original ungarische Paprikapulver-Marke; Anm. d. Ü.). Wir servieren es mit Knockerli (kleine Mehlknödel) oder Fettuccine.

KALBSGULASCH

Ergibt 4 – 6 Portionen

3 weiße Zwiebeln, gehackt
60 ml (¼ Tasse) Erdnussöl
1 EL Paprika edelsüß
1 kg Kalbsschulter, in Würfel geschnitten
½ grüne Paprika, gehackt
1 Tomate, enthäutet und gehackt
2 TL Meersalz (oder nach Belieben)
2 TL Mehl oder Speisestärke zum Andicken
80 ml (⅓ Tasse) Wasser

In einer großen Bratpfanne über mittlerer Hitze die Zwiebeln im Öl 10 Minuten anbraten, bis sie leicht goldbraun sind. Das Paprikagewürz und das Fleisch einrühren und einige Minuten braten, bis das Fleisch Farbe annimmt.

Paprikaschote, Tomate und Salz in die Pfanne geben. Bedecken und über niedriger Hitze 1 ½ Stunden köcheln lassen, bis das Fleisch von der Gabel fällt, zwischendurch ein wenig Wasser zugeben, um ein Ansetzen zu vermeiden.

Ungefähr 10 Minuten, bevor das Kalb fertig ist, das Mehl oder die Stärke mit dem Wasser mischen und in das Gulasch rühren.

Meine Großmutter hatte kaum Zeit, ihrer frisch verheirateten Tochter das Kochen beizubringen, bevor meine Eltern 1948 aus dem kommunistischen Ungarn flohen. Als sie sich in Sydney niedergelassen hatten, sehnten sich meine Eltern nach den Kuchen, die sie von den Kaffeehäusern in Budapest kannten, und meine Mutter verbrachte Stunden, um sie nachzubacken. Meine Familie saß jeden Tag beim Frühstück und Abendessen zusammen. Die Familienmahlzeiten bedeuteten meinem Vater sehr viel, der seine Familie mit 16 Jahren verlassen hatte und dann leider seine Eltern im Krieg verlor. Als das einzige Mädchen in der Familie war ich Mums Hilfe in der Küche. Viele Jahre begann für mich der Tag damit, 18 Orangen zum Frühstück auszupressen, und als ich 15 Jahre alt war, schaffte ich sogar ein paar einfache Mahlzeiten und Kuchen. Ich heiratete einen Südafrikaner, der noch nie ungarische Küche gegessen hatte. Jetzt haben wir unser eigenes Familien-Soul-Food, und besonders in den Wintermonaten, wenn ich Gäste habe, steht immer einer von Mums Kuchen auf der Speisekarte.

JUDY KAYE

Von diesem Gericht gibt es verschiedene Versionen; bei den meisten spielt eine scharfe ungarische Wurst eine Rolle. Das hier ist die Version, mit der wir groß geworden sind, immer ein Hingucker auf dem Buffet oder allein als leichte Mahlzeit mit Salat. In der Pessachzeit besonders beliebt, wenn wir die Semmelbrösel durch Matzemehl ersetzen.

RAKOTT KRUMPLI

Ergibt 8 Portionen

2 kg Kartoffeln, ungeschält und gewaschen
8 Eier
Meersalz
100 g Butter
300 g saure Sahne
60 g (½ Tasse) herzhafter Käse, geraspelt
35 g (¼ Tasse) Semmelbrösel

Dieses Rezept beginnen Sie am besten am Vortag.

Die Kartoffeln in Salzwasser ungefähr 10 – 15 Minuten kochen, bis sie gar, aber immer noch fest sind. Abgießen und mit Deckel 15 Minuten in dem Topf ausdämpfen lassen. Dann aus dem Topf nehmen. Wenn sie abgekühlt sind, schälen und mit Frischhaltefolie einige Stunden oder über Nacht in den Kühlschrank stellen.

Die Eier in 8 – 10 Minuten hart kochen. Schälen und kühl stellen, bis sie gebraucht werden.

Den Backofen auf 170 °C vorheizen. Eine ofenfeste Form von 3 Litern Inhalt einfetten.

Für das Gratin die Kartoffeln in 5 mm dicke Scheiben schneiden.

Die Hälfte der Kartoffeln überlappend auf den Boden der Form legen.

Die Kartoffeln salzen. Alle Eier mit dem Eierschneider dünn schneiden und über die Kartoffeln schichten. Die Eier salzen.

Schmelzen Sie die Butter, fügen Sie die saure Sahne hinzu und verrühren Sie alles auf der Herdplatte, bis es flüssig ist.

Die Hälfte der Buttermischung über die Kartoffeln und Eier in die Form gießen. Die restlichen Kartoffeln einschichten, salzen und den Rest der Sauerrahmmischung darüber gießen. Den Käse darüber verteilen und dann mit den Semmelbröseln oder mit Matzemehl bestreuen. Mit Alufolie bedecken und 20 – 30 Minuten backen, bis die Oberfläche goldbraun und knusprig ist.

JUDY KAYE

Hiermit machen Sie immer Eindruck – es schmeckt köstlich, und der Duft erfüllt das ganze Haus. Ich habe immer ein Glas Schattenmorellen im Vorratsschrank, und innerhalb von 45 Minuten gibt es frisch gebackene Sauerkirschschnitten. Perfekt zur Teestunde.

KLARIKAS SAUERKIRSCHSCHNITTEN

Ergibt 20 – 24 Stücke

250 g (1 ⅔ Tasse) Mehl mit Backpulverzusatz (siehe Anm. S. 293)
250 g (1 Tasse plus 1 EL) Zucker
300 g saure Sahne
2 Eigelb
fein abgeriebene Schale von 1 Zitrone
275 g Schattenmorellen, entsteint, abgetropft
Puderzucker, gesiebt, zum Bestäuben

Den Backofen auf 170 °C vorheizen. Ein rechteckiges Backblech (28 x 18 cm) einfetten und mit Backpapier auslegen.
Mehl, Zucker, saure Sahne, Eigelb und Zitronenabrieb in eine Schüssel geben und mit einer Gabel vermischen. Das geht natürlich auch in einer Küchenmaschine. Die Mischung in die vorbereitete Form geben.
Die Mischung ist recht fest und nicht leicht zu verteilen.
Die Kirschen über die Mischung geben und ein wenig eindrücken.
35 Minuten backen, bis der Teig durchgebacken und goldbraun ist.
Auf dem Blech auskühlen lassen. Wenn der Kuchen kühl ist, in Vierecke schneiden und mit Puderzucker bestäuben.

ALI SULAN

Dieses Kompott gab es mal bei einem sehr eleganten Frühstück in dem landhausartigen B&B «La Veduta» in Russell in der Bay of Islands, Neuseeland. Die liebevollen Gastgeber Danielle und Dino haben mir großzügig das Rezept verraten – und damit auch für dieses Buch anderen Liebhabern von gutem Essen. Ich habe es schon oft angeboten, immer mit bestem Erfolg. Ich assoziiere dieses Kompott mit ausgedehntem Frühstück und Entspannung mit guten Freunden und Familie.

NAHÖSTLICHES KOMPOTT

Ergibt 6 Tassen

225 g (1 Tasse) Backpflaumen, entsteint, halbiert
225 g (1 ½ Tassen) Aprikosen, getrocknet, halbiert
100 g (½ Tasse) Feigen, weich getrocknet, geviertelt
100 g (⅔ Tasse) Rosinen
100 g (⅔ Tasse) Mandeln, blanchiert
50 g (⅓ Tasse) Pinienkerne
1 TL Zimt, gemahlen
¼ TL Muskatnuss, frisch gerieben
50 g (¼ Tasse) brauner Zucker
1 EL Rosenwasser
Schalenabrieb und Saft von 1 Orange

Dieses Rezept mindestens 1 – 2 Tage vor dem Servieren beginnen.
Alle Zutaten in eine Schüssel geben und mit kaltem Wasser bedecken. Gut umrühren und an einem kühlen Platz oder im Kühlschank 1 – 2 Tage kalt stellen. Täglich mehrfach umrühren. Mehr Orangensaft hinzufügen, wenn das Kompott zu trocken zu werden droht, es sollte sirupartig sein. Vor dem Servieren nach Belieben noch mehr Zimt oder Muskatnuss hinzufügen.
Mit Joghurt griechischer Art servieren.

Ich bin 1949 von England nach Australien gekommen, fast zeitgleich kam mein Mann John aus Prag. Meine Mutter war eine vollendete Köchin, ich dagegen fing erst in meinen frühen Zwanzigern an, mich für das Kochen zu interessieren. Ich war Gründungsmitglied der WIZO Ilana in Adelaide, gegründet von meiner wunderbaren, leider verstorbenen Schwiegermutter Roszi. Die breitgefächerte Gruppe junger Mitglieder öffnete mir die Augen für ein weites und aufregendes Spektrum von Rezepten. Mein Lernprozess war eine Herausforderung. Als ich einmal Baiser für eine Veranstaltung herstellen sollte, glichen sie Münzen im Gegensatz zu den schaumigen tennisballgroßen Erzeugnissen meiner erfahreneren Mitstreiterinnen. Mein armer Mann musste in den frühen Zeiten auch leiden, und ging sicher gern mal nach Hause zu seiner Mutter zu dem köstlichen ungarischen Gulasch mit Knödeln.
Dank einer 45 Jahre andauernden Ehe, sechs Jahren in Hongkong, der Einbindung in die jüdische Community von Adelaide und dem Leben im multikulturellen Südaustralien haben sich meine Fähigkeiten erheblich verbessert. Ich liebe es, meine Kinder und ihre Ehepartner an meinen Rezepten teilhaben zu lassen, und wenn dann meine Enkelkinder dazukommen, ist es das Sahnehäubchen auf unserem Kuchen!

HILARY DICKMAN

Es ist Jahre her, dass ich dieses Dessert bei einer Freundin zum ersten Mal gegessen habe, und ich mochte es von Anfang an. Freundlicherweise hat sie mir das Rezept überlassen, und ich habe es ein wenig abgewandelt. Ich verwende, wenn möglich, Blutorangenmarmelade, das ergibt einen hübschen rötlichen Farbton. Genau wie das Essen, das meine Mutter machte, bedeutet es pures Wohlbehagen, aber mit einem modernen Touch.

BROT-UND-BUTTER-PUDDING MIT ORANGE

Ergibt 8–10 Portionen

600 g Brioche oder Challah, Rinde entfernt (Nettogewicht 400 g)
150 g Butter, geschmolzen
3 Orangen, geschält und filetiert
225 g (½ Tasse) Orangenmarmelade bester Qualität
3 Eier
500 ml (2 Tassen) Konditorsahne (35 % Fett)
115 g (½ Tasse) Zucker, extrafein
fein abgeriebene Schale von 2 Orangen
3 EL Rohrohrzucker (Demerara)

Den Backofen auf 180 °C erhitzen. Eine ofenfeste Form (2,5 l / 36 x 18 cm) einfetten. Die Challah oder Brioche grob in Stücke schneiden und in die vorbereitete Form legen. Die geschmolzene Butter darüber gießen.

Die Orangenfilets vorsichtig zwischen die Brotstücke stecken.

In einem kleinen Topf die Marmelade bei niedriger Hitze erwärmen, dann über das Brot gießen.

Die Eier, die Sahne und den Zucker verschlagen. Den Orangenabrieb einrühren, alles über die Brotmischung geben.

Mit dem Zucker bestreuen und 45 Minuten bis zu 1 Stunde backen, bis das Brot goldbraun glänzt.

Als ich groß wurde, war freitags Backtag. Natürlich waren mein Bruder und ich eifrig dabei, unsere Gesichter schokoladenverschmiert oder voller Teigmischung, wenn wir unserer Mutter bei dem ganzen Aufgebot an Biskuitkuchen, Schokoladentorten und riesigen Marmorkuchen «halfen». Ich bin in Wellington, einer kleinen Stadt in der Nähe von Kapstadt, aufgewachsen, inmitten einer Familie, die Essen liebte. Kochen gelernt habe ich von meiner Großmutter und meiner Mutter, die immer eine bewundernswert vielseitige und innovative Köchin war und (jetzt mit 80) noch ist. Meine Eltern waren großzügig und immer gastfreundlich. Meine Mutter ist spielerisch mit den Traditionen umgegangen und war eine echte Trendsetterin; ich erinnere mich an ihre Matzenknödel, gefüllt mit gehackten Mandeln und Zimt, im Ofen gebacken.

1979 sind wir in Australien gelandet. Obwohl ich in Adelaide lebe, leben meine drei Kinder und mein Enkel in Melbourne. Trotzdem vergleichen wir noch Rezepte und Restaurants. Bei uns wird in der Familie, wenn wir nicht gerade essen oder ein großes Essen zubereiten, immer darüber gesprochen.

SUE NUYTEN

Melktert oder Milchtörtchen sind ein sehr beliebtes Dessert mit einem typisch holländischen Geschmack und stammen aus der Afrikaans Community in Südafrika. Es kursieren natürlich viele Rezepte, aber unsere Familie hat das von meiner Mum als das Beste aller Zeiten gekürt. Sie backt es, wann immer Freunde zum Tee kommen, und hat auch schon kurzfristig 10 oder 20 zu wohltätigen Zwecken hervorgezaubert. Sie waren jedenfalls immer als erstes ausverkauft. – Paula Horwitz

MELKTERT

Ergibt 8 Portionen

Teig
150 g (1 Tasse) Mehl
100 g Butter, Zimmertemperatur
2 TL Zucker, extrafein
1 Prise Salz

Füllung
1 Ei
115 g (½ Tasse) Zucker, extrafein
1 EL Mehl
1 ¼ EL Speisestärke
500 ml (2 Tassen) Milch
20 g Butter, grob gehackt
1 TL Vanille-Extrakt
gemahlener Zimt zum Bestäuben

Den Backofen auf 180 °C vorheizen. Eine Backform (Pieform) von 24 cm Durchmesser einfetten.
Alle Teigzutaten in eine Küchenmaschine geben und rasch verkneten, bis sich ein weicher Teig bildet. Oder in einer Schüssel von Hand kneten.
Den Teig in die vorbereitete Form drücken und 25 – 30 Minuten backen, bis er goldbraun ist.
Für die Füllung das Ei und den Zucker in einer Schüssel gut verquirlen, dann das Mehl und die Stärke hinzufügen und glatt rühren. Die Milch in einem Töpfchen erhitzen. Schnell bei mittlerer Hitze und unter ständigem Rühren die Eiermischung hinzugießen und bis kurz vor den Siedepunkt bringen. Schnell weiterrühren, bis die Mischung andickt.
Vom Herd nehmen und die Butter und den Vanille-Extrakt gründlich einrühren.
Die Füllung durch ein Sieb auf den vorbereiteten Teigboden gießen.
Gut mit Zimt bestäuben und zum Festwerden in den Kühlschrank stellen. Bei Zimmertemperatur servieren.

Lesen Sie Paulas Geschichte auf Seite 15 f.

RUTH GLICK

Diesen Kuchen habe ich vor vielen Jahren entdeckt und fand ihn geeignet für Pessach. Seitdem mache ich ihn immer wieder, und er wird von jedem geliebt.

SCHOKOLADEN-PFLAUMEN-KUCHEN*

Ergibt 8 Portionen

6 Eier, Eigelb und Eiweiß getrennt
115 g (½ Tasse) Zucker, extrafein
250 g dunkle Schokolade bester Qualität, fein gehackt oder geraspelt
250 g (1 Tasse, dichtgedrückt) Backpflaumen, entkernt, gehackt
1 Prise Meersalz
250 g (2 ¾ Tassen) Walnüsse, feingemahlen
geschlagene Sahne zum Servieren

Den Backofen auf 180 °C vorheizen. Eine Backform mit 20 cm Durchmesser einfetten und mit Backpapier auslegen.

Eigelb und Zucker (1 EL Zucker für das Eiweiß zurückbehalten) einige Minuten schlagen, bis die Masse hell und schaumig ist. Vorsichtig die Schokolade und die Pflaumen unterheben.

Das Eiweiß mit dem Salz schlagen, bis sich weiche Spitzen bilden.

Den zurückbehaltenen EL Zucker hinzufügen und weiterschlagen, bis sich feste Spitzen bilden.

Heben Sie die Nüsse so vorsichtig wie möglich unter die Eiweißmasse, bis sich gerade alles verbindet.

Zunächst sanft einen Löffel der Eiweißmasse in die Eigelbmasse unterheben, danach löffelweise den Rest der Eiweißmasse. In die vorbereitete Form gießen und 50 – 60 Minuten backen, bis der Kuchen goldbraun ist (Stäbchenprobe). Mit geschlagener Sahne servieren.

*Foto auf Seite 110

Ich bin 1939 mit meinen Eltern von Berlin nach Perth ausgewandert. Jeden Sonntagnachmittag trafen sich meine Eltern, ohne Ausnahme, mit anderen deutschen Einwanderern, um das Weltgeschehen zu diskutieren. Es gab immer eine Tasse Tee, ein Stück wunderbaren Kuchen und eine tiefschürfende Diskussion. Von den Leckereien erinnere ich mich am liebsten an den Apfelkuchen mit Teiggitter von meiner Mutter. Bis nach meiner Hochzeit hatte ich mit Kochen nicht viel im Sinn, aber ich lernte schnell, als ich frisch verheiratet in London lebte.

Viele Jahre hatten wir ein Ferienhaus in der Gegend von Margaret River (berühmte Wein- und Gourmet-Region im Südwesten von West-Australien; Anm. d. Ü.), wo wir endgültig der Leidenschaft für lokale Produkte und Weine verfielen. Mein Ehemann Graham verbrachte die milden Tage beim Fischen in seinem «blechernen» Boot in der Cowaramup-Bucht, wo er Hering und Hornhecht fing. Ich kenne inzwischen 101 Arten, Hering zuzubereiten, und schließlich baute Graham seine eigene Kalt- und Heiß-Räucherei, sodass der Vorrat an Heringen unerschöpflich wurde! Zu meinem großen Glück sind meine Söhne beide wunderbare Köche, und meine Tochter ist eine Gesundheitsfanatikerin, also sind wir alle bestens versorgt.

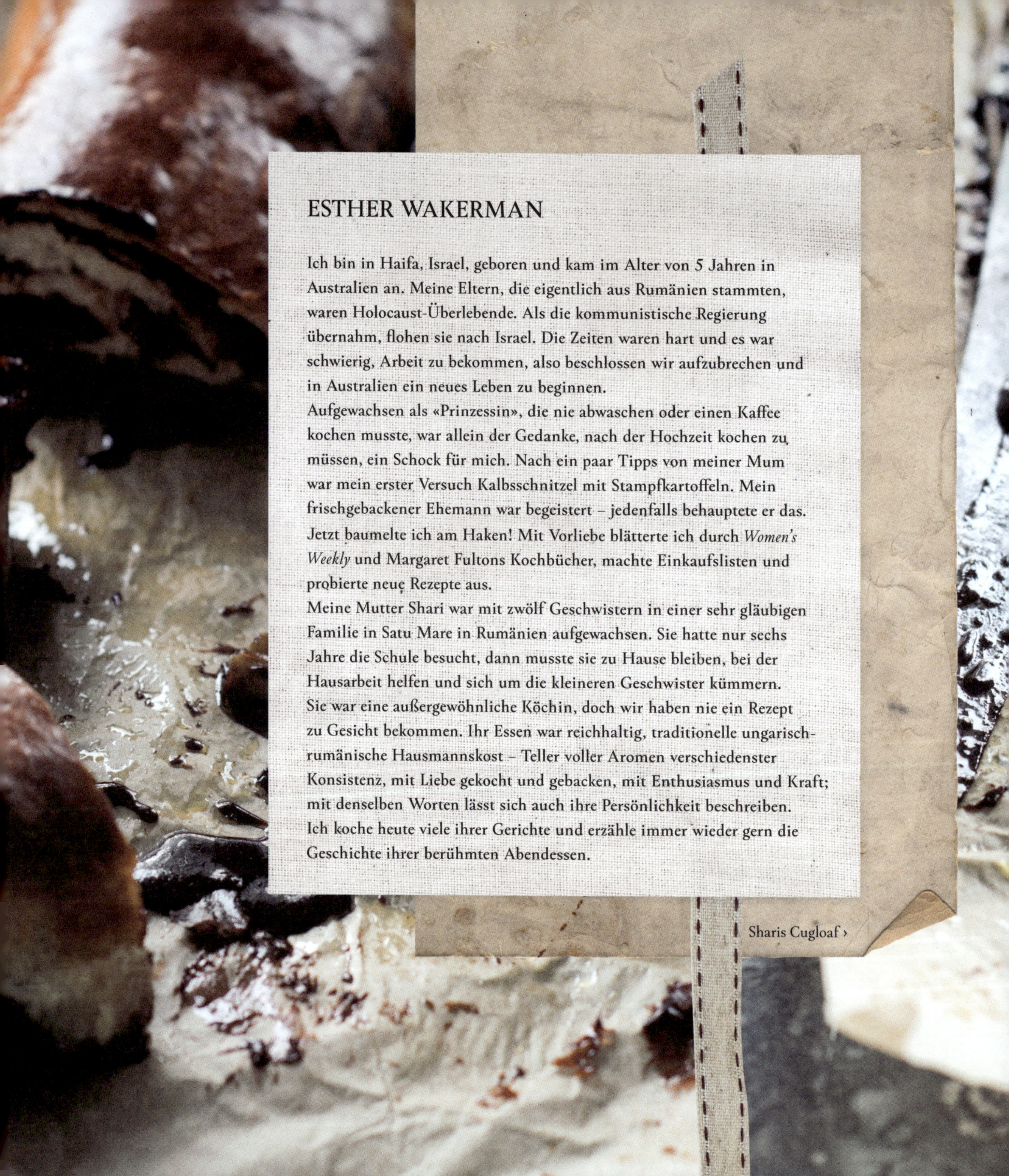

ESTHER WAKERMAN

Ich bin in Haifa, Israel, geboren und kam im Alter von 5 Jahren in Australien an. Meine Eltern, die eigentlich aus Rumänien stammten, waren Holocaust-Überlebende. Als die kommunistische Regierung übernahm, flohen sie nach Israel. Die Zeiten waren hart und es war schwierig, Arbeit zu bekommen, also beschlossen wir aufzubrechen und in Australien ein neues Leben zu beginnen.

Aufgewachsen als «Prinzessin», die nie abwaschen oder einen Kaffee kochen musste, war allein der Gedanke, nach der Hochzeit kochen zu müssen, ein Schock für mich. Nach ein paar Tipps von meiner Mum war mein erster Versuch Kalbsschnitzel mit Stampfkartoffeln. Mein frischgebackener Ehemann war begeistert – jedenfalls behauptete er das. Jetzt baumelte ich am Haken! Mit Vorliebe blätterte ich durch *Women's Weekly* und Margaret Fultons Kochbücher, machte Einkaufslisten und probierte neue Rezepte aus.

Meine Mutter Shari war mit zwölf Geschwistern in einer sehr gläubigen Familie in Satu Mare in Rumänien aufgewachsen. Sie hatte nur sechs Jahre die Schule besucht, dann musste sie zu Hause bleiben, bei der Hausarbeit helfen und sich um die kleineren Geschwister kümmern. Sie war eine außergewöhnliche Köchin, doch wir haben nie ein Rezept zu Gesicht bekommen. Ihr Essen war reichhaltig, traditionelle ungarisch-rumänische Hausmannskost – Teller voller Aromen verschiedenster Konsistenz, mit Liebe gekocht und gebacken, mit Enthusiasmus und Kraft; mit denselben Worten lässt sich auch ihre Persönlichkeit beschreiben. Ich koche heute viele ihrer Gerichte und erzähle immer wieder gern die Geschichte ihrer berühmten Abendessen.

Sharis Cugloaf ›

ESTHER WAKERMAN

Meine Mutter war für ihre wunderbare Küche in der ganzen Community bekannt, besonders galt das für ihren berühmten «Cugloaf». Es wurde in unserer Familie Tradition, an Jom Kippur mit dem Cugloaf zu Hause bei Nanna Shari das Fasten zu brechen, und seit meine Eltern nicht mehr leben, haben wir diese Tradition bei uns zu Hause fortgeführt; so sehr lieben es unsere Kinder. Es macht mir große Freude, wenn ich meine Familie mit solchem Genuss essen sehe, und ich glaube fest, dass meine Mutter uns von oben zusieht und lächelt.

SHARIS CUGLOAF*

Ergibt 3 Rollen,
jede Rolle ergibt 10 Stücke

500 g italienisches Mehl Type 00, ersatzweise Weizenmehl Type 405
35 g frische Hefe
115 g (½ Tasse) Zucker, extrafein
100 ml (⅓ Tasse plus 1 EL) Milch
1 Ei
150 g saure Sahne
1 EL Pflanzenöl
1 TL Salz
2 EL Milch, mit 60 ml (¼ Tasse) heißem Wasser gemischt
normales Mehl zum Kneten
1 Ei, leicht verrührt, zum Einstreichen

*Foto auf Seite 145

Das Mehl in eine große Schüssel geben und in die Mitte eine Mulde drücken. Die Hefe in diese Mulde bröckeln und einen EL Zucker auf die Hefe streuen. Die Milch leicht erwärmen und zur Hälfte über die Hefemischung gießen. 5 Minuten stehen lassen oder bis die Hefe zu schäumen beginnt, dann die restliche Milch zugießen. 10 Minuten beiseite stellen oder bis die Hefe wieder zu schäumen beginnt.

Das Ei in die Mulde schlagen und die saure Sahne, das Öl, den restlichen Zucker, Salz und die Hälfte der Milch-Wasser-Mischung hinzufügen. Verrühren, bis sich ein klebriger Teig bildet.

Mit dem Knethaken des Handrührgeräts oder von Hand 10 – 15 Minuten kneten, dabei das Mehl und die restliche Milch-Wasser-Mischung hinzufügen, so viel, bis sich ein glatter, elastischer Teig bildet, der beim Kneten nicht in der Schüssel haften bleibt. Mit etwas zusätzlichem Mehl bestreuen, mit einem Geschirrtuch und einer Decke bedecken und an einem warmen Ort 2 Stunden gehen lassen oder bis der Teig deutlich aufgegangen ist, sein Volumen in etwa verdoppelt hat.

In der Zwischenzeit die Füllung fertigstellen. Alle Zutaten für die Füllung in eine Schüssel geben und mit einem Holzlöffel gut verrühren, bis die Konsistenz einer cremigen Glasur entsteht.

Den Backofen auf 180 °C vorheizen. Ein rechteckiges Backblech von 32 x 22 cm einfetten.

Füllung
375 g Butter, Zimmertemperatur
165 g (¾ Tasse) Zucker
300 g Trinkschokolade

Wenn der Teig ausreichend gegangen ist, teilen Sie ihn in drei Kugeln. Jede Kugel wird einen Gugelhupf-Laib ergeben. Kneten Sie die Kugeln einzeln auf einer gut bemehlten Arbeitsfläche gründlich durch, dann rollen sie jede Kugel zu einer sehr dünnen Teigplatte von 40 cm Durchmesser aus.
Jetzt ein Drittel der Schokoladenfüllung bis an den Rand auf dem Teig verteilen und komplett bedecken. Die Kante rundherum einschlagen, dass sich ein 1-cm-breiter Rand bildet, dann von der Stelle, die vor Ihnen liegt, den Teig aufrollen wie zu einer Wurst oder einem Strudel. Auf das vorbereitete Backblech legen, mit den anderen Kugeln und der restlichen Füllung ebenso verfahren. Die Rollen dicht nebeneinander legen. Noch einmal mindestens eine halbe Stunde gehen lassen.
Die Rollen mit dem verrührten Ei bestreichen und 40 Minuten backen, bis der Teig goldbraun und durchgebacken ist.
Abkühlen lassen, dann die einzelnen Rollen voneinander trennen. Die Cugloafs können einzeln serviert werden. Reste lassen sich gut einfrieren, am besten einzeln in Folie verpackt. Bei Zimmertemperatur auftauen oder im Ofen erwärmen, wenn gewünscht.

HELEN SPICER

In Narol, Polen, in den 1930er-Jahren geboren, hatte ich keine gute Kindheit. Ein Jahr nach Kriegsausbruch wurden meine Eltern und ich für die Dauer des Krieges in ein Arbeitslager in Sibirien geschickt. Als wir befreit wurden und versuchten Russland zu verlassen, wurden wir viele Wochen unter schwierigen und erbärmlichen Umständen am Bahnhof festgehalten, bevor wir fünf Jahre in einem deutschen Flüchtlingslager lebten – noch einmal fünf elende Jahre.

1955 übersiedelte ich nach Australien, nach ein paar Jahren in San Francisco, wo sich meine Schwestern inzwischen niedergelassen hatten. Melbourne wurde mein neues Zuhause, und bald traf und heiratete ich Jerry Spicer. Wir dürfen uns über vier Söhne glücklich schätzen, und unsere Familie ist jetzt komplett dank vieler Enkelkinder, die über die ganze Welt verstreut leben.

In meinen frühen Ehejahren, gebe ich zu, habe ich das eine oder andere Kochdesaster erlebt, aber mit Ausdauer und Übung wurde das Backen zu meiner Spezialität.

Meine Mum, eine jüdische Köchin, die sehr auf Tradition bedacht war, gab mir den Ratschlag: «Wenn du die richtigen Zutaten nicht findest, brauchst du gar nicht erst anzufangen.» Beim Backen denke ich immer an meine Mutter, weil sie es auch so genoss, besonders wenn sie die traditionellen jüdischen und europäischen Kuchen und Plätzchen machte.

HELEN SPICER

Als ich das erste Mal Rogala machte, wollte ich eigentlich einen Strudel backen, hatte aber keine Äpfel, also benutzte ich nur Zimt und Sultaninen und machte kleine Röllchen. Mit dem Ergebnis nicht restlos zufrieden, fügte ich Marmelade und Nüsse hinzu, und meine Rogala waren geboren. Meine Söhne sind mit dem Duft meiner Bäckerei aufgewachsen, aber meine Rogala sind die Lieblinge der ganzen Familie.

ROGALA

Ergibt ungefähr 48 Rogala

225 g (1 ½ Tassen) Mehl
225 g (1 ½ Tassen) Mehl mit Backpulverzusatz (siehe Anm. S. 293)
3 Eigelb
115 g (½ Tasse) Zucker, extrafein
150 g saure Sahne
100 g Butter, Zimmertemperatur
1 TL Vanille-Extrakt

Füllung
175 g (½ Tasse) Schokoladen-Haselnuss-Aufstrich
175 g (½ Tasse) Aprikosenmarmelade
60 g (½ Tasse) Walnüsse, grob gehackt
80 g (½ Tasse) gemischte getrocknete Früchte oder Rosinen

1 Eiweiß, leicht geschlagen
110 g (½ Tasse) Zucker

Beginnen Sie dieses Rezept am besten am Vortag.

Das Mehl in eine große Schüssel geben und das Eigelb, den Zucker, die saure Sahne, die Butter und den Vanille-Extrakt hinzufügen. Von Hand mischen, bis sich ein weicher Teig bildet. Sie können natürlich auch die Küchenmaschine benutzen. Den Teig zu einem Laib formen, mit Frischhaltefolie abdecken und über Nacht kalt stellen.

Den Backofen auf 180 °C vorheizen. Ein Backblech mit Backpapier auslegen.

Den Teig in sechs Teile schneiden. Das erste Stück in ein Rechteck von ungefähr 20 x 30 cm ausrollen. Eine dünne Schicht aus Schokoladen-Haselnuss-Aufstrich und Marmelade auftragen. Mit ein paar von den Walnüssen und den getrockneten Früchten bestreuen und fest zusammenrollen, die Nahtstelle nach unten. Die Enden sauber zurechtschneiden und die Rolle in 8 gleiche Teile schneiden. Die Oberfläche von jedem Stück mit Eiweiß bestreichen und dann in den Zucker dippen. Auf das vorbereitete Backblech legen, mit der Eiweiß-Zucker-Seite nach oben. Mit den verbliebenen Teigstücken ebenso verfahren. 35 Minuten backen, bis die Rogala goldbraun sind.

Festmahl

Großzügig und opulent. Der Tisch biegt sich. Ich habe gern viele Leute zum Essen um mich, und je mehr, desto fröhlicher, egal, ob es eine kleine Dinnerparty ist, eine Familienfeier oder ein Fest nur so aus Spaß. Ich liebe es, wenn sträußeweise Blumen und der Schein von vielen Kerzen eine einladende und gastfreundliche Atmosphäre schaffen. Der Truthahn röstet seit Stunden im Ofen, die Haut ist knusprig und das Aroma berauschend. Lasst uns die Tafel eröffnen. Zu Tisch, bitte!

Paula

Rezepte

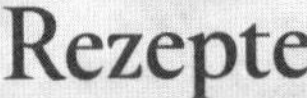

‹Queen-Elisabeth-Tarte

MICHAEL LEIBOWITZ

Das ist genau das, was ich unter einem klassischen Thunfisch-Tatar verstehe. Es ist ein Gericht nach sizilianischer Art, ideal für Sommertage. Bringen Sie es als Vorspeise oder wenn Freunde zusammengekommen sind, einfach zu den Willkommensdrinks.

THUNFISCH-TATAR

Ergibt 8 – 10 Portionen zu Drinks

500 g roher Thunfisch, Sushi-Qualität
2 EL Olivenöl Extra Vergine
2 EL kleine Kapern (Nonpareilles), abgespült und abgetropft, grob gehackt
5 Frühlingszwiebeln, sehr fein gehackt
8 – 10 sizilianische grüne Oliven, fein gehackt
1 EL Pinienkerne, angeröstet und gehackt
¼ – ½ TL Chiliflocken, getrocknet, je nach Belieben
Meersalz und schwarzer Pfeffer, frisch gemahlen
Zitronensaft nach Belieben
Sauerteigbrot oder Lavash (ungesäuertes Fladenbrot; Anm. d. Ü.) oder flache Cracker zum Anrichten

Den Thunfisch mit einem sehr scharfen Messer in Würfel von 5 mm schneiden.

Die Thunfischwürfel mit dem Olivenöl, den Kapern, Frühlingszwiebeln, Oliven, Pinienkernen und Chiliflocken mischen und gut mit Salz, Pfeffer und ein wenig Zitronensaft würzen. Zum Anrichten noch mit ein wenig Olivenöl beträufeln.

Sofort mit Sauerteigbrot oder Kräckern servieren.

Familie und Freunde, Essen und Trinken, Spaß und Gelächter – das ist das, was mir am meisten liegt.

Ich stamme von einer langen Reihe von Köchen und Gastgebern ab – meine beiden Großmütter, meine Mutter und Tanten in Südafrika taten alle nichts lieber, als Gerichte zu erfinden, und hatten unentwegt volles Haus. Ich habe in der Küche nicht viel geholfen – ich glaube, ich war zu frech, um reingelassen zu werden. Wir lebten direkt am Strand, also stand immer reichlich Fisch zur Verfügung und natürlich (schließlich waren wir Südafrikaner) immer jede Menge Fleisch. In den 1960er-Jahren schrieb meine Tante ein Kochbuch namens «Was ist Kochen?», um Geld für Glendale, ein Heim für Behinderte, zusammenzubekommen. Also führe ich eine Familientradition fort, indem ich ein Rezept zu diesem Buch beitrage.

Jetzt, da die Kinder groß sind, habe ich mehr Zeit und bin mit meinem Hilfsteam – meiner Frau Shirley – vom Außengrill in die Küche umgezogen. Ich finde es entspannend und wohltuend, Speisen zu entwickeln, die meine Familie mag. Mein Motto lautet: Familie und Freunde zusammengebracht mit gutem Essen und gutem Wein ergibt viel Gelächter und einen ganz großen Abend.

ERWIN JEREMIAH

Meine Mom war sehr stolz auf ihre Kochkünste, lief immer geschäftig in der Küche umher und bereitete Mittagessen und große Dinners, ich immer an ihrer Seite und schnibbelte, pellte oder klopfte Fleisch. Sie hat chinesische Wurzeln und als sie meinen Dad heiratete, der eine Mischung aus Portugal, Schweiz und Indonesien ist, war ihr seine Liebe zu Curry und scharfem Essen noch unvertraut. Mit Zielstrebigkeit und unter Anleitung beherrschte sie bald die Kunst einer außergewöhnlichen malaysisch-portugiesischen Zubereitung.

Ich wuchs umgeben vom Duft dieser aromatischen Gewürze auf. Mit dem Kochen habe ich früh, unter der Aufsicht meiner Mum, angefangen und bereitete bald Standardgerichte wie Gebratenen Reis und Nasi Goreng zu. Spannend wurde es, als ich von zu Hause wegging und meine Freunde mit authentischem hausgemachtem Essen beeindrucken wollte. Es erforderte viele Telefongespräche nach Hause, und meine Zimmergenossen spielten gern meine Versuchskaninchen.

Auch nach dem Studium habe ich nie aufgehört zu kochen und Gäste zu bewirten. Ich bin 2008 nach Sydney gezogen, um dort meinen Doktor in Hydrologie zu machen, und immer noch teile ich meine Kochleidenschaft mit vielen Freunden und meiner Partnerin, die mein größter Fan ist.

ERWIN JEREMIAH

In Moms Küche gab es dieses Gericht bei besonderen Gelegenheiten und Festen. Ich wusste immer, was mir Leckeres bevorstand, wenn sie mich bat, ein paar Bananenblätter von den Bäumen im Garten zu schneiden. Lassen Sie sich von der Anzahl der Zutaten der Gewürzpaste nicht entmutigen. Das Ergebnis ist es wert. Sie kann ein paar Tage im Voraus gemacht und im Kühlschrank aufbewahrt werden.

BARRAMUNDI NACH MALAYSISCHER ART

Ergibt 8 Portionen

- 7 – 10 Chilischoten, getrocknet oder 2 EL milde rote Chili-Paste
- 5 cm Galgant (ersatzweise etwas mehr Ingwer), geschält und in dünne Scheiben geschnitten
- 5 cm frische Kurkuma, geschält und in dünne Scheiben geschnitten, oder 3 TL gemahlene Kurkuma
- 2 EL geraspelter frischer Ingwer
- 2 Stängel Zitronengras, nur das Weiße, in dünne Scheiben geschnitten, oder 2 EL Zitronengraspaste
- 1 große rote Zwiebel, grob gehackt
- 2 Knoblauchzehen, geschält
- 500 ml (2 Tassen) Kokosmilch
- 1 EL Pflanzenöl
- ½ TL Zucker
- 1 TL Weißweinessig
- 1 TL Zitronensaft
- ½ TL Meersalz
- schwarzer Pfeffer, frisch gemahlen
- 4 Bananenblätter (in Asia-Läden, sonst Backpapier und Alufolie
- 8 x 200 g Barramundi-Filets (ersatzweise die gleiche Menge Wolfsbarsch oder Zackenbarsch)
- 8 Kaffirlimettenblätter, fein zerschnitten

Die Chilischoten (wenn Sie sie verwenden) halbieren und 5 Minuten in heißem Wasser einweichen. Galgant, Kurkuma, Ingwer und Zitronengras mit der Zwiebel und dem Knoblauch in einen Elektromixer geben. Die Chilis abtropfen lassen und abtupfen. Die Kerne entfernen, wenn Sie es weniger scharf mögen. Auch in den Mixer geben. 1 Tasse Kokosmilch dazugießen und mixen, bis sich eine feine Paste gebildet hat.

Das Öl in einem Wok oder einer hohen Pfanne über mittlerer Temperatur erhitzen. Geben Sie die Gewürzpaste in die Pfanne und schwitzen Sie sie an, bis sich das Öl trennt und oben abzeichnet, ungefähr nach 10 Minuten. Die restliche Kokosmilch hinzugießen, dann den Zucker, Essig, Zitronensaft, Salz und Pfeffer. Es sollte gleichmäßig süß, sauer und salzig schmecken. Köcheln lassen, dabei ab und zu rühren, bis sich die Masse nach etwa 30 Minuten auf die Hälfte reduziert und eine dicke Paste gebildet hat. Die Paste vor dem Gebrauch abkühlen lassen oder für mehrere Tage in den Kühlschrank stellen. Den Ofen auf 180 °C vorheizen.

Wenn Sie Bananenblätter verwenden, schneiden Sie diese auf die richtige Größe zurecht, für ein Paket pro Fischfilet. Wenn nicht, benötigen Sie 8 Stücke Backpapier. Sie benötigen zudem 8 etwas größere Blätter Alufolie. Streichen Sie 1 EL der Gewürzpaste auf eine Seite des Fischfilets. Streuen Sie die Hälfte der kleingeschnittenen Kaffirlimettenblätter auf das Bananenblatt oder das Backpapier und legen Sie den Fisch darauf, mit der bestrichenen Seite nach unten. Noch 1 EL der Paste oben auf das Filet streichen, dann wieder mit Kaffirlimettenblättern bestreuen. Knicken Sie die Bananenblätter oder das Backpapier zuerst, dann packen Sie den Fisch in ein schönes Päckchen. In Alufolie wickeln. Aufpassen, dass auch die Ecken verschlossen sind. Mit den verbliebenen Filets ebenso verfahren. Die Päckchen auf ein Backblech setzen und 20 – 25 Min. backen oder bis der Fisch gerade gar ist. Vor dem Öffnen und Servieren 10 Min. ruhen lassen.

LISA BRECKLER

Dieses Rezept ist ein Familienwunschrezept für Schabbat geworden. Als meine Kinder klein waren, mochten sie keinen Fisch, also erfand ich den «Fish Crumble», damit es lustiger klang. Als sie größer wurden, experimentierte ich mit unterschiedlichen Kräuter- und Brotsorten. Ein etwas altbackenes Brot macht die Streuselschicht besonders knusprig. Dieses Gericht funktioniert ebenso mit anderen ganzen Fischen oder Filets.

LACHS-CRUMBLE

Ergibt 6 Portionen

1 Lachsseite, ungefähr 1 kg, enthäutet und entgrätet
1 Zitrone in Scheiben
180 ml (¾ Tasse) Verjus (Saft unreifer Trauben, milde Alternative zu Essig oder Zitrone, erhältlich im Internet, sehr gutem Lebensmittelhandel oder bei Winzern; Anm. d. Ü.)
1 EL Olivenöl zum Beträufeln

Streusel
3 Knoblauchzehen
1 lange rote Chilischote, entkernt
1 große Handvoll Dillspitzen
1 große Handvoll glatte Petersilienblätter
1 große Handvoll Basilikumblätter
120 g Sauerteigbrot ohne Kruste
Saft von 1 Zitrone
60 ml (¼ Tasse) Olivenöl
1 TL Meersalz
schwarzer Pfeffer, frisch gemahlen

Den Backofen auf 180 °C vorheizen.
Den Fisch in eine Bratenform legen und die Zitronenscheiben um ihn herum drapieren.
Alle Streuselzutaten in einen Küchenmixer geben, bis die Mischung eine grobe, krümelige Textur hat und gut verbunden ist.
Die Streuselmischung fest auf den Fisch drücken. Gießen Sie den Verjus um den Fisch herum über die Zitronenscheiben. Das Olivenöl über den Fisch träufeln, den Fisch in den Ofen schieben und 15 Minuten (glasig) bis 30 Minuten (gut durch) oder je nach Ihrem Geschmack backen. Aus dem Ofen nehmen und vor dem Servieren locker mit Alufolie abgedeckt 15 Minuten ruhen lassen. Warm oder bei Zimmertemperatur servieren.

Ich bin in der winzigen jüdischen Gemeinde von Auckland, Neuseeland, aufgewachsen. Wir schafften es, einen traditionellen jüdischen Haushalt zu führen, und mein Vater, ein Kinderarzt, war der Mohel für das ganze Land. (Ein Mohel ist der Fachmann, der die Brit Mila, die männliche Beschneidung nach jüdischer Sitte, vollzieht; Anm. d. Ü.).
Meine Familie besuchte oft Fidschi und Rarotonga, damit mein Vater Kinder impfen konnte. Ich erinnere mich an das exotische Essen und die faszinierenden unterschiedlichen Kulturen. Dad und ich haben gern zusammen gefischt und uns dann ausgedacht, wie wir unseren Fang zubereiten. 1982 zogen wir zu der Familie meiner Mutter nach Melbourne. Es war fantastisch, so plötzlich zu einer großen ausgedehnten Verwandtschaft zu gehören, und bis heute treffen wir uns zu allen Feiertagen und den Rosch-Haschana-Feierlichkeiten. Ich male mir gern aus, wie stolz meine verstorbenen Großeltern – die mit meiner Mutter aus Polen flohen – angesichts solch einer großen liebevollen Gruppe von fast 50 Familienmitgliedern am Tisch wären. Wunderbares Essen und Diskussionsstoff gibt es immer im Überfluss.

ROBIN SOBEL

Ich bin in eine Familie hineingeboren worden, die Suppe aus Dosen, Früchte aus Dosen und industriell verarbeitete Lebensmittel aß. Wie sich die Dinge geändert haben!

Bevor meine Frau Marylou und ich von Südafrika aus nach Australien umzogen, besuchten wir ein paar Stunden einen Grundkurs im Kochen. Aber als ich mich in Sydney eingerichtet hatte, und wir Eltern von drei kleinen Töchtern geworden waren, hatte ich zu viel zu tun, um weiter zu lernen. Erst vor fünf Jahren habe ich wieder mit dem Kochen angefangen, und es schenkte mir ganz neue Kreativität.

Meine Küche ist einfach; ich fange alles immer ganz von vorne an, mit Zutaten bester Qualität, frischen Kräutern und Gewürzen, die Rezepte nur als Hilfslinie. Wenn nichts daraus wird, versuche ich es mit einer anderen Kombination von Aromen neu. Meine Familie sind meine besten Kritiker. Unsere Freunde denken, Marylou hat Glück, dass sie nicht kochen muss, aber umgekehrt, ich empfinde mich als glücklich, weil es mir so viel Spaß macht. Wenn ich in der Küche bin, habe ich meine Ruhe, also ist das für mich Freizeit, und wenn alle schlafen, suche ich ungestört nach neuen Rezepten.

Das Größte ist für mich, meine Familie und Freunde zu beobachten, wie sie meine Kreationen genießen, besonders wenn sie denken, dass ich den ganzen Tag in der Küche geschuftet habe. Sie haben ja keine Ahnung, was für einen Spaß ich hatte!

Lesen Sie auch Robins Rezept für Osso buco mit Linsen, Seite 128

Lammkarree mit Kräuterkruste ›

ROBIN SOBEL

Dies ist für mich die allererste Wahl, wenn ich ein einfaches, aber köstliches Dinner machen soll. Es gelingt immer perfekt, beeindruckt die meisten Gäste, und meine Familie wird Lamm nie leid. Wenn Sie es eilig haben, verzichten Sie auf die Marinade, lassen Sie es nur schnell in der Pfanne anbräunen, dann ab in den Ofen.

LAMMKARREE MIT KRÄUTERKRUSTE*

Ergibt 6 Portionen

180 ml (¾ Tasse) Pflanzenöl
2 Lammkarrees, pariert («French trimmed»)

Marinade
1 Bund Minze
1 Bund frischer Koriander
4 Zweige Rosmarin, Nadeln abgezupft
1 Bund glatte Petersilie
4 Knoblauchzehen, geschält
1 TL frischer Ingwer, fein geraspelt
1 EL Kreuzkümmel, gemahlen
2 EL Sojasauce
2 EL Rotweinessig
1 lange rote Chilischote, gehackt
1 TL Meersalz
schwarzer Pfeffer, frisch gemahlen

*Foto auf Seite 161

Wenn möglich, beginnen Sie dieses Rezept am Vortag.

Geben Sie alle Zutaten für die Marinade und die Hälfte des Öls in einen elektrischen Mixer. Mischen und dann langsam so viel des verbliebenen Öls hinzufügen, dass sich eine dicke, streichbare Paste ergibt.

Das Lamm in eine Keramik- oder Porzellanschüssel geben und rundum mit der Marinade einstreichen. Mehrere Stunden im Kühlschrank ziehen lassen, am besten über Nacht. Vor der Zubereitung das Fleisch jedoch rechtzeitig Zimmertemperatur annehmen lassen.

Den Backofen auf 220 °C vorheizen.

Einen großen Bräter oder eine ofenfeste beschichtete Pfanne über hoher Temperatur erhitzen. Einen Tropfen Öl hineingeben, und, wenn er zischt, das Lamm einige Minuten von allen Seiten scharf anbraten, bis es Farbe angenommen hat. Reste der Marinade, die sich in der Pfanne festgesetzt haben, abkratzen und wieder auf das Lamm legen.

In den Ofen schieben und 12 Minuten (blutig) bis 15 Minuten (medium) braten. Die Karrees auf eine Platte legen und 5 – 10 Minuten ruhen lassen. Dabei locker mit Alufolie abdecken.

Zum Anrichten in 2-Knochen-dicke Portionen schneiden. Mit Stampfkartoffeln (Seite 87) und einem grünen Salat servieren.

TIPP:

Die Lammkarrees können Sie parieren, indem Sie mit einem scharfen Messer die Fettschicht und alle Sehnen entfernen. Schneiden Sie nun am dünneren Ende nach ca. 3 cm in das Fleisch, bis auf die Knochen. Das kleine Stück Fleisch und alle Sehnen am Knochen entfernen, sodass jeweils ein Stück freigelegter Knochen wie ein «Griff» übrig bleibt. Das ist lediglich eine optische Maßnahme, da für den Geschmack bedeutungslos (Anm. d. Ü.).

SHEREEN AARON

Meine Schwiegermutter Violet brachte aus ihrer Heimat Bagdad über Israel viele Rezepte auf Reisbasis mit nach Australien. Ihr liebstes war Tomaten-Basmati-Reis, den meine Familie immer nur so verschlungen hat. Ich habe das Rezept abgewandelt, sodass es auch mit Kurkuma gemacht werden kann, die so beliebt ist und gut zu allen Currys oder anderen scharfen Gerichten passt.

GELBER REIS*

Ergibt 4 Portionen

1 EL Olivenöl
1 kleine Zwiebel, fein gehackt
schwarzer Pfeffer, frisch gemahlen
½ TL Kurkuma, gemahlen
220 g (1 Tasse) Basmati-Reis, gut abgespült
375 ml (1 ½ Tassen) Geflügelbrühe
Salz

Einen mittelgroßen Topf auswählen, der einen sehr dicht schließenden Deckel hat. Das Olivenöl über mittlerer Temperatur erhitzen und die Zwiebel ungefähr 15 Minuten anschwitzen, bis sie weich und glasig ist. Den Pfeffer und die Kurkuma hinzufügen, bis es zu duften beginnt, dann den Reis hinzufügen und gut umrühren, damit er von dem Zwiebelgemisch umhüllt ist.

Die Brühe zugießen und zum Kochen bringen. Nach Geschmack salzen. Bedecken, die Hitze herabsetzen und 15 Minuten köcheln lassen. Möglichst den Deckel währenddessen nicht abnehmen, damit der Reis in Dampf gart und nicht austrocknet. Sofort servieren.

VARIATION:
Für Tomaten-Basmati-Reis die Kurkuma durch einen gehäuften EL Tomatenmark (Konzentrat) ersetzen.

*Foto auf Seite 167

Lesen Sie Shereens Geschichte auf Seite 210

REUBEN SOLOMON

Reuben und seine Brüder brachten sich aus ihrer Heimatstadt Rangun, Burma, nach Indien in Sicherheit, nur wenige Augenblicke vor der japanischen Bombardierung 1943. Später ging er nach London, dann Sri Lanka, wo er Charmaine kennenlernte und heiratete, bevor sie mit ihren Töchtern 1959 in Sydney landeten.

Begnadet mit dem perfekten Gehör, brachte sich Reuben anfangs das Klarinette spielen bei, indem er Aufnahmen von Artie Shaw und Benny Goodman anhörte, am Ende spielte er sowohl Klassik als auch Jazz. Seine Begabung zur Improvisation machte vor der Küche nicht Halt – sein Kochen hatte durchaus unerwartete Elemente. Außerdem fühlte er sich in der Küche wie zu Hause. Er und Charmaine liebten das exotische Essen, das sie hatten zurücklassen müssen, und da es im Sydney der späten 1950er-Jahre keine andere Möglichkeit gab, lernten sie, es selbst zu kochen. Die Zutaten waren schwierig zu finden, und ab und zu kamen exotische Gewürze und Currypulver zusammen mit seitenweise handgeschriebenen Rezepten von Charmaines Mutter und Tanten als Hilfe aus Colombo.

Reuben ließ gewissenhaft seine vielgeliebten burmesischen Gerichte wieder aufleben. Eines davon, Balachaung, war so knoblauchgesättigt und voller getrockneter Shrimps, dass – obwohl er es schon in der Garage zubereitet hatte – seine Töchter es einen halben Block entfernt riechen konnten, wenn sie aus der Schule kamen. Charmaine wechselte zur Schriftstellerei und schrieb Bestseller-Kochbücher, stolze 31 Titel.

Charmaine und Reuben ließen es sich in ihrer Küche gut gehen, kochten und sangen zusammen, kreierten für ihre musikalischen Freunde und Verwandte ausgelassene Sonntagmittag-Jamsessions, die bis weit in den Abend dauerten. Als Reuben 2009 verstarb, bedeutete es das Ende einer ganz besonderen Ära.

REUBEN SOLOMON

Eines Tages, vor vielen Jahren, war Charmaine bei der Arbeit und Reuben passte auf ihre drei kleinen Kinder auf. Er nahm sie mit zum Einkaufen in das Shopping Center von Roseland (Vorort von Sydney; das Roseland Shopping Center wurde 1965 eröffnet und galt jahrelang als das größte der südlichen Halbkugel; Anm. d. Ü.), beteiligte sich an einem Kochwettbewerb und kreierte dort auf der Bühne dieses Meisterstück – der einzige Mann in einer schnatternden Schar von Frauen in Schürzen. Auch wenn das Rezept nicht den ersten Preis bekam, liebte Charmaines Cousine Peggy es so sehr, dass sie es beim Hochzeitsessen ihrer Tochter zubereitete.

HÄHNCHEN «EVEREST»

Ergibt 4 – 6 Portionen

1,5 kg Hähnchen

Paste

2 Knoblauchzehen, zerdrückt
2 TL frischer Ingwer, fein geraspelt
1 ½ EL Currypulver
1 TL Paprika edelsüß
2 TL Salz
½ TL schwarzer Pfeffer, frisch gemahlen
1 TL Garam Masala (indische Gewürzmischung)
2 EL Zitronensaft
10 frische Curryblätter
2 TL helle Sojasauce
2 EL Pflanzenöl
2 EL Reismehl
3 Frühlingszwiebeln, gehackt
1 kleine Handvoll frische Korianderblätter, einige zusätzlich zum Garnieren

Alle Zutaten für die Paste in einer Küchenmaschine mischen.
Wenn nötig, etwas warmes Wasser hinzufügen. Die Paste muss streichfähig sein.
Das Hähnchen von innen und außen mit der Paste einreiben, dabei vorsichtig etwas unter die Brusthaut schieben. Im Kühlschrank mindestens 1 Stunde ziehen lassen.
Den Backofen auf 170 °C vorheizen.
Das Hähnchen in einen eingeölten Bräter legen und unbedeckt 1 ¼ Stunde braten, bis es goldbraun ist und der Fleischsaft, der austritt, wenn man eine Gabel in das Hähnchen steckt, klar ist. Sollte das Hähnchen während des Garens zu schnell bräunen, mit Alufolie abdecken. Aus dem Ofen nehmen und 15 Minuten ruhen lassen, locker mit Alufolie abgedeckt.
Mit den zusätzlichen Korianderblättern garnieren. Heiß oder bei Zimmertemperatur mit gelbem Reis (Seite 163) und einem Salat servieren.

SANDRA TOPPER

Bei besonderen Gelegenheiten servierte meine Mutter oft Ente, und wann immer ich eine zubereite, denke ich an sie. Durch das Dämpfen des Fleischs in diesem Rezept wird eine Menge Fett ausgelassen, und die asiatische Sauce fügt einen modernen Touch hinzu. Eine gute Methode, die sich ebenso für Hähnchen eignet.

GLASIERTE ASIATISCHE ENTENKEULEN

Ergibt 8 – 12 Portionen

- 250 ml (1 Tasse) vegetarische Oyster-Sauce
- 250 ml (1 Tasse) Ketjap Manis (süße, dickflüssige Sojasauce)
- 260 g (¾ Tasse) Zuckersirup oder 165 g (¼ Tasse fest gedrückt) brauner Zucker
- 2 TL gemahlener Zimt
- 1 TL chinesisches Fünf-Gewürze-Pulver
- 4 Sternanis
- 8 – 12 Entenkeulen

Wenn möglich, beginnen Sie dieses Gericht am Vortag.

Alle Zutaten (außer den Entenkeulen) in einem Topf zum Kochen bringen. Abkühlen lassen. Überflüssiges Fett von der Ente abschneiden, alle Teile waschen und trocken tupfen. In eine Keramik- oder Porzellanschüssel legen und vorerst im Kühlschrank lassen. Wenn die Marinade kühl ist, über die Entenbeine gießen, abdecken und mindestens 6 Stunden kühl stellen, besser über Nacht.

Die Entenkeulen aus der Marinade nehmen, die Flüssigkeit aufbewahren. Die Haut der Ente mit einer Gabel einstechen, um beim Garen das Fett auszulassen. Die Ententeile nebeneinander (in einer Schicht) in einen Bambus-Dämpfer über einen großen Topf mit köchelndem Wasser legen (oder einen Wok mit einem Dampfeinsatz benutzen), mit einem fest schließenden Deckel bedecken und 1 Stunde dämpfen. Dieser Vorgang kann mehrere Stunden im Voraus durchgeführt werden. Den Backofen auf 180 °C vorheizen. Ein großes Backblech mit Backpapier auslegen.

Die Ente aus dem Dämpfer nehmen und auf das vorbereitete Blech legen. Ab und zu mit der zurückbehaltenen Marinade einpinseln und 30 – 45 Minuten backen, währenddessen immer mal wieder mit der Marinade bestreichen, bis die Haut knusprig und tiefbraun ist. Sollte die Ente zu schnell bräunen, die Temperatur auf 160 °C reduzieren. Mit gedämpftem Reis und Pak Choi servieren.

Meine Großmutter war die unglaublichste autodidaktische Köchin. Jeden Freitag kam sie zu uns nach Hause und blieb über das Wochenende, und ich durfte ihr assistieren, wenn sie frischen Apfelstrudel machte. Mein Wiener Vater und meine polnische Mutter mussten als Immigranten in einem neuen Land beide lang arbeiten. Als 10-Jährige bereitete ich zur freudigen Überraschung meiner erschöpften Mutter das Abendessen für die Familie. So fing meine Liebe zum Kochen an. Unser Zuhause stand jedem jederzeit offen. Meine Großmutter machte jeden Samstagabend Schnitzel und Kartoffelsalat. Heute gibt es nichts, das mir größere Freude bereitet, als das Haus mit Familie, Freunden und unter der Speisenlast ächzenden Tischen zu füllen.

JANETTE KORNHAUSER

Mein Mann und ich zogen 1983 von Melbourne an die Gold Coast (Stadt an der Südostküste von Queensland in Australien, ca. 70 km südlich von Brisbane; Anm. d. Ü.) – ein Jahr, nachdem wir geheiratet hatten. Wir stammen beide aus polnischen Familien (wie auch englisch auf meiner Seite) und große Familientafeln gehörten fest zu unserem Leben.

Ich wuchs in einem Zuhause auf, wo das Dinner stets aus drei Gängen bestand. Meine Mum Shirley ist immer noch eine bewunderte und fabelhafte Köchin. Ihre europäische Art zu kochen lernte sie größtenteils von ihrer Großmutter väterlicherseits, Baba, die bis zu ihrem Tod bei uns lebte. Ich erinnere mich voller Liebe, wenn Baba Kreplach mit mir machte – viele Jahre später wiederholte sich das mit meiner Mum und meinen Töchtern.

Das Essen an der Gold Coast war in den frühen Jahren weder kontinentaleuropäisch noch im Mindesten interessant. Umso bedeutsamer war es, Essen von zu Hause nachzukochen, und so heilte das Kochen alle aufkommenden Gefühle von Heimweh. Ich kehrte von Fahrten nach Melbourne zurück, beladen mit Tüten voller Schätze der kulinarischen Art, von Metzgern, Bäckern, und noch heute bringe ich massenhaft Bagels und Zwiebelbrötchen mit. Aber meine wahre Leidenschaft fürs Kochen begann vor 25 Jahren, als mein Mann Vegetarier wurde.

In unserer sehr kleinen jüdischen Gemeinde empfand ich es immer als wichtig, ein besonderes Aufheben um das Schabbat-Dinner und alle jüdischen Feiertage zu machen und lud vor allem Leute ein, die keine Verwandten in der Nähe hatten. Diese Freunde wurden unsere Familie. Wahre Freude empfinde ich, wenn unsere drei Töchter immer noch aufgeregt fragen, was es zum Essen gibt, und ich ihren Stolz fühle, wenn sie ihre Freunde an unseren Tisch einladen können.

JANETTE KORNHAUSER

Ein vegetarisches Gericht zu finden, das sowohl als herzhafte Mahlzeit für sich allein stehen kann als auch als gute Beilage, ist immer eine Herausforderung. Dieses Gericht aus braunem Reis und Gemüse ist sehr sättigend, interessant und farbenfroh. Meine Familie liebt es, und es passt ausgezeichnet zu dem Truthahn mit Ahorn-Orangen-Glasur (Seite 172) – etwas Besonderes am Rande. Es schmeckt aber auch mit Risoni oder Couscous, und ich ersetze an Pessach den Reis durch Quinoa.

GEWÄRMTER BRAUNER REISSALAT

Ergibt 10 – 12 Portionen

400 g (2 Tassen) brauner Reis
1 l (4 Tassen) Wasser
1 TL Salz
2 Zucchini
1 Aubergine
1 rote Zwiebel, geschält
1 Pastinake, geschält
1 Süßkartoffel, ungeschält
1 Karotte, geschält
500 g Kirschtomaten, halbiert
Meersalz und schwarzer Pfeffer, frisch gemahlen
125 ml (½ Tasse) Olivenöl
80 g (½ Tasse) Sultaninen
45 g (¼ Tasse) Cranberrys, getrocknet
50 g (⅓ Tasse) Pinienkerne, angeröstet
1 Handvoll glatte Petersilie, gehackt
1 kleine Handvoll Minzeblätter, gehackt
1 EL Zatar oder nach Belieben (siehe Tipp)

Den Reis, das Wasser und Salz in einen Topf geben. Zum Kochen bringen, zum Köcheln reduzieren und bedecken, bis der Reis nach ungefähr 40 Minuten gar ist.
Alternativ einen Reiskocher benutzen.
Den Ofen auf 200 °C erhitzen. Ein großes Backblech mit Backpapier auslegen. Die Gemüse in 1-cm-starke Würfel schneiden und alle Gemüsesorten und die Tomaten auf dem vorbereiteten Blech verteilen. Gut mit Salz und Pfeffer würzen und großzügig mit Olivenöl besprenkeln.
(Der Saft von Öl und Tomaten ergibt das Dressing, wenn alles mit dem Reis vermischt wird.) 30 Minuten rösten lassen, von Zeit zu Zeit wenden, bis alle Gemüsesorten am Rand braun und innen gar sind.
Sobald der Reis fertig ist, die Sultaninen und die Cranberrys untermischen und eine Weile ruhen lassen. Mit dem gerösteten Gemüse, den Pinienkernen, der Petersilie, der Minze und Zatar vermischen. Erneut mit Salz und Pfeffer nach Geschmack würzen.
Warm oder bei Zimmertemperatur servieren.

TIPP:
Zatar oder Za'atar ist eine nahöstliche Gewürzmischung aus getrockneten Kräutern mit Sesamsaat, Sumach und oft Salz. Sie ist in Gewürzläden, guten Feinkostläden oder im Internet erhältlich.

JANETTE KORNHAUSER

Mein Truthahn-Rezept entstand aus der Notwendigkeit, viele Mäuler zu füttern. Die Glasur aus Ahornsirup und Orange habe ich mal auf meinen Reisen kennengelernt, und bei konstantem Bestreichen ergibt sich ein wunderbar saftiges Fleisch, das aber nicht zu süß wird, lediglich mit einem Hauch Zitrusgeschmack.

TRUTHAHN MIT AHORN-ORANGEN-GLASUR

Ergibt 8 – 10 Portionen

1 roter Apfel, geschält
1 Truthahn von 5 kg
80 ml (½ Tasse) Olivenöl
Meersalz
2 Knoblauchzehen, zerdrückt
Schale von 1 Orange, in breiten Streifen abgezogen
125 ml (½ Tasse) reiner Ahornsirup
125 ml (½ Tasse) frisch gepresster Orangensaft
500 ml (2 Tassen) Geflügelbrühe

Sie benötigen einen Bräter, der den gesamten Truthahn fassen kann. Den Backofen auf 200 °C vorheizen. Den Apfel in den Hohlraum des Truthahns stecken. Die Beine mit Küchenfaden zusammenbinden. Den Truthahn von allen Seiten mit dem Öl, Salz, Knoblauch und Orangenzesten einreiben. Jetzt wird er, mit der Brustseite nach oben, in den Bräter gelegt und im Ofen für 30 Minuten geröstet.

Inzwischen den Ahornsirup, den Orangensaft und eine Tasse der Geflügelbrühe in einer Schüssel verrühren. Stellen Sie eine Tasse der Ahornsirup-Mischung beiseite, fügen Sie die restliche Brühe hinzu und bewahren das zum Bestreichen.

Nach 30 Minuten Rösten gießen Sie die Ahornsirup-Mischung über den Truthahn und bedecken Sie den Bräter mit Alufolie. Die Backofentemperatur auf 170 °C reduzieren und den Truthahn noch 2 ½ bis 3 Stunden backen, alle 30 Minuten großzügig mit der Marinade bestreichen.

In den letzten 30 Minuten die Folie entfernen und den Truthahn backen, bis er braun und knusprig ist. Mit einer Gabel in die Schenkel stechen, um zu sehen, ob die auslaufenden Säfte klar sind. Wenn nicht, ist der Truthahn noch nicht durch. Dann zurück in den Ofen stellen, bis er gar ist. Danach den Truthahn aus dem Bräter nehmen und, mit der Alufolie lose abgedeckt, 20 – 30 Minute ziehen lassen.

Alle Pfannensäfte und die Reste der Marinade-Mischung in einem kleinen Topf zusammenrühren. Zum Kochen bringen und 15 Minuten köcheln lassen, bis sich ein glänzender Guss bildet. Diese Glasur über den Truthahn gießen, etwas zum Servieren übrig lassen. Mit Gewärmtem braunen Reissalat (Seite 171) anbieten.

KAYE EDELMAN

Meine ganze Art zu kochen veränderte sich total, als ich zum Judentum konvertierte, und zwar wegen der Kochgesetze des Kaschrut. Dieses Rezept ist ein Resultat dessen. Ich habe die cremigen Kartoffelgerichte, mit denen ich aufgewachsen bin, immer sehr geliebt, aber ich wollte Fleisch und Milch nicht mehr mischen, also brauchte das Rezept eine Veränderung. Nach einigen Versuchen habe ich ein Kartoffelgratin-Gericht in dieses Rezept umgewandelt.

KARTOFFEL-ZWIEBEL-GRATIN

Ergibt 8 Portionen

80 ml (⅓ Tasse) Olivenöl
2 große Zwiebeln, halbiert und dünn geschnitten
1 TL Rosmarinnadeln oder Thymianblätter, gehackt
800 g festkochende Kartoffeln, in Scheiben geschnitten
Meersalz und Pfeffer, frisch gemahlen
250 ml (1 Tasse) Geflügelbrühe

Den Backofen auf 180 °C vorheizen. Eine 1,5-Liter-Gratinform oder ein flaches ofenfestes Gefäß einfetten.

Das Öl in einer Kasserolle über mittlerer Temperatur erhitzen. Die Zwiebeln hinzufügen und 20 Minuten braten, bis die Zwiebeln weich und goldbraun sind. Ab und zu umrühren. Von der Herdplatte nehmen und den Rosmarin oder Thymian untermischen.

Ein Drittel der Kartoffeln in die vorbereitete Form geben, mit einem Drittel der Zwiebeln belegen und mit Salz und Pfeffer würzen. Mit zwei weiteren Schichten ebenso verfahren, die letzten Zwiebeln obenauf. Die Brühe vorsichtig über die Kartoffeln und die Zwiebeln gießen, sodass sie gerade eben bedeckt sind. Mit Alufolie abdecken und 1 Stunde backen lassen. Die Folie entfernen und noch 15 – 20 Minuten weiterbacken, bis alles goldbraun ist.

Ich bin in Adelaide in einer nicht-jüdischen australischen Familie geboren. Meinen Mann Eric habe ich vor über 30 Jahren kennengelernt, und wir zogen nach Perth. Bei Erics Familie fügte ich mich schnell in das jüdische Leben ein, und die Zusammengehörigkeit, die ich wöchentlich bei den Schabbat-Essen erlebte, empfand ich als sehr wohltuend.

Ein paar Jahre später zogen Eric und ich für sechs Jahre auf eine Insel vor der Küste von Nord-Queensland. Dort besaßen wir ein Restaurant, was meinen Kochkünsten sicherlich zugutekam, obwohl ich von klein auf mit meiner Großmutter gekocht hatte. Auf der Insel gab es keine jüdischen Einwohner, und wir vermissten Erics Familie besonders während der jüdischen Feiertage. Ich kaufte ein jüdisches Kochbuch, und meine Schwiegermutter schickte mir Zutaten wie Matzemehl, damit ich die Gerichte kochen konnte, die Eric so liebte. Ich erinnere mich, wie ich stundenlang in der Küche die Festessen vorbereitete und die gewohnten Speisen kochte, die Eric so vermisste. Er war vollkommen überwältigt, als er nach Hause kam und den Duft seiner Kindheit wahrnahm.

Ich habe schöne Erinnerungen an das Kochen mit meiner Großmutter, die bei uns lebte, und mit meiner verstorbenen Mutter und Schwiegermutter. Heute liebe ich es, neue Rezepte auszuprobieren, wenn wir Gäste haben. Sehr zum Schrecken meiner besten Freundin benutze ich unsere Gäste immer als Testesser.

ILANA MENDELS

Dieses Gericht ist ein ganz einfaches Rezept, das gut vorbereitet und in letzter Minute zubereitet werden kann. Es entstand als Alternative, Zucchini nicht nur in der Pfanne zu braten, aber doch etwas Köstliches, Sättigendes daraus zu machen.

ZUCCHINI-GRATIN MIT GRUYÈRE

Ergibt 8 Portionen als Beilage

60 ml (¼ Tasse) Olivenöl Extra Vergine und etwas zusätzlich zum Beträufeln
600 g Zucchini, in dünne Scheiben geschnitten
2 Knoblauchzehen, zerdrückt
2 Prisen Muskat, frisch gemahlen
Meersalz und schwarzer Pfeffer, frisch gemahlen
1 Zwiebel, gehackt
2 Dosen à 400 g ganze Tomaten, abgetropft und gehackt
60 ml (¼ Tasse) Verjus (Saft unreifer Trauben)
6 frische oder 3 getrocknete Lorbeerblätter
100 g (1 Tasse) Gruyère-Käse, gerieben
15 g (¼ Tasse) Semmelbrösel, frisch
25 g (¼ Tasse) Parmesan-Käse, gerieben

Den Backofen auf 180 °C vorheizen. Eine ofenfeste Gratinform (1,5 l) einfetten.

Die Hälfte des Olivenöls in einer Pfanne erhitzen und die Zucchini bei niedriger Hitze 5 Minuten braten, bis sie anfangen, weich zu werden. Den Knoblauch einrühren und 1 – 2 weitere Minuten braten. Die Muskatnuss und Salz und Pfeffer hinzufügen, dann alles in die ofenfeste Form geben.

Den Rest des Öls in der Pfanne erhitzen und die Zwiebeln ungefähr 15 Minuten braten, bis sie weich sind. Die Tomaten, den Verjus und die Lorbeerblätter hinzufügen und weiterbraten, bis die Sauce dick und die Flüssigkeit nahezu verdampft ist. Regelmäßig rühren. Gut abschmecken und die Lorbeerblätter entfernen.

Den Gruyère auf die Zucchini streuen, dann die Tomatensauce gleichmäßig darüberstreichen. Die Semmelbrösel und den Parmesan vermischen und über der Tomatensauce verstreuen, dann alles mit ein wenig Olivenöl beträufeln. 20 – 25 Minuten backen, bis alles goldbraun ist.

Ich bin ein typisches Bondi-Beach-Kind, geboren 1980. Ich konnte schwimmen, bevor ich gehen lernte und war den ganzen Tag am Strand. Kochen lernte ich vor allem von meiner Mum und meiner Nana. Meine Mum ist eine abenteuerlustige Köchin, die sich kaum um Zeiten- und Mengenangaben kümmert, ihr Essen ist eher zufällig, aber immer köstlich. Nana war eine gewissenhafte Bäckerin, und ich kann mich nicht erinnern, dass sie je einen Kuchen auf den Tisch brachte, der nicht wunderschön aufgegangen war. Das erste, was ich zu kochen lernte, waren Pfannkuchen, und mit 6 Jahren nahm ich Bestellungen entgegen und servierte meiner Familie das Frühstück ans Bett. Später richtete ich mich auch nach Kochbüchern, sammelte immer und überall Rezepte, an Schabbat-Tischen, bei Iain Hewitson und Peter Russell-Clarke im Fernsehen.

Dem Essen und Kochen gilt meine ganze Leidenschaft, besonders mag ich Essen, das Leib und Seele zusammenbringt.

ILANA MENDELS

Als Kind hasste ich es, in der Pause Mandarinen zu essen und stapelte sie zu einem Haufen in meinem Schulspind. Am Ende des Schuljahrs ruinierte meine vor sich hin faulende Sammlung nicht nur meine Mathenotizen, sondern auch meine Freunde beschwerten sich. Jahre später habe ich mal in einem Café ein wirklich gutes Mandarinen-Shortbread gegessen und begann, meine Ansicht Mandarinen gegenüber zu ändern. Ich fand heraus, dass sich Mandarinen sehr gut kochen lassen und in Desserts ein guter Ersatz für andere Zitrusfrüchte sein können. Und so entstand meine Idee für meinen Mandarinenpudding. Er ist perfekt für Gäste, denn er kann Stunden im Voraus zubereitet werden, fertig zum Backen in den Auflaufförmchen.

KÖSTLICHER MANDARINENPUDDING

Ergibt 4 Portionen

- 50 g Butter, Zimmertemperatur
- 100 g Zucker, extrafein
- 2 TL Mandarinenschale, fein abgerieben
- 2 Eier, Eigelb und Eiweiß getrennt
- 50 g (⅓ Tasse) Mehl mit Backpulverzusatz (siehe Anm. S. 293)
- 200 ml (¾ Tasse plus 1 EL) Milch
- 80 ml (⅓ Tasse) Mandarinensaft
- Schlagsahne oder Eis zum Anrichten

Den Backofen auf 180 °C vorheizen. Vier ofenfeste Auflaufförmchen mit 250 ml (1 Tasse) Inhalt einfetten.

Mit einem Handrührgerät die Butter, den Zucker und den Mandarinenabrieb schlagen, bis die Masse hell, leicht und luftig ist. Die Eidotter einzeln hinzufügen, jeweils gut verschlagen, dann das Mehl hinzufügen und schlagen, bis alles gut vermischt ist. Die Milch und den Saft einrühren. Keine Sorge, wenn die Masse geronnen aussieht, das legt sich beim Backen.

Das Eiweiß in einer extra Schüssel schlagen, bis es steif, aber nicht trocken ist, dann vorsichtig mit einem Metalllöffel unter den Teig heben. In die vorbereiteten Förmchen füllen, dann diese in ein ofenfestes Gefäß stellen. Kochendes Wasser in das Gefäß gießen, bis es die untere Hälfte der Förmchen bedeckt. 40 Minuten backen, bis die Puddings aufgegangen und goldbraun sind. Sofort mit Schlagsahne oder Eis servieren.

JOYCE HASSAN

Eine gute Crème Caramel muss die perfekte Farbe haben und muss absolut glatt sein, ohne Bläschen. Zum Glück kann man sie einen Tag oder zwei im Voraus zubereiten; sie muss 12 Stunden vor dem Servieren im Kühlschrank stehen.

CRÈME CARAMEL

Ergibt 10 – 12 Portionen

Karamell
250 ml (1 Tasse) Wasser
440 g (2 Tassen) Zucker

Eiercreme
8 Eier
165 g (¾ Tasse) Zucker
2 TL Vanille-Extrakt
1 l (4 Tassen) Milch

Bitte beginnen Sie dieses Rezept am Vortag.

Sie benötigen ein flaches ofenfestes Gefäß mit 2 Litern Inhalt (8 Tassen), ein größeres ofenfestes Gefäß, das als Wasserbad dient, und eine Servierplatte mit Rand, um den auslaufenden Karamell aufzufangen.

Den Backofen auf 150 °C vorheizen.

Für den Karamell Wasser und Zucker in einen Topf geben und zum Kochen bringen. Bei gleichbleibender Hitze kochen lassen, bis der Sirup zu einem tiefgoldenen Karamell wird. Das kann bis zu 20 Minuten dauern. Nicht umrühren, nur den Topf ab und zu leicht neigen, um eine gleichmäßige Hitze sicherzustellen. Vorsichtig vom Herd entfernen – es wird weiter kochen. Sofort in das flache ofenfeste Gefäß gießen und dieses in alle Richtungen bewegen, damit sich der Karamell gleichmäßig verteilt. Beiseite stellen.

Für die Eiercreme verschlagen Sie (am besten mit einem Schneebesen, um Bläschen zu verhindern) die Eier mit dem Zucker und dem Vanille-Extrakt, bis der Zucker sich aufgelöst hat. Die Milch hinzufügen und weiterschlagen, bis alles gut vermischt ist. Die Flüssigkeit durch ein Sieb in einen Krug gießen, um jegliche Bläschen oder Klümpchen zu vermeiden. In das Gefäß mit dem Karamell gießen.

Die Crème Caramel in das größere ofenfeste Gefäß setzen und dieses mit Wasser auffüllen, etwa bis zu Hälfte des Crème-Caramel-Gefäßes.

1 Stunde backen, bis sich die Eiercreme oben fest, aber ein bisschen wabbelig anfühlt. Aus dem Ofen nehmen, vorsichtig das Gefäß aus dem Wasser heben und auf einem Drahtgitter abkühlen lassen. Dann über Nacht kalt stellen. Um die Crème Caramel zu stürzen, fahren Sie mit einem Messer am Rand der Crème entlang, um sie an den Seiten zu lösen, dann stürzen Sie sie auf die Servierplatte.

TIPP:
Für Einzelportionen verwenden Sie 10 Auflaufförmchen mit einem Fassungsvermögen von einer ¾ Tasse.

JOYCE HASSAN

Meine französischsprachigen Eltern erreichten Adelaide 1950 von Alexandria kommend. Viele ägyptische Juden kamen zu jener Zeit nach Südaustralien, und die kleine Gemeinschaft, die sie bildeten, begann aufzublühen. Mein Mann Alfred kommt auch aus Ägypten, und uns verbindet derselbe exotische kulinarische Hintergrund und Geschmack hier in Adelaide.
Mein Interesse am Kochen begann schon in jungen Jahren, wenn ich meiner Mutter über die Schulter sah, wie sie viele große, ausladende und arbeitsintensive Mahlzeiten zubereitete.
Mir war klar, dass ich am besten von ihr lernen konnte, indem ich ihr half und mir ihre Tipps merkte. Wenn ich mit ihr backte, riet sie mir, «den Teig zu fühlen», um zu wissen, was er brauchte. Ihr Rezept war nie haargenau – und auch für mich gibt es nur «ein bisschen davon» und «so viel wie nötig».

NAOMI ALTHAUS

Eine meiner ersten Erinnerungen ist, wie meine Mutter und meine Großmutter ein Pessach-Fest in der Außenküche bereiteten. Es ist ein Relikt der alten ungarischen Gewohnheit, zwei Küchen zu haben, was zuließ, dass die wirklich unschönen Küchenarbeiten außerhalb des Hauses getan werden konnten. Meine Geschwister und ich spielten im Garten mit den außergewöhnlichsten Gerüchen um uns.

Als ich groß wurde, fand immer alles in der Küche statt. Dort wurden Geschichten erzählt, Entscheidungen getroffen, Kinder aufgezogen und Familienbande zementiert. Wir wurden immer gut versorgt – nicht nur unsere Körper, sondern auch die Herzen und Seelen.

Meine Mutter Eva führte ein erfolgreiches Catering-Geschäft, und sie hat mir ihre Fähigkeiten vererbt. Nachdem ich fünf Jahre auf Reisen war und Aromen auf der ganzen Welt geschnuppert hatte, kam ich nach Melbourne zurück und eröffnete einen eigenen kleinen Boutique-Catering-Betrieb.

Es erfüllt mich mit Freude zu wissen, dass mein Essen Familien hilft, gemeinsam um den Tisch zu sitzen und zu essen und das Zusammensein zu genießen, und sich aufgrund der Gespräche ihre eigenen Erinnerungen zu schaffen.

Ein paar Jahre nach meiner Geschäftseröffnung heiratete ich, und jetzt haben wir drei Kinder, die mit Abstand meine strengsten Kritiker sind. Wie die Generation vor mir bin ich am glücklichsten, wenn wir schöne Stunden zusammen verbringen, essen und reden, als ob es kein Morgen gäbe.

Zitronentarte

NAOMI ALTHAUS

Dies ist eine simple, aber exzellente Zitronentarte, perfekt als Dessert oder zum Nachmittagstee. Mein Originalrezept, das auch gut funktioniert, war mit Margarine statt Butter, also kann es auch als parwe gelten.

ZITRONENTARTE*

Ergibt 12 – 16 Portionen

Teig
220 g Butter, Zimmertemperatur
120 g (¾ Tasse) Puderzucker
2 Eigelb
340 g (knapp 2 ⅓ Tassen) Mehl

Füllung
450 ml (1 ¾ Tassen) Zitronensaft, frisch gepresst, durchgesiebt
375 g (1 ⅔ Tassen) Zucker, extrafein
9 Eier

*Foto auf Seite 183

Sie benötigen eine Tarteform von 30 cm Durchmesser mit herausnehmbarem Boden.
Für den Teig die Butter und den Zucker mit einem elektrischen Handrührgerät so lange schlagen, bis sie hell und cremig sind. Das Eigelb hinzufügen und weiterschlagen, bis sich alles verbunden hat. Das Mehl von Hand unterkneten. Alternativ alle Zutaten in eine Küchenmaschine geben und rühren, bis sich ein Teigball bildet.
Den Teig löffelweise in die Tarteform geben und mit den Fingern hineinpressen, um Boden und Rand zu formen. Einen kleinen Teil Teig für etwaige Risse zurückbehalten. Den Teigboden mit Backpapier auslegen, darauf achten, dass auch die Ränder mit Teig bedeckt sind. Im Kühlschrank mindestens 4 Stunden ruhen lassen.
Den Backofen auf 160 °C vorheizen.
Den mit Backpapier ausgelegten Boden mit Backlinsen oder getrockneten Bohnen füllen und 15 – 20 Minuten blindbacken, bis der Teig nicht mehr roh ist. Die Gewichte und die Folie vorsichtig entfernen. Stopfen Sie entstandene Risse mit dem zurückbehaltenen Teig und backen Sie weitere 15 Minuten, bis der Teig goldbraun und komplett durchgebacken ist.
Für die Füllung verschlagen Sie (mit dem Schneebesen, um Bläschen zu vermeiden) den Zitronensaft, den Zucker und die Eier, bis sich der Zucker komplett aufgelöst hat.
Die Füllung durch ein Sieb in einen Krug gießen, um Klümpchen zu vermeiden, dann auf den bereitstehenden Teigboden gießen. 30 Minuten backen, bis die Mischung fast fest, aber noch leicht wabbelig ist.
Bei Zimmertemperatur servieren.

DEBBIE LEVIN

Dieses Rezept stammt von Pauline Bloomhill und war Tradition bei allen Bar-Mizwa-Segen in der Synagoge von Bulawayo, Simbabwe, für die die WIZO-Damen das Essen beschafften. Die Gäste kamen in Scharen, um ein Stück zu ergattern, und als Kind habe ich es nur ein einziges Mal geschafft, an ein paar Krümel zu kommen. Nach vielen Jahren fand Pauline endlich, dass es an der Zeit sei, ihre Freunde an dem Rezept teilhaben zu lassen, damit sie ihr Erbe antreten konnten, und später wurde es bei einer Benefizveranstaltung verkauft.

QUEEN-ELISABETH-TARTE*

Ergibt 12 – 16 Portionen

250 g (1 ½ Tassen) Datteln, entsteint und gehackt
75 g (½ Tasse) Pekannüsse, gehackt
1 TL Backsoda (Natron)
250 ml (1 Tasse) Wasser, kochend
60 g Butter, Zimmertemperatur
220 g (1 Tasse) Zucker
1 Ei
¼ TL Salz
1 TL Vanille-Extrakt
225 g (1 ½ Tassen) Mehl
1 TL Backpulver

Garnierung
150 g (¾ Tasse, locker gefüllt) brauner Zucker
90 g Butter
35 g (½ Tasse) Kokosraspeln
140 ml (½ Tasse plus 1 EL) Konditorsahne (35 % Fett)

*Foto auf Seite 152

Den Backofen auf 180 °C vorheizen. Eine Tarteform von 28 – 30 cm Durchmesser (mit herausnehmbaren Boden) einfetten.
Die Datteln und Nüsse in eine kleine Schüssel geben. Das Backsoda einrühren, dann das kochende Waser darübergießen. Beiseite stellen.
Die Butter und den Zucker mit einem elektrischen Handrührgerät verschlagen. Das Ei hinzufügen, ebenso das Salz und den Vanille-Extrakt und alles gut vermengen.
Das Mehl und das Backpulver miteinander sieben, dann mit der Ei-Mischung leicht verquirlen. Die Datteln und Pekannüsse mit einem großen Löffel behutsam unterheben. Alles in die vorbereitete Form geben und 30 – 40 Minuten backen, bis der Kuchen goldbraun und gut durch ist.
In der Zwischenzeit alle Zutaten für die Garnierung in einem Topf verrühren und zum Kochen bringen. 3 Minuten köcheln lassen, dann vom Herd nehmen.
Die Tarte aus dem Ofen holen; die Ofeneinstellung auf Grill (mittel bis stark) wechseln. Gießen Sie die Garnitur über die Tarte und bräunen Sie sie unter dem Grill, ungefähr 2 – 3 Minuten, bis sie braun ist und Blasen wirft. Vorsicht, dass sie nicht verbrennt. Mit Schlagsahne servieren.

Ich bin in Bulawayo geboren, als das Land, in dem es liegt, noch Rhodesien genannt wurde. Unsere Geschichte ist nicht ungewöhnlich; als 4-Jähriger floh mein Dad 1938 mit seiner Familie aus Litauen nach Südafrika, dann zogen sie nach Südrhodesien, nur um wieder entwurzelt zu werden, als das Land durch Bürgerkrieg verwüstet wurde. Ich erinnere mich, wie wir unsere Habseligkeiten packten und in einem Konvoi, bewacht von bewaffneten Soldaten, nach Südafrika flohen. Viel später, frisch verheiratet, packte ich wieder und zog endlich nach Sydney. Meine Leidenschaft gehört dem Backen.

FINE STEEL
RANDALL&COMPANY
SHEFFIELD

RUTH ESKIN

Meine Mum, Ruth Eskin, gab mir dieses Rezept vor vielen Jahren. Ich backe jedes Jahr zu Pessach mehrere davon, und vor allem auch, wenn wir Gäste haben, die eine Gluten-Intoleranz haben. Es schmeckt gut als Dessert, mit ein bisschen geschmolzener Schokolade beträufelt und mit Crème double dazu. – Natanya Eskin

SCHOKOLADEN-DATTEL-TARTE

Ergibt 10 – 12 Stücke

250 g (1½ Tassen) ganze Mandeln
250 g dunkle Schokolade, in Stücke gebrochen
6 Eiweiß
115 g (½ Tasse) Zucker, extrafein
250 g (1 ½ Tassen) Datteln, entsteint, fein gehackt
250 ml (1 Tasse) Konditorsahne (35 % Fett), geschlagen, zum Servieren

Garnitur
180 g dunkle Schokolade, geraspelt

Dieses Rezept beginnen Sie am besten am Vortag.

Den Backofen auf 180 °C vorheizen. Eine Springform (Durchmesser 24 cm) einfetten und mit Backpapier auslegen.

Die Mandeln und die Schokolade im Mixer in grobe Stücke zerkleinern.

Das Eiweiß schlagen, bis sich weiche Spitzen formen, dann langsam den Zucker hinzufügen und weiterschlagen, bis es steif und glänzend ist. Die Mandeln, Schokolade und Datteln unterheben. In die vorbereitete Form gießen und 45 Minuten backen. Den Ofen ausstellen und die Tarte noch im Ofen auskühlen lassen. Die Tür leicht offen stehen lassen.

Wenn die Tarte abgekühlt ist, auf einer Platte über Nacht kühl stellen.

Für die Garnitur die Schokolade in einer hitzebeständigen Schüssel über köchelndem Wasser schmelzen lassen. Das Wasser darf die Schüssel nicht berühren. Die Schokolade leicht abkühlen lassen, dann mit einem Löffel über den Kuchen träufeln.

Mit einer Schüssel geschlagener Sahne servieren.

Lesen Sie Natanyas Geschichte auf Seite 14

RUTH SADDICK

Meine Liebe zum Essen begann, als ich im Alter von 3 Jahren das Rufen des Satay-Mannes vom Klingeln des Eiswagens zu unterscheiden lernte. Bei jüdisch-irakischen Eltern, die für über 40 Jahre Singapur ihr Zuhause nannten, bin ich an einem exotischen Ort groß geworden, wo Essen uns wie ein schwerer enger Mantel umgab, und ich konnte nicht anders, als mich in das Thema Essen zu verlieben. Das Leben in Singapur war auch kulinarisch ein tägliches Abenteuer. Es zog mich mit Mum zu den Frischmärkten wegen der Fische, Gemüse und exotischen Früchte, und nach Little India mit Dad, der mich zwischen den Säcken von frisch gemahlenem Kreuzkümmel, Koriander, Nelken und Zimtstangen umherwandern ließ, während er seinen Geschäften nachging. Ich habe alles angefasst und probiert, und so mache ich es heute noch.
Täglich und mit nicht nachlassender Heiterkeit verwandelte meine Mum die einfachen Marktzutaten in ein Essen, das in jedem Sinn exquisit war. Ich hatte einen gewaltigen Respekt vor ihrer Schönheit und ihren kulinarischen Fähigkeiten, und lasse mich immer noch von ihren Kenntnissen der chinesischen, malaysischen, indischen, irakischen und westlichen Traditionen, sogar der südost-asiatischen Küche inspirieren. Sie steht hinter meiner Leidenschaft, diesen kulinarischen Stil am Leben zu halten, und ist immer meine Inspiration. Was ich von meiner Mutter in der Küche gelernt habe, hat Jahre gebraucht; ich war mit einer Meisterlehrerin gesegnet. Jetzt tue ich dasselbe für meine Kinder und für deren Kinder – das ist das größte Geschenk, das ich ihnen geben kann. Das und meine Liebe natürlich.

Baklava ›

RUTH SADDICK

Für die meisten jüdischen Familien in Singapur beenden ein Tablett Baklava und eine Schüssel frischer Früchte das familiäre Schabbat-Essen. Meine Mutter machte ihren Teig selbst, was eine langwierige und mühsame Prozedur war – damals gab es weder Küchenmaschine noch Mixer. Sie hackte die Mandeln von Hand und mahlte die Gewürze, während der Teig im Backofen war; es lag immer ein besonderer Duft im Haus, wenn sie Baklava machte. Dieses Rezept ist eine moderne Version des Rezepts meiner Mutter. Ich kann Ihnen trotzdem versprechen, dass es genauso gut schmeckt!

BAKLAVA*

Ergibt ungefähr 40 Stück

Sirup
700 g (2 Tassen) Honig
250 ml (1 Tasse) Wasser
440 g (2 Tassen) Zucker
100 ml Zitronensaft (Saft von 2 Zitronen)
2 EL Rosenwasser, Orangenblütenwasser oder Orangensaft

*Foto auf Seite 189

Dieses Rezept sollte mindestens 5 Stunden vor dem Servieren zubereitet werden.

Den Backofen auf 180 °C vorheizen. Ein quadratisches Kuchenblech von ungefähr 20 cm Seitenlänge einfetten.

Für den Sirup alle Zutaten in einen kleinen Topf geben und gut verrühren. Zum sprudelnden Kochen bringen, dann unter Rühren 30 – 40 Minuten köcheln lassen, bis der Sirup am Rücken eines Metalllöffels hängenbleibt und die Konsistenz von hellem Honig hat oder wenn der Sirup auf einem Zuckerthermometer 115 °C erreicht. Den Sirup beiseite stellen und erst wieder zum Kochen bringen, wenn Sie bereit sind, die Baklava aus dem Ofen zu nehmen.

Für die Füllung hacken Sie die Mandeln in einem Küchenmixer mittelgrob. In einer Schüssel gut mit dem Zucker, Zimt, Kardamom und Orangenabrieb vermischen.

Den Filoteig auseinanderfalten, flach auf der Arbeitsfläche ausbreiten und mit einem feuchten Küchentuch abdecken, damit er nicht austrocknet.

Um den Filoteig aufzurollen, legen Sie ein Stück Teig flach auf die Arbeitsfläche. Den restlichen Teig bedeckt halten. Mit einem Backpinsel die geschmolzene Butter leicht über den Teig streichen, dann mit einem anderen Stück Teig bedecken. So fortfahren, bis Sie vier Scheiben Teig übereinander ausliegen und jede Schicht mit Butter bedeckt haben. Die oberste Schicht buttern. Sollte die Butter zu sehr auskühlen, noch einmal kurz auf den Herd stellen. ¾ der Füllung obenauf streuen und sie gleichmäßig bis in die Ecken verstreichen. Die Füllung mit 2 weiteren Lagen Filoteig bedecken, jede einfetten.

Füllung
300 g (2 Tassen) ganze Mandeln
55 g (¼ Tasse) Zucker
½ TL Zimt, gemahlen
½ TL Kardamom, gemahlen
Schalenabrieb von 1 Orange

1 Paket (375 g) Filoteig, 2 Stunden vor dem Backen bei Zimmertemperatur aufbewahren
250 g Butter, geschmolzen

Alle 4 Kanten ungefähr 2 cm einklappen und einen Rand bilden, damit die Nüsse nicht hinausfallen, dann die Ränder leicht mit Butter einpinseln.
Vom Rand aus, der Ihnen am nächsten liegt, so fest wie möglich eine Wurst rollen. In 2 cm breite Rollen schneiden. Setzen Sie jedes Stück mit der Schnittfläche nach oben in die eingefettete Form, so dicht wie möglich beieinander. Die Rollen müssen regelrecht zusammengepresst sein. (Keine Sorge, wenn die Füllung ein wenig lose scheint, wenn Sie die geschnittenen Stücke auf das Backblech setzen. Wenn erst der Sirup über die Baklava gegossen wird, kleben die Nüsse an dem Teig.) Mit der verbliebenen Füllung und dem Teig ebenso verfahren, wahrscheinlich noch 2-mal.
Wenn alle Rollen auf dem Backblech sind, jede Rolle mit einem TL der verbliebenen Butter beträufeln. 45 Minuten backen, bis eine goldbraune Farbe entsteht.
In der Zwischenzeit kontrollieren, ob der Sirup noch warm ist.
Das Backblech aus dem Ofen nehmen und unverzüglich den heißen Sirup löffelweise über jede Rolle gießen. Beiseite stellen und mindestens 4 Stunden den Sirup einziehen lassen, am besten über Nacht. Nicht kühl stellen. Übrig gebliebener Sirup kann noch über die Servierplatte geträufelt werden.
Zum Servieren die Baklava vom Backblech nehmen. Sollte sich das schwierig gestalten, das Backbleck kurz in ein Becken mit heißem Wasser halten.

Schlemmerei

«Fressing» ist ein Wort abgeleitet aus dem Jiddischen und hat keine wörtliche Übersetzung. Es bedeutet nicht nur «essen». Es meint schlemmen aus reiner Freude und mit Hingabe, egal, ob Sie hungrig sind oder nicht, ohne Rücksicht auf Tages- oder Nachtzeit … und nur mit einem winzigen Schuldgefühl. Meine Familie und meine Freunde sind «Fresser» – wie ich es liebe, alle Mäuler zu stopfen, und Freude und «Nachas» ernte, wenn sie mit «Gusto» essen! Wer kann denn widerstehen, sich nur mal eben noch eine Fleischplinse aus dem Kühlschrank zu schnappen?

Lisa

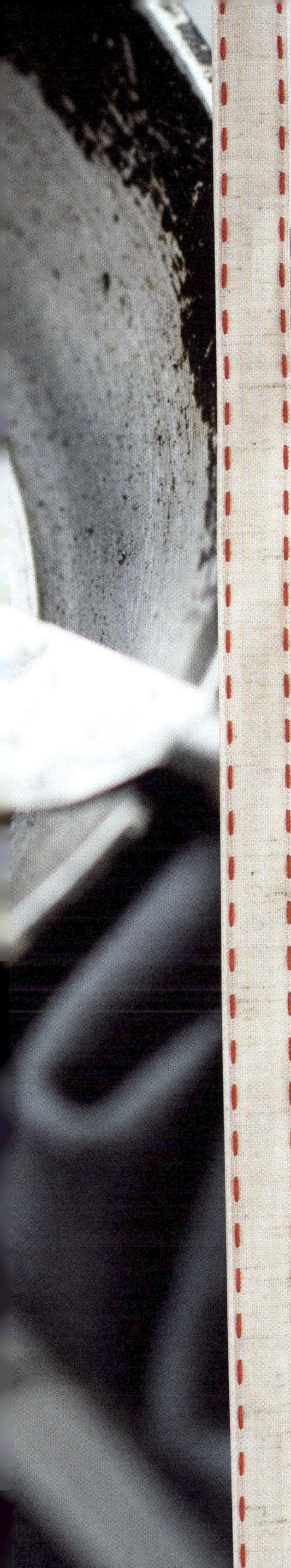

Rezepte

‹ Khatschapuri

NIKKI VERNON

Joghurt ist in der persischen Küche eine gebräuchliche Zutat, und dieses Rezept wurde in meiner Kindheit bei uns zu Hause oft serviert. Eine Schüssel reicht nie! Diesen Dip mit Pita-Brot bei Zimmertemperatur servieren, er geht auch zu Salat oder auf Reis.

OSHE MOSS

Ergibt 4 Tassen

½ Bündel Mangold, die dicken Stängel entfernt, insgesamt 200 g netto
80 ml (⅓ Tasse) Olivenöl
3 Zwiebeln, längs in feine Scheiben geschnitten
Meersalz und schwarzer Pfeffer, frisch gemahlen
520 g (2 Tassen) Joghurt griechischer Art, ungesüßt
1 – 2 Knoblauchzehen, zerdrückt, oder Menge nach Belieben
1 Dose (400 g) Cannellini-Bohnen, abgespült und abgetropft

Lesen Sie auch Nikkis Mohnkuchen-Rezept, Seite 229

Den Mangold waschen und hacken. In einen Topf geben und ohne zusätzliches Wasser weich dünsten. Auskühlen lassen. Das Öl in einer kleinen Bratpfanne erhitzen und die Zwiebeln etwa 20 Minuten über mittlerer Temperatur braten, bis sie schön weich und tiefbraun sind. Nach Belieben salzen und zum Kühlen beiseite stellen.

Den Mangold mit dem Joghurt, Salz, Pfeffer, Knoblauch und den Bohnen mischen. Sobald die Zwiebeln abgekühlt sind, mit der verbliebenen Bratensauce auf den Dip geben.

Meine geliebte Mum Jeanette erlebte eine glückliche und behütete Jugend in Teheran, Iran (Persien), in einer sich nahe stehenden Familie, die Händler entlang der Handelsroute nach Palästina waren. 1952 zog ihr Vater mit dem Cadry-Clan nach Australien.

Kochen war immer ein zentrales Thema in unserem Leben. Omi, Mums Mutter, konnte aus dem Nichts ein exotisches Dinner zaubern, und die Gäste kamen von nah und fern, um an ihrem Essen teilzuhaben, das so voller Aroma und Leben war. Sie besaß nie schriftliche Rezepte, sie waren ihr alle weitervermittelt worden und gingen dann an meine Mutter, allein durch zuschauen, riechen und probieren.

Als ich heiratete, standen Mum und Omi Stunde um Stunde, Woche um Woche da und brachten mir ihre persische Küche bei. Ich stand mit Stift und Papier daneben und schrieb akribisch jede Einzelheit auf. Oft sagten sie einfach: «Gib einfach etwas mehr hinzu, bis es richtig schmeckt.»

Ich vermisse diese Tage mit drei Generationen in der Küche, verbunden durch Liebe, Lachen und Essen. Mum war erst 53, als sie starb. Mit Omi begonnen, hinterließ sie das Erbe einer liebevollen Familie, die sich in guten, aber auch in schweren Zeiten zusammenschließt, immer um einen Tisch voll von gutem Essen vereint.

MAISIE WINKLER

Die Frauen in Maisies sephardisch-irakischer Familie liebten das Kochen. Die Rezepte waren weder präzise noch niedergeschrieben, sie wurden voller Liebe weitergegeben, sodass die kulinarische Aussteuer jeder jungen Braut alles enthielt, was sie brauchte, um die Familienleibspeisen für ihren neuen Ehemann kochen zu können.

1929 in Singapur geboren, wurde Maisie während des Kriegs mit allen Frauen der Familie nach Bombay evakuiert und schließlich nach Australien, wo sie André Winkler kennenlernte und heiratete. Er wiederum verzehrte sich nach den aschkenasisch-ungarischen Gerichten seiner eigenen Kindheit, doch durch Maisie lernte er eine neue Welt des nahöstlichen jüdischen Kochens kennen.

Als Frau eines Chazzan (Kantor in einer Synagoge; Anm. d. Ü.) hatte Maisie oft Gäste, und authentische sephardische Küche gehörte immer als Bestandteil der Speisenfolge hinzu. Ihre Dinnerpartys in ihrem kleinen Zuhause in Lindfield (New South Wales), bei denen sie australische Juden mit neuen Gerüchen und Geschmäckern bekannt machte, waren legendär.

Als praktizierende jüdische Familie aßen sie kaum auswärts, also kochte Maisie, oft mit Andrés Hilfe, fast jeden Tag, immer auf der Suche nach etwas Innovativem, Wunderbarem.

Obwohl sie fast ein Jahrzehnt gegen eine ernsthafte Krankheit zu kämpfen hatte, verlor Maisie nie den Willen, ihrer Familie und Freunden schmackhaftes Essen aufzutischen. Ihr Tod 1979 hinterließ, neben so vielem anderen, eine kulinarische Leere, die nie ersetzt wurde, vor allem nicht für André. Doch Maisies Töchter Charmaine und Janine kochen weiter die sephardischen Rezepte, die zum Teil durch die Frauen ihrer Familien weitergegeben worden waren und diejenigen, die Maisie schließlich in ihrer britisch geprägten Kursivschrift in ihrem Rezeptbuch festgehalten hatte. Mit insgesamt fünf Töchtern hegt die Familie die Hoffnung, dass die Rezepte noch viele kommende Generationen erfreuen werden.

MAISIE WINKLER

Diese vegetarischen Teigtäschchen wurden ursprünglich an Schawout (siehe Glossar auf S. 293) gereicht, wenn es Sitte war, auf Fleisch zu verzichten. Die Vorbereitung fand mit militärischer Präzision statt, und als Assistenten hatten Charmaine und Janine den Teig zu rollen, die Kreise auszustechen und die Füllung hineinzulöffeln. Der letzte Schritt oblag der Küchenchefin, denn Maisie umflocht die Ränder und versiegelte die Täschchen mit einer Gabel.

MAISIES SAMBOOSACS*

Ergibt ungefähr 24 Samboosacs

Ölteig

450 g (3 Tassen) Mehl mit Backpulverzusatz (siehe Anm. S. 293)

½ TL Salz

185 ml (¾ Tasse) Pflanzenöl

125 ml (½ Tasse) kaltes Wasser

Füllung

2 Zwiebeln, in feine Scheiben geschnitten

2 EL Pflanzenöl

1 Selleriestange, in feine Scheiben geschnitten

1 Knoblauchzehe, zerdrückt

100 g Hackfleisch vom Rind (wenn gewünscht)

2 TL Currypulver oder 1 TL Madras-Curry-Paste

1 Prise Chiliflocken, getrocknet

2 TL Zitronensaft oder nach Belieben

Meersalz

2 Kartoffeln, gekocht und zerstampft (200 g)

40 g (¼ Tasse) Erbsen, blanchiert

Für den Teig alle Zutaten in der Küchenmaschine mixen, bis sich ein Teigball bildet. In Frischhaltefolie wickeln und 1 Stunde im Kühlschrank ruhen lassen, während Sie die Füllung zubereiten.

In einer großen Bratpfanne über mittlerer bis hoher Temperatur ungefähr 15 Minuten die Zwiebeln garen, bis sie weich und goldbraun sind. Den Sellerie und Knoblauch hinzufügen und weitere 10 Minuten garen lassen. Das Hack (wenn Sie sich dafür entscheiden) hinzufügen und weiterschmoren, bis alles angebräunt ist. Das Currypulver oder die -paste einrühren und für ein paar Minuten kochen lassen, bis es duftet. Die Chiliflocken und den Zitronensaft hinzufügen und nach Belieben würzen, dann die Kartoffeln und die Erbsen. 2 Minuten zusammen kochen, damit sich die Aromen verbinden. 15 Minuten abkühlen lassen.

Den Backofen auf 180 °C vorheizen. Ein Backblech mit Backpapier auslegen.

Den Teig in vier gleich große Portionen aufteilen und jeden Ball einzeln zwischen zwei Lagen Backpapier auf eine Stärke von 2 – 3 mm ausrollen. Dann jede Platte bis zur Weiterverwendung kalt stellen. Mit einem Glas oder einem Plätzchenausstecher von 9 cm Durchmesser Kreise ausstechen. 1 TL der Füllung in die Mitte jedes Kreises geben. Die Ränder leicht auf einer Hälfte des Kreises anfeuchten, dann die andere Hälfte hochheben und zu einem Halbkreis zusammenklappen und die gesamte Füllung einschließen. Die Ränder mit den Fingern zusammendrücken. Entweder die Ränder fälteln, damit die Samboosacs aufrecht stehen oder sie auf die Seite legen und die Ränder mit den Zinken einer Gabel zusammendrücken. Den Vorgang wiederholen, bis alle Teigkreise und die ganze Füllung aufgebraucht sind. 30 Minuten backen, bis sie goldbraun sind.

*Foto auf Seite 200

Maisies Samboosacs

Russische Plinsen

LENA TOROPOVA

Alle russischen Frauen machen Plinsen – gerollte und gefüllte Crêpes, die dann kurz vor dem Servieren leicht gebacken werden. In unserem Deli machen wir sie exakt so wie meine Mum und Freundin Lora es immer getan haben, mit einer perfekten weichen Textur, die sich leicht rollen und füllen lässt. In einer durchschnittlichen Woche können wir 500 Stück machen, und noch viel mehr an Feiertagen wie an Schawuot. Die Plinsen können gekocht, gerollt und kühlgestellt werden, und brauchen dann Tage später nur wieder erhitzt zu werden.

RUSSISCHE PLINSEN*

Ergibt 20 Plinsen

Rindfleischfüllung
2 kg Rind (Schaufelstück, Ochsenbrust oder Oberrippe)
2 große Zwiebeln, längs in feine Scheiben geschnitten
60 ml (¼ Tasse) Pflanzenöl
Meersalz und schwarzer Pfeffer, frisch gemahlen

Eier-Champignon-Füllung
1 kleine Zwiebel, längs in feine Streifen geschnitten
2 EL Pflanzenöl
600 g weiße Champignons
2 Eier, hartgekocht

*Foto auf Seite 201

Bereiten Sie die Füllung rechtzeitig, bevor Sie die Plinsen rollen, am besten am Vortag.

Für die Rindfleischfüllung Wasser in einem Suppentopf zum Kochen bringen. Das Fleisch hineingeben und 1½ bis 2 Stunden köcheln lassen, bis das Fleisch von der Gabel fällt. Fleisch in der Kochbrühe abkühlen lassen. Wenn das Fleisch kühl ist, herausnehmen und die Brühe aufbewahren.

Die Zwiebel in einer Pfanne bei hoher Temperatur braten, bis sie weich und goldbraun ist, dann durchseihen, um das Bratöl zu entfernen. Das Fleisch mit den Zwiebeln durch den Fleischwolf drehen und großzügig mit Salz und Pfeffer würzen. Mit ein paar Löffeln der Kochflüssigkeit anfeuchten.

Für die Eier-Champignon-Füllung die dafür geschnittene Zwiebel über niedriger bis mittlerer Hitze ungefähr 20 Minuten goldbraun braten. Die Champignons hinzufügen und ungefähr 30 Minuten braten, bis sich die Aromen gut vereinigt haben, die Champignons weich sind und keine Flüssigkeit in der Pfanne verblieben ist. Die hartgekochten Eier im elektrischen Mixer zerkleinern, bis sie krümelig sind. Beiseite stellen. Die gedünsteten Pilze in der Küchenmaschine in grobe Stücke zerkleinern. Die Pilze und die Eier in einer Schüssel verrühren und mit Salz und Pfeffer großzügig würzen. Auskühlen lassen.

Für den Crêpe-Teig das Mehl, den Zucker und die Prise Salz in einer Schüssel vermischen. Eine Mulde in die Mitte drücken und die Milch oder das Wasser hineingießen. Von der Mitte ausgehend mit einem Holzlöffel das Mehl in die Flüssigkeit einrühren. Die verquirlten Eier einrühren und die Teigmischung durch ein Sieb in eine saubere Schüssel umfüllen. Das Öl hinzufügen und sanft umrühren. Die Mischung sollte sich wie flüssige Sahne anfühlen. Mehr Flüssigkeit hinzufügen, wenn nötig. Den Teig sofort braten, ohne dass er erst stehen bleibt.

Crêpe-Teig
300 g (2 Tassen) Mehl
2 TL Zucker
1 große Prise Salz
500 ml (2 Tassen) Milch
oder Wasser
3 Eier, leicht verquirlt
1 EL Pflanzenöl
(wenn Sie Wasser verwenden,
2 zusätzliche TL Öl)

leichtes Olivenöl zum Braten
Pflanzenöl zum Braten

Eine Crêpe-Pfanne von 22 – 23 cm Durchmesser mit mildem Olivenöl auspinseln. Die Pfanne über mittlerer Temperatur erhitzen. Gießen Sie einen guten Löffel Teig in die Pfanne und schwenken Sie sie, sodass sich der Teig leicht bis zum Rand verteilt. Wenn er sich nicht gut verteilen lässt, fügen Sie dem Teig noch etwas Flüssigkeit hinzu. Bei mittlerer Hitze den Crêpe ungefähr 30 Sekunden nur auf der einen Seite backen, und wenn die Mischung fest und von unten leicht braun geworden ist, auf ein mit Backpapier ausgelegtes Schneidebrett stürzen, die gegarte Seite nach oben. So die Crêpes übereinander stapeln.

Wenn alle Crêpes fertig sind, legen Sie zwei Schichten Küchenpapier oben auf den Stapel. Legen Sie das Brett auf ein Drahtgitter, und dann alles 5 – 10 Minuten mit einer Tortenglocke oder einer großen Schüssel bedecken.

Um die Plinsen zu rollen, geben Sie einen großen Löffel (ungefähr 40 g) auf die Mitte der gegarten Seite. Falten Sie den Ihnen zugewandten Rand des Crêpe über das Fleisch und schlagen ihn ein. Festziehen, indem Sie die Tasche zu sich straffen, dann weiterrollen bis über die Hälfte. Die Seiten zur Mitte einschlagen, so anpassen, dass die ungerollten Ränder parallel liegen. Den oberen, noch nicht gerollten Teil über die Plinse falten, sodass sich ein rechteckiges Päckchen ergibt und die rohe Seite außen liegt. Die Plinsen mit dem Saum nach unten auf eine Platte legen. Zum Servieren die Plinsen kurz in etwas Pflanzenöl braten, bis sie leicht braun sind, dann in eine ofenfeste Form geben. Wenn sie aufgetragen werden sollen, unbedeckt in einem heißen Ofen oder in der Mikrowelle erhitzen.

TIPP:

Wenn Sie koscher kochen, nehmen Sie Wasser statt Milch bei den Fleischplinsen. Das Originalrezept für die Eier-Champignon-Plinsen benutzt geschnittene Champignons aus der Dose, weil Lena das für die Riesenmengen, die sie für das Deli brauchen, praktischer findet. Für die heimische Küche geht es mit frischen Pilzen besser.

Lesen Sie Lenas Geschichte auf Seite 249

ALICE ZASLAVSKY

Zur Jahrhundertwende zog meine Familie nach Georgien, um den Pogromen in Russland und der Ukraine zu entkommen. Zur Emigration nach Australien entschlossen sich meine Eltern, als das Land an der Schwelle zum Bürgerkrieg stand, und wir ließen uns 1991 in Sydney nieder. Die jüdische Gemeinschaft war bei unserer Ankunft eine große Hilfe; in der Tat haben wir den Kiddusch-Becher, den sie uns als Willkommengruß geschenkt haben, heute noch. Der Plan meiner Eltern war gewesen, ein georgisches Restaurant aufzumachen. Aber ohne jegliche Erfahrung in der Gastronomie, dafür im Besitz von zwei Doktortiteln, riet man ihnen, sich auf das, was sie konnten, zu besinnen. Nicht viel später zogen wir nach Melbourne.

Aufgrund meiner georgischen und jüdischen Herkunft sollte Essen in meinem Leben immer eine große Rolle spielen. Ich lernte kochen, indem ich Mum und Dad in der Küche zusah und ihnen half – besonders wenn sie große Tafeln für Gäste vorbereiteten. Das passierte ungefähr einmal pro Woche (und daran hat sich nichts geändert). Meine Aufgabe war, Auberginen zu wenden, Kartoffeln zu schälen und den Tisch zu decken. Witzigerweise sind das immer noch die einzigen Aufgaben, die Dad mir überlässt.

Die stärksten Genusserinnerungen stammen aus meiner Kindheit. Ich erinnere mich voller Liebe, wie ich im Garten der Datscha meines Großvaters saß und mir den Bauch vollschlug mit Feigen, Datteln und Pflaumen, direkt vom Baum, wenn Großvater gerade nicht hinsah. Ich half meiner Großmutter bei ihren besonderen Fleischknödeln, und, wenn die Tomaten reif und üppig waren, packte die ganze Familie mit an und machte Satsebeli, eine würzige georgische Tomatensauce. Wir waren keine Feinschmeckerfamilie – wir waren und sind einfach eine Familie, die Essen liebt.

ALICE ZASLAVSKY

Jede georgische Frau macht die Khatschapuri auf ihre eigene Art, und sie schmücken bei den meisten Familienfeierlichkeiten die Tafel. Meine Mum, Professor Frada Burstein, nahm einen Khatschapuri mit zu ihrer ersten Belegschaftsparty, als sie an der Monash University anfing. Der Rektor sagte, wenn sie sie weiter so verwöhne, hätte sie dort auf immer einen Job. Dies ist ihr Rezept.

KHATSCHAPURI*

Ergibt 4 kleine oder 2 große Fladen

Teig
- 225 g (1 ½ Tassen) Mehl
- ½ TL Salz
- 30 ml (1 ½ EL) weißer Essig
- 1 gehäufter TL Backsoda (Natron)
- 150 g Joghurt griechischer Art, ungesüßt
- 25 ml (1 EL plus 1 TL) Olivenöl

Füllung
- 1 Ei
- 200 g cremiger Hüttenkäse
- 100 g Feta-Käse
- 100 g geraspelter Mozzarella-Käse
- Meersalz und schwarzer Pfeffer, frisch gemahlen

- Olivenöl, zum Braten und zum Beträufeln
- 1 walnussgroßes Stück Butter zum Servieren

*Foto auf Seite 194

Für den Teig das Mehl und Salz in einer Schüssel vermischen. Eine Mulde in die Mitte drücken. Den Essig hineintröpfeln und dann das Backsoda. Blasen bilden lasen. Den Joghurt und das Öl hinzufügen und in der Mulde gut vermischen. Das Mehl hinzufügen, dann 5 Minuten kneten, bis Sie einen glatten, elastischen Teig haben (wenn nötig, mehr Mehl hinzufügen). Den Teig ungefähr 30 Minuten ruhen lassen.

Für die Füllung alle Zutaten zusammen in eine Schüssel geben und mit einer Gabel oder einem Stabmixer gut vermischen. Nach Belieben würzen.

Den Teig in 4 Stücke teilen. Nehmen Sie einen Teil, halbieren diesen und rollen Sie jede Hälfte davon zu dünnen Scheiben aus, Durchmesser ungefähr 20 cm, eine etwas größer als die andere. 2 Dessertlöffel Füllung auf die größere Scheibe streichen und mit der kleineren zudecken. Den Rand zum Versiegeln hochziehen und den Fladen flachklopfen.

1 TL Olivenöl in einer Bratpfanne über niedriger bis mittlerer Temperatur erhitzen und den Fladen von der unteren Seite sanft braten, bis er goldbraun ist. Etwas Öl auf die Oberseite träufeln, dann wenden und die andere Seite ebenfalls goldbraun braten. Vor dem Servieren ein Stück Butter oben auf dem Teig verlaufen lassen, solange er noch warm ist.

Mit dem verbliebenen Teig und der Füllung ebenso verfahren.

Heiß servieren.

YOLAN FRANK

Mum hat dieses Rezept irgendwann in den 1970er-Jahren erfunden, und von da an hat sie es zu jedem Schabbat-Dinner mitgebracht, ob sie dazu aufgefordert war oder nicht! Sie schaffte damit eine eigene kleine Tradition, und ich denke immer noch voller Liebe daran. Sie hat es meiner Tochter Eliza im Zuge vieler Besuche in Sydney beigebracht, und jetzt macht Eliza es exakt nach Großmutters Geschmack. – Merelyn Chalmers

AVOCADO-DIP

Ergibt 10 Portionen

½ weiße Zwiebel
2 EL Butter, Zimmertemperatur
1 Prise Cayennepfeffer
Meersalz und schwarzer Pfeffer, frisch gemahlen
4 Eier, hartgekocht und geschält
2 große reife Avocados
2 EL Zitronensaft oder mehr, nach Belieben

Die Zwiebel so fein wie möglich hacken (nicht reiben, sonst wird sie bitter). In einer Schüssel mit der Butter, dem Cayennepfeffer, einer großzügigen Prise Salz und Pfeffer vermischen.

Die hartgekochten Eier direkt über die Zwiebelmischung reiben.

Die Avocados schälen und vom Kern befreien und über die Eier reiben, dann mit einer Gabel vermischen. (Dass die Avocado und die Eier gerieben werden, gibt dem Ganzen eine andere Konsistenz, als wenn Sie einen Mixer benutzen.) Den Zitronensaft hinzufügen, gut verrühren, abschmecken und nach Belieben nachwürzen. Man sollte einen Hauch Säure und einen Kick der Schärfe herausschmecken.

In eine Servierschüssel geben, fest mit Frischhaltefolie verschließen und dunkel aufbewahren (so hält sich die grüne Farbe besser). Vor dem Servieren mindestens eine Stunde kalt stellen. Mit Challah oder Crackern servieren.

Lesen Sie Merelyns Geschichte auf Seite 13 f.

PATRICIA LILING

Dieser holländische Kuchen ist ein Lieblingsessen aus meiner Kindheit, ein Rezept von der fabelhaften Charmaine Solomon. Es ist ein üppiges süßes Hefebrot mit Sultaninen, das traditionsgemäß mit einem Stück Edamer-Käse und Butter gereicht wird. Schon als Kind war ich aufgeregt, wenn ich die weinrote Wachsschicht um den Käse sah, weil ich wusste, was mir Gutes bevorstand. Das Brot schmeckt auch getoastet köstlich.

BREUDHER*

Ergibt 2 Kuchen,
jeder Kuchen ergibt 10 – 12 Stücke

Teig
- 125 ml (½ Tasse) Milch
- 3 TL Zucker, extrafein
- 2 TL Meersalz
- 90 g Butter
- 375 ml (1 ½ Tassen) Wasser, warm
- 30 g frische Hefe oder 1 ½ Päckchen (10 g) Trockenhefe
- 825 – 900 g (5 ½–6 Tassen) Mehl, gesiebt

Breudher
- 315 g Butter, Zimmertemperatur
- 315 g (1 ⅓ Tassen) Zucker, extrafein
- 5 Eier
- 2 TL Vanille-Extrakt
- 240 g (1 ½ Tassen) Sultaninen

*Foto auf Seite 206

Die Milch in einem Topf erhitzen, bis sie fast kocht, dann den Zucker, das Salz und die Butter einrühren. Auf lauwarm abkühlen lassen. Das warme Wasser in eine große Schüssel gießen und die Hefe hineinbröckeln, rühren, bis sie sich aufgelöst hat. Die lauwarme Milchmischung hinzufügen. 3 Tassen Mehl in die Schüssel geben. Locker mit einem Holzlöffel verrühren, bis es glatt ist, dann mehr von dem Mehl hinzufügen, bis Sie einen weichen Teig haben. Auf eine leicht bemehlte Arbeitsfläche legen und ein paar Minuten kneten, bis der Teig glatt und elastisch ist. Zu einer glatten Kugel formen und in eine eingeölte Schüssel legen, den Teig wenden, um auch die Oberfläche einzuölen. Mit einem sauberen Tuch bedecken und an einem warmen Ort etwa 1 Stunde gehen lassen, bis sich die Teigmenge verdoppelt hat.

Zwei 2,5 Liter fassende Napfkuchen- oder Gugelhupfformen einfetten. Wenn der Teig aufgegangen ist, die Butter und den Zucker mit einem elektrischen Handmixer verrühren, bis die Masse hell und cremig ist. Den Teig in kleinen Stückchen hinzufügen, dabei weiterrühren, bis der gesamte Teig untergearbeitet ist. Fügen Sie die Eier einzeln hinzu und rühren Sie sie jedes Mal gut ein. Den Vanille-Extrakt und die Sultaninen gründlich einrühren. Den Teig auf die zwei Formen verteilen und an einem warmen Ort 30 Minuten aufgehen lassen, oder bis er sein Volumen verdoppelt hat. In der Zwischenzeit den Backofen auf 160 °C vorheizen. Den Breudher 30 – 35 Minuten backen, bis er hoch aufgegangen und goldbraun ist und ein Holzstäbchen, mit dem man hineinsticht, sauber herauskommt (Stäbchenprobe). Wenn der Kuchen zu schnell bräunt, bedecken Sie ihn mit Alufolie. 10 Minuten in der Form auskühlen lassen, dann zum kompletten Auskühlen auf ein Kuchengitter stürzen. Den Breudher in Scheiben, mit Butter bestrichen und mit dünnen Scheiben Edamer-Käse belegt servieren.

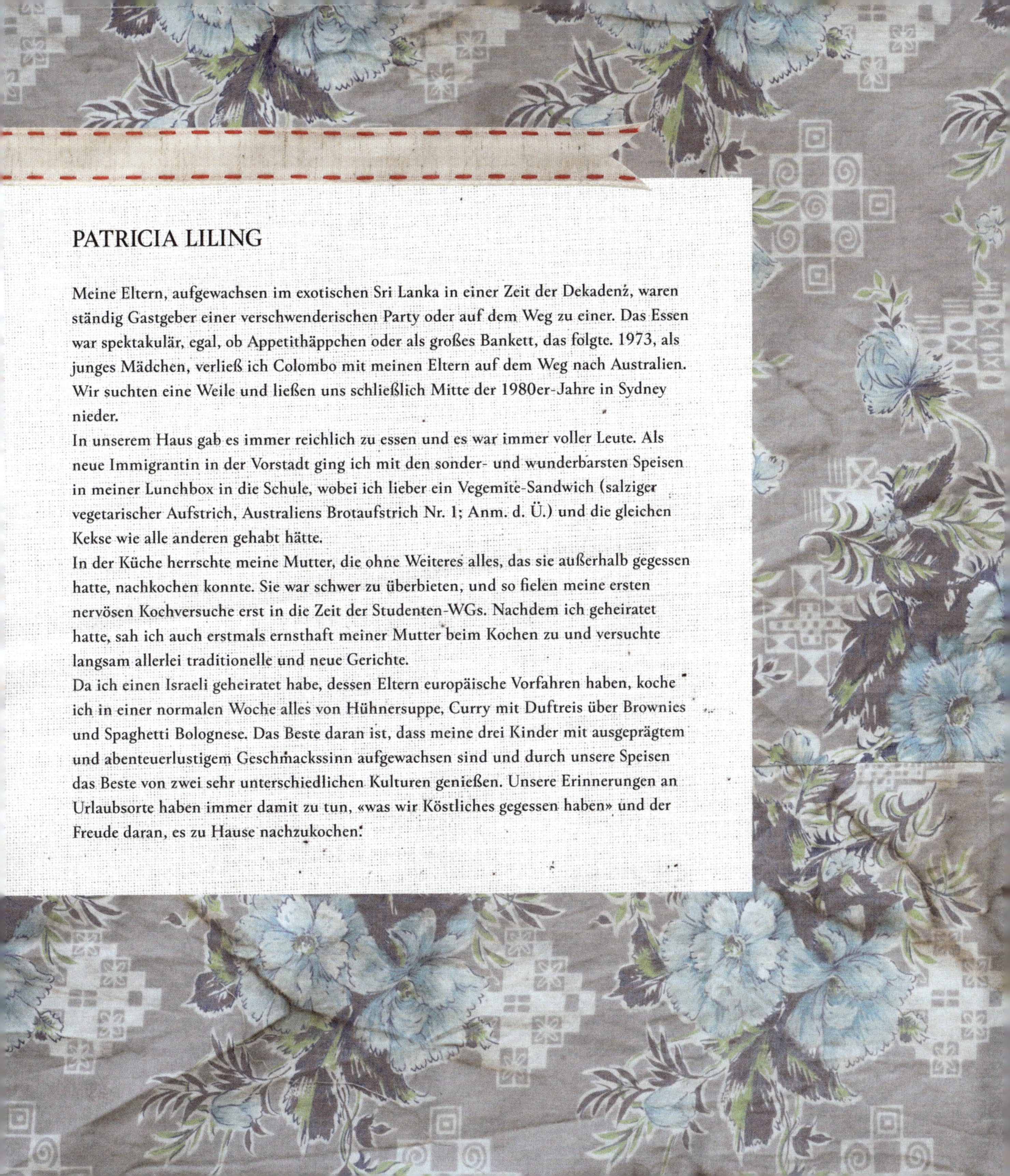

PATRICIA LILING

Meine Eltern, aufgewachsen im exotischen Sri Lanka in einer Zeit der Dekadenz, waren ständig Gastgeber einer verschwenderischen Party oder auf dem Weg zu einer. Das Essen war spektakulär, egal, ob Appetithäppchen oder als großes Bankett, das folgte. 1973, als junges Mädchen, verließ ich Colombo mit meinen Eltern auf dem Weg nach Australien. Wir suchten eine Weile und ließen uns schließlich Mitte der 1980er-Jahre in Sydney nieder.

In unserem Haus gab es immer reichlich zu essen und es war immer voller Leute. Als neue Immigrantin in der Vorstadt ging ich mit den sonder- und wunderbarsten Speisen in meiner Lunchbox in die Schule, wobei ich lieber ein Vegemite-Sandwich (salziger vegetarischer Aufstrich, Australiens Brotaufstrich Nr. 1; Anm. d. Ü.) und die gleichen Kekse wie alle anderen gehabt hätte.

In der Küche herrschte meine Mutter, die ohne Weiteres alles, das sie außerhalb gegessen hatte, nachkochen konnte. Sie war schwer zu überbieten, und so fielen meine ersten nervösen Kochversuche erst in die Zeit der Studenten-WGs. Nachdem ich geheiratet hatte, sah ich auch erstmals ernsthaft meiner Mutter beim Kochen zu und versuchte langsam allerlei traditionelle und neue Gerichte.

Da ich einen Israeli geheiratet habe, dessen Eltern europäische Vorfahren haben, koche ich in einer normalen Woche alles von Hühnersuppe, Curry mit Duftreis über Brownies und Spaghetti Bolognese. Das Beste daran ist, dass meine drei Kinder mit ausgeprägtem und abenteuerlustigem Geschmackssinn aufgewachsen sind und durch unsere Speisen das Beste von zwei sehr unterschiedlichen Kulturen genießen. Unsere Erinnerungen an Urlaubsorte haben immer damit zu tun, «was wir Köstliches gegessen haben» und der Freude daran, es zu Hause nachzukochen.

SHEREEN AARON

Essen spielt in meinem Leben solch eine große Rolle – es ist kreativ, inspirierend, nahrhaft und befriedigend. Mein Kochen ist eine Mischung aus sephardisch und aschkenasisch. Wir essen normalerweise ein typisch aschkenasisches Schabbat-Dinner: Challah, Hühnersuppe, gebratenes Hähnchen. Dann genießen wir am Sonntagabend unser Dinner mit der sephardischen Familie meines Mannes Allan: scharfe Eintöpfe oder Currys, Shorba (Hühnchen-Reissuppe), Hushua (gefülltes Hähnchen), gelber Reis und gebratene Auberginen.

Meine wahre Leidenschaft liegt jedoch beim Backen. Vorbereiten, Teige und Brotlaibe kneten und in Form bringen verbindet mich körperlich mit dem Essen, das ich kreiere. Es ist eine Freude, einen Gugelhupf aus dem Ofen zu ziehen und die Begeisterung meiner Familie und Freunde zu beobachten.

Meine stärksten Einflüsse habe ich von meiner Nanna Cooch aus Rumänien (so genannt, weil sie uns immer in die Wangen kniff und sagte «coochie coo») und von meiner Mutter Ziggy, die als Gastgeberin und für ihr üppiges Kuchenrepertoire legendär ist. Bei mir zu Hause ist die Küche der absolute Mittelpunkt, ich nehme gern eine Herausforderung an, experimentiere oft und versuche Rezepte zu wiederholen, die meine Familie im Fernsehen gesehen oder in einem Restaurant gegessen hat. Freunde und Familie werden immer vom Duft von Kuchen, Mehlspeisen und Broten empfangen, ebenso wie von Currys und Saucen.

Lesen Sie auch Shereens Rezept für Gelben Reis, Seite 163

SHEREEN AARON

Ich mochte immer gern gekochte Bagels, aber es gibt sie nicht so oft. Die Lösung? Selber machen. Diese hier sind zu einem schnellen und leichten Snack bei mir zu Hause geworden.

GEKOCHTE BAGELS

Ergibt 12 Stück

- 2 Tütchen (14 g, 1 EL) Trockenhefe
- 375 ml (1 ½ Tassen) Wasser, warm
- 3 EL Zucker, extrafein
- 565 g (3 ¾ Tassen) Mehl, plus ½ Tasse extra zum Kneten
- 1 EL Salz
- 1 EL Zucker
- Sesam- oder Mohnsamen zum Bestreuen (nach Wunsch)
- Meersalz zum Bestreuen (nach Wunsch)

Die Hefe mit dem warmen Wasser und einem TL Zucker in einer Schale verrühren. 10 Minuten stehen lassen, bis die Mischung Blasen wirft.

In einer großen Schüssel das Mehl mit dem übrigen Zucker und dem Salz verrühren. In die Mitte eine Mulde drücken und die Hefemischung hineingießen. Das Mehl nach und nach von den Seiten her einarbeiten. Sobald sich ein weicher Teig bildet, auf eine leicht bemehlte Arbeitsfläche kippen. Den Teig mit den Händen für etwa 10 Minuten kneten und ziehen, bis er glatt und elastisch ist. Sie können dies aber auch mit dem Knethaken Ihrer Küchenmaschine tun. Sollte der Teig zu klebrig werden, etwas Mehl hinzufügen. Den Teig in eine eingeölte Schüssel legen. Mit Frischhaltefolie einwickeln und unter einem Tuch 15 – 30 Minuten an einem warmen Ort gehen lassen.

Wenn der Teig aufgegangen ist, legen Sie ihn auf eine Arbeitsfläche und schneiden Sie ihn in 12 gleich große Portionen. Ohne den Teig zu viel zu kneten, formen Sie jedes Stück zu einer kleinen Kugel und drücken Sie sie flach. Mit dem Daumen ein Loch in jede Kugel drücken; dann vergrößern Sie das Loch, indem Sie den Teig in eine gleichmäßige Ringform ziehen. Das Loch muss groß genug sein, damit es, wenn der Teig noch einmal geht, noch gut sichtbar ist.

Die Bagels mit Abstand zueinander auf ein Blech legen und mit Backpapier und einem Tuch bedecken. 20 Minuten gehen lassen. Wenn sie zu lange gehen, schrumpeln die Bagels beim Kochen.

Den Backofen auf 190 °C vorheizen. Ein großes Backblech mit Backpapier auslegen. Eine große Kasserolle mit Wasser füllen. Zum Kochen bringen, den Zucker hinzufügen und durch Rühren auflösen. Wenn der Teig zum zweiten Mal gegangen ist, lassen Sie die Bagels ins Wasser gleiten, ungefähr vier gleichzeitig, die glatte Seite nach unten. 2 Minuten auf jeder Seite kochen. Vorsichtig aus dem Wasser holen und auf das vorbereitete Blech setzen, die glatte Seite nach oben. Sofort mit Samen oder Meersalz bestreuen. 25 – 35 Minuten backen, bis sie goldbraun sind.

SHEREEN AARON

Als wir in den USA lebten, sehnte sich meine Familie nach dem «chocolate yeast kugelhopf», den wir in Bondi zurückgelassen hatten. Alle setzten mir so lange zu, bis ich mir ein Rezept ausgedacht hatte, das genauso gut schmeckt und ihr Heimweh heilte.

SCHOKOLADENGUGELHUPF MIT HEFE*

Ergibt 10 – 12 Stücke

185 ml (¾ Tasse) Milch
1 Tütchen, 7 g (2 ¼ TL), Trockenhefe
80 g (⅓ Tasse) Zucker, extrafein, plus etwas zusätzlich zum Bestreuen
450 g (3 Tassen) Mehl, etwas zum Kneten zusätzlich
½ TL Salz
115 g Butter
3 Eier
1 TL Vanille-Extrakt
1 Ei, leicht verrührt, zum Einstreichen

*Foto auf Seite 216

Sie benötigen eine große Angel-/Chiffonform mit herausnehmbarem Boden, (meist nur im Internet oder ausgewählten internationalen/chinesischen) Haushaltswarengeschäften erhältlich. Die Seiten, den Boden und den Trichter sorgfältig mit Backpapier auslegen.

¼ Tasse Milch leicht erwärmen. Die Hefe und 1 TL Zucker hineinstreuen. 5 Minuten stehen lassen, bis sich Blasen bilden. 3 TL Mehl hinzufügen und rühren. Weitere 15 – 20 Minuten stehen lassen, oder bis der Hefeansatz schaumig und dick wird.

Das restliche Mehl und den Zucker und das Salz mit dem Handrührgerät in einer Schüssel vermischen.

Die restliche Milch erwärmen und die Butter schmelzen.

Die Eier mit dem Vanille-Extrakt verquirlen. Diese und die Hefemischung zu der Mehlmischung geben und den Teig 10 Minuten kneten. Sollte es nötig sein, noch Mehl hinzuzufügen, bitte nur vorsichtig und löffelweise. Sie sollen einen klebrigen Teig erhalten, der sich nur schwer vom Rand der Schüssel lösen lässt.

Den Teig in eine eingeölte Schüssel legen, mit Frischhaltefolie und einem Küchentuch bedecken. Die Schüssel an einen warmen Platz stellen und den Teig gehen lassen, bis er sein Volumen verdoppelt hat. Das dauert mindestens 2 Stunden.

Sobald der Teig aufgegangen ist, die Füllung herstellen. Alle Zutaten für die Füllung in eine große hitzebeständige Schüssel über einer Schüssel mit köchelndem Wasser geben und schmelzen (oder einen Wasserbadtopf benutzen). Dabei rühren, bis die Füllung glatt ist.

Füllung
300 g dunkle Schokolade
bester Qualität, gehackt
60 g Butter
115 g (½ Tasse) Zucker, extrafein
25 g (¼ Tasse) Kakaopulver
½ TL Zimt, gemahlen

Den Teig halbieren. Eine Hälfte zu einem Rechteck von ungefähr 30 x 45 cm ausrollen und die Hälfte der Füllung sorgfältig von Rand zu Rand darauf verstreichen. Den Teig zu einer langen Schlange aufrollen und in die vorbereitete Form legen, indem Sie sie um den Trichter rollen, Nahtstelle nach oben. Alles mit der zweiten Hälfte wiederholen. Die Schlange auf die andere legen; dieses Mal Naht nach unten. Mit Frischhaltefolie und einem Küchentuch zudecken und an einem warmen Ort mindestens 1 Stunde gehen lassen, bis sich der Teig verdoppelt hat. Er wird fast bis zum Rand der Form gehen. Leicht mit dem verquirlten Ei einpinseln und mit dem zusätzlichen Zucker bestreuen.

Den Backofen auf 170 °C vorheizen.

Den Gugelhupf 40 Minuten backen, bis er gut aufgegangen und auf der Oberfläche goldbraun geworden ist. Wenn Sie ihn nicht sofort essen, nehmen Sie ihn aus der Form, lassen ihn aber immer noch im Backpapier auskühlen.

Schmeckt am besten frisch oder am Folgetag im Backofen warmgemacht. Lässt sich für bis zu 3 Monate einfrieren.

Schokoladengugelhupf mit Hefe

Karamelltorte

SHEREEN AARON

Meine Großmutter war eine typische jiddische Nanna, voller Liebe, und das war einer der unvergesslichsten Kuchen, die alle, wie sie immer sagte, den «Ta'am» (hebräisch für den richtigen Geschmack) haben mussten. Dieses Rezept war ein streng gehütetes Geheimnis, aber es ist jetzt an der Zeit, die Welt daran teilhaben zu lassen. Der Karamellanteil kann verdoppelt werden – dann wird es noch köstlicher!

KARAMELLTORTE*

Ergibt 10 Stücke

340 g (2 ¼ Tassen) Mehl
2 EL Zucker, extrafein
115 g Butter, Zimmertemperatur
125 ml (½ Tasse) Konditorsahne (35% Fett)
1 Ei, leicht verrührt
40 g (¼ Tasse) Mandeln zur Garnitur, geröstet oder gezuckert

*Foto auf Seite 217

Dieses Rezept bereiten Sie am besten am Vortag.

Den Backofen auf 170 °C vorheizen. Drei oder vier große Backbleche mit Backpapier auslegen.

Das Mehl und den Zucker in eine große Schüssel geben. Mit den Fingerspitzen die Butter einarbeiten, bis sich grobe Krümel ergeben. In einer anderen Schüssel die Sahne schlagen, bis sie leicht andickt, und das Ei einrühren. Diese Mischung zu dem Mehl geben und alles vermengen, bis sich ein Teig bildet.

Den Teig in 9 Stücke aufteilen. Auf einer leicht bemehlten Arbeitsfläche ein Teil nach dem anderen zu einer Stärke von ungefähr 1 – 2 mm ausrollen und aus dem Teig einen Kreis von 24 cm schneiden (nehmen Sie als Maß am besten den Boden einer Springform). Alle 9 Stücke ausrollen und schneiden und auf die Backbleche legen. In den Ofen geben und backen, bis sie goldbraun sind, das dauert ungefähr 20 – 30 Minuten. Regelmäßig kontrollieren, denn verschiedene Bleche können unterschiedlich heiß werden.

Karamellsauce
295 g (1 ⅓ Tassen) Zucker
200 ml (¾ Tasse plus 1 EL) Milch
¼ TL Backsoda (Natron)
125 g Butter
½ TL Vanille-Extrakt

Für die Karamellsauce den Zucker in einem Topf bei mittlerer Temperatur schmelzen, bis er sich komplett aufgelöst und zu einem braunen Karamellton gefärbt hat. Nicht rühren oder bewegen, nur sorgfältig beobachten. Die Milch leicht erwärmen, das Backsoda einrühren, dann die Milch vorsichtig und in kleinen Mengen in den Karamell einfließen lassen, dabei ständig rühren. Keine Sorge, wenn die Mischung fest wird, sie wird wieder schmelzen. Über niedriger Hitze zum Kochen bringen, bis die Masse leicht andickt. Die Butter und den Vanille-Extrakt einrühren, bis alles vermischt und dickcremig ist. Vom Herd nehmen und leicht abkühlen lassen, bis der Karamell dick genug ist, um mit dem Löffel auf die Teigplatten gefüllt zu werden.
Zur Fertigstellung zuerst einen Tropfen Karamell auf eine Kuchenplatte geben, damit die Teigscheibe nicht verrutscht, und mit der ersten Teigscheibe bedecken. 2 Dessertlöffel Karamell auf die Teigplatte löffeln und dünn von Rand zu Rand verstreichen. Mit der nächsten Scheibe und einer Schicht Karamell weiter so verfahren, bis alle Teigplatten und der Karamell fast aufgebraucht sind, allerdings etwas Karamell für die Kuchenoberfläche aufheben. Dann den restlichen Karamell auf die letzte Scheibe streichen und mit den Mandeln garnieren. Die Torte bedeckt ruhen lassen, am besten über Nacht.

SUE SANDER

Ich gehöre zu der kleinen Gruppe der jüdischen Community von Perth, denn ich bin dort geboren und aufgewachsen. Ich erinnere mich an riesige Familienfeiern in unserem Garten, als ich jung war. Die «44 Gallon»-Grilltonne wurde angefeuert und mit Millionen von Koteletts und Würstchen bestückt. Es gab enorme Salatschüsseln, und riesige Wassermelonen wurden halbiert und mit Desserts gefüllt.

Meine Mum, ursprünglich aus London, kochte traditionelles einfaches Essen, das eine große Familie satt machte. Als junges Mädchen ging ich gern mit meinem Dad, einem mediterranen Koch, in die griechischen und italienischen Lebensmittelgeschäfte, wo ich dann auf den Olivenfässern saß und Häppchen von ungewohntem, aber köstlichem Essen probierte.

Meine wahre Leidenschaft für das Thema Essen begann, als ich vor 30 Jahren zur Vegetarierin wurde. Mein leider verstorbener Bruder war mit seinen «Magic Apple Wholefood»-Restaurants seiner Zeit mit Vollwertkost und vegetarischer Ernährung weit voraus. Er sagte immer: «Du bist, was du isst», und nach dem Motto lebe ich seitdem. Ich habe es immer genossen, meinen schlafenden Kindern zuzusehen, mit dem Wissen, dass ich ihre Bäuche gut mit gesunder Nahrung gefüllt hatte, mit der sie wachsen und sich gut entwickeln können. Während ihrer Teenagerzeit wussten die Freunde unserer Kinder immer, dass ihre Lieblingskekse, Kuchenstücke und Muffins in einer der vielen Büchsen auf dem Kühlschrank auf sie warteten. Mama Sues Keksdosen hatten einen ganz besonderen Ruf!

SUE SANDER

Ich habe dieses Rezept kennengelernt, als ich bei einer Frau arbeitete, die eine Gluten-Unverträglichkeit hatte. Zu der Zeit gab es noch nicht viele Rezepte für ihre Ernährungsbedürfnisse, aber ich wollte ihr einen besonderen Kuchen zum Geburtstag machen. Er ist recht groß, kommt immer gut an und schmeckt auch gut als Dessert. Er ist auch für Pessach geeignet – noch besser!

APFEL-MANDEL-INGWER-KUCHEN OHNE MEHL

Ergibt 12–16 Stücke

3 Granny-Smith-Äpfel
30 g Butter
50 g (¼ Tasse) Zucker, extrafein
2 ganze Gewürznelken
80 g (½ Tasse) Rosinen
260 g (2 ⅓ Tassen) Mandeln, gemahlen
220 g (1 ½ Tassen) Mandeln, ganz
2½ TL Ingwer, gemahlen
2 TL Backpulver
4 Eier
230 g (1 Tasse) Rohrohrzucker (Demerara)
145 ml (½ Tasse plus 1 EL) reiner Ahornsirup oder Zuckerrübensirup

Belag
2 Golden-Delicious-Äpfel
50 g (⅓ Tasse) ganze Mandeln, grob gehackt
50 g Butter, geschmolzen
50 g (¼ Tasse) Rohrohrzucker (Demerara)

Den Backofen auf 180 °C vorheizen. Eine Springform von 26 cm einfetten und mit Backpapier auslegen.

Die Äpfel schälen und entkernen, dann in Schnitze schneiden.

Über mittlerer Temperatur die Butter in einer Pfanne schmelzen, die groß genug ist, die Apfelscheiben in einer Lage zu fassen. Die Apfelschnitze, den Zucker und die Nelken hineingeben und schwenken. Unter gelegentlichem Rühren garen lassen, bis die Äpfel nach 5 – 10 Minuten gut von der Butter überzogen und weich sind und anfangen, Farbe anzunehmen. In der Pfanne sollte keine Flüssigkeit mehr stehen. Die Nelken herausnehmen, die Rosinen hinzufügen und noch kurz dünsten, bis alles weich ist. Vom Herd nehmen und auskühlen lassen.

Die gemahlenen und die ganzen Mandeln, den Ingwer und das Backpulver in einem Küchenmixer mischen und grob hacken. Beiseite stellen.

Mit einem Handrührgerät oder der Küchenmaschine die Eier, den Rohrohrzucker und den Sirup verquirlen, bis die Masse hell und schaumig ist.

Die Mandelmischung und die Äpfel unterheben. Alles in die vorbereitete Form geben.

Für den Belag entkernen Sie die Äpfel und schneiden sie in sehr dünne Scheiben. Arrangieren Sie die Scheiben überlappend oben auf dem Kuchenteig. Die gehackten Mandeln darüber streuen, die Butter darüber träufeln und dann alles mit dem Zucker besprenkeln.

Den Kuchen 1 bis 1 ¼ Stunden backen, bis er goldbraun und durchgebacken ist (Stäbchenprobe). Sollte der Kuchen zu schnell braun werden, decken Sie ihn mit Alufolie ab.

Noch in der Form komplett auskühlen lassen und bei Zimmertemperatur mit etwas Joghurt oder Vanille-Eis servieren.

YOLAN FRANK

Einen Apfelkuchen hat Mum nahezu jeden Freitag gemacht, damit er servierfertig war, wenn Leute samstags zum Nachmittagstee kamen. Sie reichte gern Schlagsahne mit einem Schuss Cognac dazu. Im Lauf der Jahre entdeckte sie ein paar Vereinfachungen: ein milchfreier fertiger Tortenboden, schnell eine Dose Äpfel aufgemacht – aber dies ist ihr Originalrezept, und bei weitem das Beste. Die Äpfel können am Vortag gemacht und solange kaltgestellt werden. – Merelyn Chalmers

YOLANS APPLE PIE*

Ergibt 8 – 10 Stücke

Gedünstete Äpfel
- 1,2 kg Granny-Smith-Äpfel (ungefähr 8 Stück mittlerer Größe)
- 60 g Butter
- 2 EL Zucker
- ¼ TL Zimt, gemahlen
- ¼ TL Vanille-Extrakt

Teig
- 170 g Mehl
- 115 g sehr kalte Butter
- 1 Eigelb
- 2 EL Konditorsahne (35 % Fett)

*Fotos auf Seite 226/227

Für die gedünsteten Äpfel schälen und entkernen Sie die Granny-Smith-Äpfel und schneiden sie in dicke Stücke. Die Butter in einer Pfanne schmelzen und den Zucker hinzufügen. Rühren, bis alles geschmolzen und leicht gebräunt ist. Die Äpfel hinzufügen und leicht schwenken. Einen Deckel auflegen, die Hitze auf die niedrigste Stufe stellen und die Äpfel 10 Minuten dünsten, oder bis sie weich sind. Den Deckel entfernen und Zimt und Vanille hinzugeben. Weitere 5 Minuten unbedeckt dünsten lassen, bis die Flüssigkeit verdampft ist und die Äpfel fast trocken sind. Nicht zu oft rühren, damit die Äpfel nicht zu sehr zerfallen. Beiseite stellen und abkühlen lassen.

Für den Teig das Mehl in eine Schüssel geben und die Butter darüber raffeln. Die Butter immer wieder in das Mehl drücken, damit sie sich leichter reiben lässt. Butter und Mehl mit den Fingerspitzen oder mit einem Teigmischer zu groben Krümeln vermischen. Das Eigelb und die Sahne verrühren, dann auf die Mehl-Butter-Mischung geben und mit der Hand vermengen, bis ein grober Teig entsteht. Auf einer etwas bemehlten Arbeitsfläche leicht kneten, mit Frischhaltefolie bedecken und 1 Stunde im Kühlschrank ruhen lassen.

Um den Kuchen vorzubereiten, teilen Sie den Teig in zwei Teile. Eine Hälfte für den Deckel aufbewahren. Auf einer leicht bemehlten Arbeitsfläche den Teig ungefähr 2 – 3 mm dick ausrollen, etwas größer als die Kuchenform. Den Teig vorsichtig in die Form legen, rundum etwas überlappen lassen.

Füllung

55 g (½ Tasse) Mandeln, gemahlen

60 g (knapp ⅓ Tasse) Zucker, extrafein

2 EL Erdbeermarmelade

1 Eiweiß

1 Ei, leicht verrührt, für die Glasur

1 EL Zucker, zum Bestreuen

Für die Füllung die gemahlenen Mandeln mit dem Zucker vermischen. Den Teigboden mit der Erdbeermarmelade ausstreichen und die Hälfte der Mandelmischung darüber streuen. Das Eiweiß steif schlagen und unter die gedünsteten Äpfel heben. Die Apfelmischung auf den Teig füllen und die restliche Mandelmischung darüber streuen.

Rollen Sie die andere Teighälfte aus und legen sie auf die Füllung. Schneiden Sie mit einem scharfen Messer ein kleines Loch in die Teigdecke, damit der Dampf entweichen kann. Die Teigränder (oben und unten) zum Versiegeln zusammenpressen, dann den Rand der Form entsprechend zurechtschneiden. Mit den Zinken einer Gabel den Rand dekorativ zusammendrücken. Wenn Sie mögen, können Sie aus Teigresten auch Blätter ausschneiden und obenauf legen.

Die gesamte Oberfläche mit dem verquirlten Ei einpinseln und mit dem Zucker besprenkeln. 45 Minuten backen, bis der Kuchen goldbraun ist.

Lesen Sie Merelyns Geschichte auf Seite 13 f.

Yolans Apple Pie

NIKKI VERNON

Jede Woche haben wir einen Kuchen auf dem Schabbat-Tisch, und mir gefällt es, dass unsere Kinder jeden Freitagnachmittag mit dem Duft von Gebackenem zu Hause begrüßt werden. Mein Mann Gary hat ungarische Wurzeln und wir suchen immer nach Rezepten mit Mohn. Vor Jahren habe ich ein Grundrezept bekommen, und es hat sich im Lauf der Zeit zu diesem wunderbaren Kuchen entwickelt, der jetzt der Kuchen an Garys Geburtstag ist.

MOHNKUCHEN

Ergibt 10 – 12 Stücke

250 ml (1 Tasse) Milch
135 g (1 ½ Tassen) Mohnsamen, gemahlen
200 g Butter, Zimmertemperatur
345 g (1 ½ Tassen) Zucker, extrafein
feiner Schalenabrieb von 1 Orange oder 1 Zitrone
3 Eier
225 g (1 ½ Tassen) Mehl mit Backpulverzusatz (siehe Anm. S. 293)

Glasur (nach Wunsch)
115 g (½ Tasse) Zucker, extrafein
Saft von 2 Orangen und 1 Zitrone

Den Backofen auf 170 °C vorheizen. Eine Springform von 22 cm einfetten und mit Backpapier auslegen.

Die Milch in einem Topf bis zum Siedepunkt bringen. Die Mohnsamen hinzufügen, vom Herd nehmen und 10 Minuten einweichen lassen.

Mit einem Handrührgerät oder in einer Küchenmaschine die Butter, Zucker und den Zitronen- oder Orangenabrieb verrühren, bis alles hell und cremig ist. Die Eier einzeln hinzufügen, jedes Mal gut verrühren. Die Mohnsamenmischung und das Mehl einrühren, bis sich alles gut verbunden hat.

In die vorbereitete Form füllen und 50 Minuten backen, bis ein Holzstäbchen, das Sie in den Teig gesteckt haben, sauber wieder herauskommt (Stäbchenprobe).

Für die Glasur erhitzen Sie den Zucker und den Saft in einem Topf und rühren Sie bei mittlerer Hitze, bis sich der Zucker ganz aufgelöst hat. Zum Kochen bringen, dann köcheln lassen, bis sich die Menge auf die Hälfte reduziert hat und die richtige Glasurkonsistenz hat.

Die Glasur über den noch warmen Kuchen gießen. Abkühlen lassen, bevor Sie ihn aus der Form nehmen und servieren.

Lesen Sie Nikkis Geschichte auf Seite 196

LEAH LAVIGNE

Leah hat begonnen, für Cafés und Delis in Sydney zu backen, als ihre Kinder groß geworden waren und lange bevor man an solchen Orten selbstgemachte Kuchen erwartete. Dieser Orangensirup-Kuchen war einer ihrer meistverlangten Kuchen. Er ist einfach perfekt mit einem Klecks Schlagsahne zum Nachmittagstee oder als Dessert.

ORANGENSIRUP-KUCHEN

Ergibt 10 Stücke

250 g Butter, Zimmertemperatur
230 g (1 Tasse) Zucker, extrafein
3 Eier, Eigelb und Eiweiß getrennt
250 g saure Sahne
feiner Schalenabrieb von 2 Orangen
265 g (1 ¾ Tassen) Mehl
1 TL Backpulver
1 TL Backsoda (Natron)

Sirup
Saft von 2 Orangen
Saft von 1 ½ Zitronen
175 g (¾ Tasse) Zucker, extrafein

Den Backofen auf 160 °C vorheizen. Eine Springform von 24 cm Durchmesser einfetten und mit Backpapier auslegen.

Mit dem Handrührgerät die Butter und den Zucker verquirlen, bis sie hell und cremig sind. Eigelb, saure Sahne und den Abrieb einrühren.

Das Mehl mit dem Backpulver und dem Backsoda sieben und unter die Buttermischung heben.

In einer zweiten Schüssel das Eiweiß schlagen, bis es steif, aber nicht trocken ist. Das geschlagene Eiweiß vorsichtig unter die Butter-Mehl-Mischung heben. In die vorbereitete Form füllen und 1 Stunde backen, bis der Teig durchgebacken ist (Stäbchenprobe).

Ungefähr 5 Minuten, bevor der Kuchen fertig ist, bereiten Sie den Sirup zu. Verrühren Sie den Saft und den Zucker in einem Topf. Zum Kochen bringen, ab und zu umrühren, bis der Zucker sich vollkommen aufgelöst hat, dann 10 – 15 Minuten köcheln lassen, bis sich ein dicker, klebriger Sirup ergibt.

Den Kuchen aus dem Ofen nehmen, 10 Minuten ruhen lassen, den kochenden Sirup darübergießen und abkühlen lassen.

Leah wurde 1936 in Hongkong geboren. Ihre Eltern stammen aus Russland. Sie lebten staatenlos in Kanton (Guangzhon) und fuhren zur Geburt eines Babys jeweils nach Hongkong, um sicherzustellen, dass das Baby einen Pass bekam.

Die Familie immigrierte kurz nach dem Zweiten Weltkrieg nach Sydney, wo Leah die Schule beendete und jung heiratete. Da sie schon bald Nachwuchs bekam, waren ihre Kochkünste selbst erlernt und zum Teil recht experimentell. Sonntagabend-Dinners in Chinatown mit bis zu 30 Familienmitgliedern wurden schnell zur Tradition, die heute ihre Kinder weiterführen. Leah hat gern ihre Kinder allzeit und allerorts angerufen, um sich über ein Lieblingsrestaurant oder Lieblingsgericht zu unterhalten. Sogar nach ihrer niederschmetternden Leukämie-Diagnose durchforschte sie jede Woche die Zeitung nach dem besten chinesischen Familiendinner im schicksten chinesischen Restaurant in Sydney. 2012 ist Leah von uns gegangen.

DINKIE WASSERMAN

Als er in den 1950er-Jahren zum ersten Mal einen Kranzkuchen bei einem Freund zu Hause aß, erklärte mein Mann Basil: «Das ist die Sorte Kuchen, die ich mag.» Von dem Augenblick an wurde er zu einem festen Teil meines Backrepertoires. Meine beiden noch lebenden Söhne, ihre Freunde, meine Freunde und Enkelkinder setzen mich mit meinem Kranzkuchen gleich. Die meisten sind mit ihm aufgewachsen; es ist ein Kuchen, der bei allen Höhen und Tiefen meines Lebens dabei war, und meine Enkelin Nicole sagt mir, dass ich so «süß bin, wie die Kirschen obenauf»!

KRANZKUCHEN*

Ergibt 12–16 Stücke

225 g (1 ½ Tassen) Mehl
75 g (½ Tasse) Mehl mit Backpulverzusatz (siehe Anm. S. 293)
2 TL Backpulver
1 ½ EL Zucker, extrafein
60 g Butter, Zimmertemperatur
1 Prise Salz
1 Ei
250 ml (1 Tasse) Konditorsahne (35 % Fett)
150–300 g (½–1 Tasse) Aprikosenkonfiture (je nachdem, wie süß Sie es mögen)
1 ½ EL Zimtzucker (siehe Tipp)
250 g (1 ½ Tassen) Korinthen, Sultaninen und Rosinen, getrocknet, gemischt
Milch, zum Bestreichen

Den Backofen auf 180 °C vorheizen. Ein großes Backblech mit Backpapier auslegen.

Mit einem Teigmischer oder den Fingerspitzen die Mehlsorten und das Backpulver, den Zucker, die Butter und das Salz vermischen, bis grobe Krümel entstehen. Das Ei mit der Sahne vermischen und in die Mehlmischung gießen. Mit einem Messer die Mischung durcharbeiten, bis ein weicher, aber ausrollbarer Teig entsteht. Sollte er etwas kleben, ein bisschen mehr Mehl hinzufügen.

Den Teig auf eine bemehlte Arbeitsfläche legen. Mit einem bemehlten Wellholz den Teig zu einem gleichmäßigen Oval von ungefähr 35 x 45 cm Größe ausrollen. Die komplette Oberfläche mit der Marmelade bestreichen, mit dem Zimtzucker betreuen und die getrockneten Früchte darauf geben.

Zusammenrollen, dabei an der breiteren Seite beginnen, um einen langen Laib zu formen. Die Enden zusammendrücken. Den Laib vorsichtig auf das vorbereitete Backblech legen. Die Enden nach unten biegen, sodass sich eine Hufeisen- oder Halbmondform bildet. Schneiden Sie mit einem scharfen Messer ungefähr 5 Schlitze in die gewölbte Oberfläche. Die Oberfläche mit der Milch einpinseln und ungefähr 45 Minuten backen, bis der Kuchen goldbraun und durchgebacken ist.

Glasur
160 g (1 Tasse) Puderzucker
¼ TL Wasser
Saft von ½ Zitrone, ca. 25 ml
60 g (¼ Tasse) kandierte Kirschen (auf Wunsch)

*Fotos auf Seite 234/235

Wenn er vollkommen ausgekühlt ist*, stellen Sie die Glasur her. Mischen Sie den Puderzucker, das Wasser und den Zitronensaft zu einer glatten Paste.
Gießen Sie nun den Zuckerguss über die ganze Länge des Kuchenlaibs und lassen ein paar Tropfen an den Seiten hinunterlaufen. Nach Wunsch noch mit kandierten Kirschen dekorieren.

TIPP:
Um Zimtzucker herzustellen, vermischen Sie 1 EL gemahlenen Zimt mit einer Tasse extrafeinem Zucker.

DINKIE WASSERMAN

Während ich aufwuchs, habe ich die Küche niemals betreten. Erst nach meiner Heirat 1953 fing ich mit dem Kochen an. Mein Mann Basil bat mich, nicht die Speisen meiner elterlichen Herkunft (englisch, südafrikanisch) zuzubereiten, sondern das Essen aus der Familie seiner Mutter, die aus Russland und Litauen stammt. Somit begannen Unterrichtsstunden bei meiner Schwiegermutter, Granny Lily, die die wunderbarste Köchin war. Zu der Zeit war ich 21, und ich weiß noch, wie ich sie in der Küche beobachtete, jeden Schritt genau nachvollzog und jede einzelne Zutat abmaß, wenn Granny «eine Prise davon» und «einen Schuss davon» ins Essen gegeben hatte.
Kochen wurde zu einem Teil von mir, während ich das Essen für Basil und unsere drei Söhne und für unsere Freunde zubereitete, wie auch für mein Catering für die Johannesburg Waverly Synagoge. Seit ich 2002 nach Sidney kam, genieße ich jedes Jahr die mir zugeteilte Rolle bei der Bereitung des Mahls vor dem Jom-Kippur-Fasten für meinen Sohn und meine drei Enkelkinder.
Obwohl ich nicht mehr so viel Zeit in der Küche verbringe wie früher, genieße ich die Stunden, wenn ich backe, außerordentlich. Ich habe in der Küche immer Trost gefunden, zu allen harten und fordernden Zeiten in meinem Leben, genauso aber auch in den glücklicheren. Voller Stolz habe ich kürzlich zu meinem 80. Geburtstagsfest viele Kuchen gebacken, und welche Freude es für mich war, alle um mich mit Genuss essen zu sehen.

Kranzkuchen

LYNNE SPANNER

Wenn sich herumsprach, dass Mom ihren Biskuitkuchen mit Milch machte, waren alle im Nu zur Stelle, und selbst heute noch, nach all den Jahren, erinnern sich meine Freunde gut an ihn. Für eine Schokoladenversion geben Sie einfach ¼ Tasse Kakaopulver in die Kuchenmischung und überziehen den fertigen Kuchen mit einer Schokoladenganache (Seite 59).

BISKUITKUCHEN MIT MILCH

Ergibt 8 – 10 Stücke

- 4 Eier, Zimmertemperatur
- 430 g (knapp 2 Tassen) Zucker, extrafein
- 1 TL Vanille-Extrakt
- 300 g (2 Tassen) Mehl
- 1 EL Backpulver
- 250 ml (1 Tasse) Milch
- 125 g Butter
- 75 g (¼ Tasse) Marmelade
- 185 ml (¾ Tasse) Konditorsahne (35% Fett), steifgeschlagen
- 40 g Puderzucker, zum Bestäuben

Den Backofen auf 170 °C vorheizen. Zwei runde Backformen von 20 cm Durchmesser einfetten und mit Backpapier auslegen.

Die Eier und den Zucker schlagen, bis sie leicht und schaumig sind.

Den Vanille-Extrakt hinzufügen.

Das Mehl und das Backpulver zusammen sieben und in die Ei-Mischung unterheben.

Die Milch und die Butter in ein Töpfchen geben und, sobald sie zu kochen beginnen, in den Kuchenteig rühren.

Den Teig auf die beiden vorbereiteten Formen verteilen und 25 – 30 Minuten backen, bis er goldbraun ist und sich auf leichten Druck schwammig anfühlt. Darauf achten, ihn nicht zu lange im Ofen zu lassen.

Die Kuchenböden kurz auskühlen lassen, dann auf ein Kuchengitter stürzen. Wenn sie komplett abgekühlt sind, stapeln Sie sie aufeinander mit der Marmelade und der Schlagsahne dazwischen und sieben Sie den Puderzucker darüber.

Ich muss eine angeborene Liebe zum Kochen haben, denn ich habe schon Essen zubereitet, als meine Freunde im selben Alter noch lange nicht soweit waren. Meine Mom hat immer gesagt: «Wer lesen kann, der kann auch kochen und backen.» Also hielt ich mich als junges Mädchen gern in der Küche auf und experimentierte.

Ich bin in einer kleinen Stadt namens Vredenburg am westlichen Kap in Südafrika aufgewachsen, ein Transport- und Geschäftsknotenpunkt der westlichen Küste. Mein Vater war Buchhalter bei einer großen Fischfabrik, und ich blieb bis zu meiner Hochzeit dort. Mein Mann und ich lebten dann in Saskatchewan, Kanada, bevor wir 1996 nach Australien auswanderten. Die Gold Coast ist jetzt unsere Heimat, und ich bin so glücklich, dass wir hier leben.

Ein Leben ohne Kochen kann ich mir nicht vorstellen. Es ist schon durch meine Mutter in mir verwurzelt. Seit ich mein erstes Kochbuch lesen konnte, ist Essen kochen und mit anderen teilen immer noch eine Riesenfreude.

LYNNE SPANNER

Meine Mutter machte immer diesen Buttermilchzwieback, und obwohl ich viele verschiedene Rezepte ausprobiert habe, sind diese hier meine allerliebsten, was auch alle bestätigen, die sie gekostet haben. Ursprünglich aus Südafrika, kann man sie immer und überall genießen, sogar zum Frühstück, und sie werden auch gern in Tee getunkt. Sie lassen sich auf Autofahrten mitnehmen und halten sich gut in einem luftdichten Behälter.

BUTTERMILCHZWIEBACK

Ergibt ungefähr 20 – 30 Stück

500 g (3 ⅓ Tassen) Mehl
3 TL Backpulver
150 g (⅔ Tasse) Zucker, extrafein
165 g Butter, in Stücken, Zimmertemperatur
1 Ei, leicht verrührt
170 ml (⅔ Tasse) Buttermilch

Dieses Rezept am besten am Vortag beginnen.

Den Backofen auf 160 °C vorheizen. Eine Backform, ca. 27 x 17 cm, mit Backpapier auslegen.

Das Mehl und das Backpulver zusammen in ein Schüssel sieben, den Zucker hinzufügen und vermischen. Die Butter mit den Fingerspitzen einarbeiten, bis sich grobe Krümel bilden. Das Ei und die Buttermilch hinzufügen und mit einem Löffel alles verrühren, bis sich ein glatter Teig bildet.

Den Teig in 10 Stücke teilen (jedes Teil ungefähr eine Handvoll) und zwischen den Händen zu einem groben Laib rollen, ungefähr 7,5 x 5 cm. Die Laibe in zwei Reihen Seite an Seite in die vorbereitete Form legen, sie sollen sich berühren. 45 Minuten backen, bis der Teig goldbraun und durch ist (Stäbchenprobe). Die Laibe aus dem Ofen nehmen und abkühlen lassen.

Die Backofentemperatur auf 100 °C reduzieren. Ein großes Backblech mit Backpapier auslegen. Die Laibe voneinander trennen und längs jeweils in 2 oder 3 Stücke brechen. Auf das vorbereitete Blech legen und für ungefähr 5 Stunden in den Ofen zurückstellen, bis sie trocken und hart sind. Den Ofen ausstellen, die Zwiebacke aber dort lassen, damit sie beim Abkühlen noch härter werden, am besten über Nacht.

Der Zwieback ist in einem luftdichten Behälter bis zu einem Monat haltbar.

SUE NUYTEN

Meine Mum Sue Nuyten hat dieses Rezept von ihrer Schwester bekommen, als sie heiratete. Das ist jetzt über 50 Jahre her, und sie hat die Kekse seitdem immer gemacht. Sie liebt es, Freunden ganze Ladungen davon zu geben – und sie lieben sie dafür. Meine Jungs und ich tunken sie gern in unseren Tee. – Paula Horwitz

HOLLÄNDISCHE GEWÜRZKEKSE

Ergibt 40 Kekse

- 225 g (1 ½ Tassen) Mehl
- 125 g Butter, Zimmertemperatur
- 230 g (1 Tasse) Zucker
- 1 gehäufter TL Gewürzmischung (in diesem Fall am besten Lebkuchen- oder Spekulatiusgewürz)
- 1 EL Ingwer, gemahlen
- ½ TL Zimt, gemahlen
- 1 Ei, leicht verrührt
- 1 TL Backsoda (Natron)
- 1 EL Zuckerrübensirup
- 2 TL Milch

Den Backofen auf 140 °C vorheizen. Ein Backblech mit Backpapier auslegen.

Das Mehl und die Butter in einer Schüssel vermischen. Den Zucker hinzufügen, ebenso die Gewürzmischung Ihrer Wahl, Ingwer und Zimt und gut vermengen. Das Ei einrühren, das Backsoda, den Sirup und die Milch. Alles zu einem glatten Teig verkneten, alternativ die Küchenmaschine benutzen.

Teelöffelweise Teig abnehmen und zu Bällchen rollen. Auf das vorbereitete Blech legen und einen Abstand von 5 cm lassen. Leicht mit einer Gabel flach drücken. 40 Minuten backen, bis sie goldbraun sind.

Die Kekse sind in einem luftdichten Behälter bis zu 2 Wochen haltbar.

Lesen Sie Paulas Geschichte auf Seite 15 f.

SHARON IVANY

Ich koche gerne, mache mir aber nichts aus Süßigkeiten. Diese «Vogelfutter»-Schnitten liebe ich, weil sie nicht zu süß, ganz gesund und leicht und gleich in großen Mengen herzustellen sind. Das Rezept stammt ursprünglich von Shelley Watson, und ich habe es im Lauf der Jahre meinem Geschmack angepasst. Ein guter Ersatz anstatt der Datteln ist ½ Tasse Mandelblättchen.

«VOGELFUTTER»-SCHNITTEN

Ergibt 16 Stück

140 g (4 Tassen) Special K oder Cornflakes
65 g (½ Tasse) Sesamsamen
75 g (½ Tasse) Kürbiskerne
70 g (½ Tasse) Sonnenblumenkerne
90 g (½ Tasse) Cranberrys, getrocknet
90 g (½ Tasse) Datteln, entkernt und gehackt
200 g Kondensmilch, leicht gesüßt

Den Backofen auf 180 °C vorheizen. Ein großes oder zwei kleine Backbleche mit Backpapier auslegen.

Alle trockenen Zutaten in eine große Schüssel geben. Die Kondensmilch darüber träufeln, locker mischen, bis alles verbunden ist.

Auf das vorbereitete Blech geben und mit einem Spachtel oder Pfannenwender gleichmäßig auf 1 – 2 cm Stärke verteilen, dann mit einem Kartoffelstampfer die Masse flachdrücken. 7 Minuten backen, dann die Temperatur auf 140 °C reduzieren und ein weiteres Mal für 8 – 10 Minuten backen, bis die Schnitten in der Mitte und an den Rändern leicht goldbraun sind.

Abkühlen lassen. Zum Servieren in große Stücke brechen.

Ich bin in Melbourne bei meinen osteuropäischen Eltern in einem traditionell jüdischen Haus aufgewachsen. Für sie war Kochen ein maßgeblicher und vielgeliebter Bestandteil der täglichen Routine. Ich lebe jetzt seit mehr als 25 Jahren mit meiner Familie in Sydney, und Kochen ist auch für mich ein wesentlicher Teil meines Lebens.

Jetzt, da unsere Kinder erwachsen sind, habe ich nicht mehr so viel mit täglichem Kochen zu tun, umso mehr genieße ich jede Gelegenheit, extravagante Schabbat-Dinner zu veranstalten. Ich verbringe Stunde um Stunde in der Küche und bereite Festtafeln für meine Gäste vor. Meine inzwischen verstorbene Schwiegermutter Agi hat mir einige klassische ungarische Gerichte aus ihrem Heimatland gezeigt, aber ich habe es nie fertiggebracht, so viel Butter und saure Sahne zu verwenden, wie die Rezepte vorsahen.

Ich habe ein handgeschriebenes Sammelalbum meiner Lieblingsrezepte zusammengestellt und füge unaufhörlich neue Entdeckungen hinzu und bringe alte Rezepte auf einen neueren Stand. Das Album ist für meine Tochter und mich unsere Küchenbibel mit Rezepten aus der Familie, Zeitschriften und Büchern. Jedes Mal, wenn wir den Tag in der Küche verbringen und wieder ein Festessen oder eine Familienfeier planen und vorbereiten, weiß ich, dass ich meine Liebe zum Kochen als Tradition weitergegeben habe.

Traditionelles

Essen bringt unsere Tradition in mein Zuhause. Ich greife zurück auf heißgeliebte Rezepte für den niemals endenden Zyklus jüdischer Feiertage, wenn sich meine ganze erweiterte Familie um den Tisch versammelt, der mit Erinnerungen heraufbeschwörenden Gerichten beladen ist. Ob ich sie an Chanukka mit brutzelnden goldenen Kartoffel-Latkes verwöhne oder mit meinen kleinen Honigsirup-Kuchen als Geschenk an Rosch Haschana, es gibt nichts, das mich mehr befriedigt, als eine üppig bemessene Portion Tradition aufzutischen.

Merelyn

Rezepte

‹ Einfache Hühnersuppe mit «Balaclava Deli»-Matzenknödeln

LENA TOROPOVA

Das ist die Suppe, die wir in unserem Deli verkaufen. Sie wird mit jeder Menge Hühnerknochen gemacht, damit eine klare, reichhaltige Brühe entsteht, die geliert, wenn sie kalt wird. Am besten schmeckt sie kochend heiß und mit Kreplach oder Matzenknödeln.

EINFACHE HÜHNERSUPPE*

Ergibt 3 – 4 Liter (12 – 16 Tassen)

1 mittelgroßes Hähnchen, in Stücke geschnitten
2 kg Hähnchenkarkassen
2 Karotten, geschält
1 große Zwiebel, ungeschält und geviertelt
2 – 3 Dillstängel (auf Wunsch)
Meersalz und schwarzer Pfeffer, frisch gemahlen

*Foto auf Seite 246

Am besten beginnen Sie dieses Rezept am Vortag.

Das Hähnchen und die Karkassen unter kaltem fließendem Wasser abwaschen. Geben Sie alles in einen Suppentopf oder in eine sehr große Kasserolle, zusammen mit den anderen Zutaten. Gießen Sie so viel kaltes Wasser ein, dass das Fleisch gerade eben bedeckt ist, ungefähr 3 – 4 l. Zum Kochen bringen. Die aufsteigenden Trübstoffe abschöpfen, einen Deckel halb auflegen, dann reduzieren Sie die Temperatur zu mittlerer bis niedriger Hitze. 1 ½ bis 2 Stunden leicht köcheln lassen. 30 Minuten leicht abkühlen lassen, bevor Sie die Knochen entnehmen und die Suppe durchseihen, dabei nur die Karotten zurückbehalten.

Die Suppe nach Geschmack salzen und pfeffern. Abkühlen lassen und über Nacht kalt stellen.

Am Folgetag das Fett entfernen, das sich oben auf der Suppe gebildet hat. Zum Servieren die Suppe erhitzen und nach Belieben würzen. Wenn Ihnen der Geschmack nicht kräftig genug erscheint, bringen Sie die Suppe noch einmal zum Kochen und reduzieren sie bis zum gewünschten Geschmack. Sollte der Geschmack zu intensiv sein, einfach Wasser hinzufügen.

Innerhalb von drei Tagen servieren oder bis zu drei Monate einfrieren. Mit den zurückbehaltenen Karotten und Matzenknödeln (siehe gegenüberliegende Seite) servieren.

LENA TOROPOVA

Matzenknödel werden traditionellerweise an Pessach gegessen, aber auch sonst übers Jahr. Ich brauchte vier Jahre, bis mein Rezept perfekt war. Bei Bestellungen für 7000 Matzenknödel möchte man nichts falsch machen.

«BALACLAVA DELI»-MATZENKNÖDEL*

Ergibt 50 – 60 Matzenknödel

9 Eier, Eiweiß und Eigelb getrennt
375 g (2 gehäufte Tassen) Matzemehl, grob
185 ml (¾ Tasse) Pflanzenöl
125 ml (½ Tasse) Wasser
1 TL Salz, oder nach Belieben
schwarzer Pfeffer, frisch gemahlen

*Foto auf Seite 246

Lesen Sie auch Lenas Russische-Plinsen-Rezept, Seite 202

Mit einem Handrührgerät das Eiweiß schlagen, bis sich steife Spitzen bilden.

In einer zweiten Schüssel die Eidotter leicht verquirlen und mit dem Matzemehl, Öl, Wasser, Salz und Pfeffer vermischen. Diese Mischung löffelweise zum Eiweiß fügen, jedes Mal gut verquirlen. Abschmecken und großzügig würzen. 30 Minuten beiseite stellen, nach 15 Minuten noch einmal leicht durchrühren.

Gut gesalzenes Wasser in einem Suppentopf oder einer sehr großen Kasserolle zum Kochen bringen.

Mit nassen Händen und ohne zu starken Druck die Matzemehl-Mischung in weiche walnussgroße Bällchen formen und in das kochende Wasser gleiten lassen. Nachdem der letzte Knödel im Wasser ist, noch 20 Minuten kochen lassen. Den Topf vom Herd ziehen und die Knödel im Wasser auskühlen lassen. Wenn sie servierfertig sind, mit einem Schaumlöffel herausheben und in der Hühnersuppe (siehe gegenüberliegende Seite) wieder erhitzen.

Meine Eltern waren Flüchtlinge aus der Ukraine und Russland, die sich 1941 in Taschkent, Usbekistan, niederließen. Ich wollte immer zu Hause helfen, denn meine Eltern mussten beide arbeiten, also fing ich mit 9 Jahren an zu kochen. Von Anfang an fühlte ich mich in der Küche wohl. Ich träumte, eines Tages Küchenchefin zu werden, aber auf Wunsch meiner Eltern schloss ich die Universität mit einem Diplom in Mathematik ab und Ökonomie mit einem Doktortitel. Ich heiratete meinen Schulfreund Pavel, und als die Zeiten nach dem Bürgerkrieg in den 1990er-Jahren in Taschkent schwierig wurden, zogen wir mit meiner Großfamilie nach Melbourne. Der Anfang war schwer, aber sobald ich einen Job in einem italienischen Restaurant gefunden hatte, wandte sich das Blatt. Das war der perfekte Neuanfang! 1998 kauften wir das «Balaclava Deli» auf der Carlisle Street, mitten im jüdischen Teil von Melbourne. Wir übernahmen mit dem Deli seine fantastischen Kunden, die uns jetzt seit Jahren die Treue und Freundschaft halten. Ich kann stolz von mir behaupten, dass ich drei Generationen bedient habe, die alle nicht nur wegen des Essens kommen, sondern um Geschichten zu erzählen und uns an ihrem Leben teilhaben zu lassen. Sie gehören alle zu meiner Familie.

SYLVIE COLLINS

Meine Mum Sylvie Collins machte diese Spitzenmarmelade oft zu Pessach, und wir mochten sie am liebsten auf unsere Matzen gestrichen. Rote Bete ist eine ungewöhnliche Zutat für Marmelade, aber sie lässt sich gut zu dieser dunklen, klebrigen und reichhaltigen Marmelade, mit Mandeln gespickt, verarbeiten. – Jacqui Israel

ROTE-BETE-MARMELADE

Ergibt 2 Gläser à 375 ml

- 4 große Rote Bete (ungefähr 700 g)
- 880 g (4 Tassen) Zucker
- 250 ml (1 Tasse) Wasser
- 200 ml (¾ Tasse plus 1 EL) Zitronensaft
- 2 TL Ingwer, gemahlen
- 125 g (knapp 1 Tasse) Mandeln, gehackt

Dieses Rezept bitte am Vortag beginnen.

Die Rote Bete schälen und raspeln. In einer Schüssel mit dem Zucker vermischen, mit Frischhaltefolie bedecken und über Nacht stehen lassen.

Am nächsten Tag Rote Bete und Zucker in einen Topf geben. Wasser und Zitronensaft hinzufügen und bei mittlerer Hitze zum Kochen bringen. Dabei ab und zu umrühren. Bei niedriger Hitze 2 ½ Stunden leicht köcheln lassen, gelegentlich umrühren, bis keine Flüssigkeit mehr im Topf steht und die Marmelade dick geworden ist. Aufpassen, dass nichts anbrennt.

In der Zwischenzeit 2 Marmeladengläser à 375 ml sterilisieren (siehe Tipp).

Den Ingwer und die Mandeln zu der Marmelade hinzufügen und weitere 5 Minuten köcheln lassen. Sofort in die sterilisierten Gläser gießen und versiegeln. Vor dem Servieren komplett abkühlen lassen. Die Marmelade lässt sich im Kühlschrank bis zu 3 Monate aufbewahren.

TIPP:

Um die Gläser zu sterilisieren, heizen Sie den Backofen auf 180 °C auf. Waschen Sie die Gläser in heißem Spülwasser, gut ausspülen. Die Gläser aufrecht auf ein Backblech stellen und für 10 Minuten in den Ofen stellen. Inzwischen die Deckel in einem Topf mit kochendem Wasser säubern. Mit einer Küchenzange die Deckel herausholen und umgedreht auf ein sauberes Küchentuch legen.

Lesen Sie Jacquis Geschichte auf Seite 16

Sephardisches Charosset (links), Rote-Bete-Marmelade (rechts) ›

DINAH DANON

Dieses Rezept stammt von meiner Schwiegermutter, die es mir überlassen hat. Charosset ist ein Gericht, das man für gewöhnlich an Pessach isst, es lässt sich dazu wunderbar verschenken und hält sich in sterilisierten Gläsern mindestens sechs Monate oder mehr. Es schmeckt auch gut auf ungesäuertem Brot oder Cracker oder einfach zu Käse.

SEPHARDISCHES CHAROSSET*

Ergibt 5 Gläser à 100 ml

500 g (3 Tassen) Datteln, entsteint, getrocknet
500 g (3 Tassen) Sultaninen
2 große Äpfel
2 große Orangen, ungespritzt (mit essbarer Schale)
500 g (2 ¼ Tassen) Zucker
1 geh. Tasse Walnüsse oder Mandeln, gehackt

*Foto auf Seite 251

Beginnen Sie dieses Rezept am besten am Vortag.
Sterilisieren sie 5 Gläser à 100 ml (siehe Tipp auf Seite 250).
Die Datteln und Sultaninen dreimal mit heißem Wasser waschen, um Ablagerungen zu entfernen. Mit heißem Wasser übergießen und mit Frischhaltefolie bedeckt über Nacht einweichen lassen.
Am nächsten Tag die Äpfel entkernen, vierteln und dann die Viertel noch einmal halbieren, sodass Sie von jedem Apfel 8 Stücke erhalten. Die Orangen gut abwaschen, die Schale nicht entfernen, und in kleine Stücke schneiden, dabei Kerne entfernen.
Die Datteln und Sultaninen abtropfen lassen. Alle Früchte und den Zucker in eine große Kasserolle geben. Zum Kochen bringen, dann über niedriger Hitze 1 ½ bis 2 Stunden langsam kochen, immer mal wieder rühren, bis die Mischung weich ist, vor allem die Orangen. Sie brauchen keine Flüssigkeit hinzuzufügen. Die Früchte mit einem Stabmixer oder in der Küchenmaschine pürieren. Gießen Sie das Charosset in die vorbereiteten Gläser und füllen Sie oben noch die gehackten Nüsse oder Mandeln hinzu. Versiegeln Sie die Gläser.

Im Januar 1951 brauchte meine Familie 3 ½ Tage und einige Flüge, um Australien von Ägypten aus zu erreichen. Jede Nacht übernachteten wir in einem anderen Hotel, bevor die Reise weiterging. Es war Schicksal, dass meine Mutter und meine künftige Schwiegermutter beste Freundinnen wurden. Eine Frau sagte: «Ich habe eine Tochter», die andere: «Ich habe einen Sohn», und so arrangierten sie ein erfolgreiches Schidduch (arrangierte Ehe im orthodoxen Judentum; Anm. d. Ü.). Bert und ich sind jetzt seit fast 50 Jahren verheiratet.
Beide Mütter waren außergewöhnlich clevere Köchinnen: Jeannette Danon, als Sephardin, kochte mit spanisch-italienischem Einfluss, während die aschkenasischen Wurzeln meiner Mutter Sabina Carpenter mir einen polnisch-österreichischen Einfluss vermachten. Beide brachten mir Geheimnisse bei, die von Mutter zu Tochter weitergegeben worden waren; eine Tradition, die ich bei meinen Kindern fortgeführt habe. Ich habe unseren Enkeln auch ein paar einfache Rezepte beigebracht, und sie helfen mir schon mit Freude in der Küche.

LISA GOLDBERG

Während des Chanukka-Fests ist es Tradition, Frittiertes zu essen. Wir feiern das «Ölwunder», als vor über 2000 Jahren der erste Tempel in Jerusalem zerstört wurde. Es gab nur so viel reines Öl, um die geweihte Kerze noch für einen Tag brennen zu lassen, aber auf wundersame Weise hielt das Öl acht Tage – bis es wieder aufgefüllt werden konnte. Das beliebteste Chanukka-Gericht bei uns zu Hause sind Kartoffel-Latkes, Rösti ähnlich, die es in vielen Versionen gibt. Die einfachste ist hier.

KARTOFFEL-LATKES*

Ergibt ungefähr 40 kleine Latkes

600 g Kartoffeln (vorwiegend festkochende Sorte)
2 Eier, leicht verrührt
1 geh. EL Mehl (nach Wunsch)
Meersalz und schwarzer Pfeffer, frisch gemahlen
250 ml (1 Tasse) Pflanzenöl

*Foto auf Seite 254

Die Kartoffeln schälen und raspeln. Für 15 Minuten zum Abtropfen in ein Sieb geben. Drücken sie die geraffelten Kartoffeln mit den Händen aus, um Flüssigkeit zu entfernen. Dann in ein Küchentuch wickeln und auswringen, um alle verbliebene Flüssigkeit auszupressen.

Die Kartoffeln in eine große Schüssel geben. Die Eier und das Mehl (wenn Sie es verwenden) hinzugeben, dann großzügig mit Salz und Pfeffer würzen. Gut vermischen.

Genug Pflanzenöl in eine Pfanne geben, um einen Pegel von 5 mm bis 1 cm zu erreichen. Wenn das Öl heiß ist, fügen Sie vorsichtig den Kartoffelteig teelöffelweise in die Pfanne, um kleine runde Kartoffelplätzchen zu erhalten. Leicht flachdrücken. Über mittlerer Hitze wenige Minuten auf beiden Seiten braten, bis sie goldbraun sind. Auf Küchenpapier abtropfen lassen.

Heiß servieren, gern mit Crème fraîche und Lachs-Pastrami (Seite 24).

Lesen Sie Lisas Geschichte auf Seite 13

Kartoffel-Latkes

Gefilte Fisch

RUTH ESKIN

In meiner Erinnerung gibt es kein Pessach-Fest ohne selbstgemachte Gefilte Fisch, zuerst hat es meine Großmutter gemacht, dann meine Mutter. Meine Brüder und ich mopsten ständig die leuchtend orangefarbenen Karottentaler, die auf den Bällchen lagen – genau wie meine Kinder heute. Es ist ein urjüdisches Gericht, meistens als erster Gang an Seder oder Rosch Haschana gereicht und immer mit frischem Meerrettich (jidd. Chrain). Dies ist das Rezept meiner Mutter, das sie aus den Versionen meiner Großmutter und deren alter Freundin Judy Marks zusammengestellt hat. – Natanya Eskin

GEFILTE FISCH*

Ergibt ungefähr 45 mittelgroße Bällchen

Fischbrühe

- 1 – 2 kg Karkassen (Gräten und Köpfe) von mageren Weißfischen
- 1 große braune Zwiebel, gepellt, im Ganzen gelassen
- 3 Selleriestängel, in Drittel geschnitten
- 1 Steckrübe, geschält und geviertelt
- 1 Pastinake, geschält und geviertelt
- 4 Karotten, geschält und jeweils gedrittelt
- 3 EL Zucker
- 1 EL Salz
- 1 kleine Handvoll Pfefferkörner, schwarz
- ½ Bund glatte Petersilie
- 3 Lorbeerblätter, getrocknet

Gefilte Fisch wird am besten zwei Tage vor dem Servieren begonnen. Die Fischbrühe sollte möglichst einen Tag oder zwei vor dem Kochen bereitet werden und die rohe Fischmischung sollte am besten über Nacht kalt gestellt werden. Die gekochten Bällchen werden kalt serviert, also müssen sie nach dem Kochen noch entsprechend gekühlt werden.

Beginnen Sie mit der Brühe. Um die Fischköpfe und Gräten zu reinigen, schneiden Sie zunächst die scharfen Flossen und die Augen heraus und werfen sie weg. Die Köpfe und Gräten in kaltem Wasser abspülen und gründlich reinigen. Mit der Zwiebel, dem Sellerie, der Rübe, der Pastinake und den Karotten in einen Suppentopf oder eine sehr große Kasserolle geben und mit kaltem Wasser bedecken. Zucker und Salz hinzufügen und zum Kochen bringen. Das aufschäumende Eiweiß abheben. Die Pfefferkörner, die Petersilie und den Lorbeer hinzufügen. Den Topf zudecken und 2 Stunden lang leicht köcheln lassen. Durchseihen und nach Geschmack würzen. Abkühlen lassen und bis zum Gebrauch kalt stellen.

Das Öl in einer großen Pfanne erhitzen und sanft die Hälfte der Zwiebeln ungefähr 10 Minuten braten, bis sie weich und goldbraun sind. Beiseite stellen und abkühlen lassen.

Fischbällchen

60 ml (¼ Tasse) Pflanzenöl

6 große Zwiebeln, gehackt

2 kg Mischung aus Barsch, Brasse oder anderen Weißfischen in Filets, durch den Fleischwolf gedreht

1 Scheibe Challah, in Wasser eingeweicht, Flüssigkeit ausgedrückt (auf diese Zutat an Pessach verzichten)

85 g (⅔ Tasse) feines Matzemehl oder frische Semmelbrösel

7 Eier

2 EL Salz

80 g (⅓ Tasse) Zucker

1 ½ TL weißer Pfeffer, frisch gemahlener

250 ml (1 Tasse) Wasser

2 Karotten, geschält und in 3 mm dicke Scheibchen geschnitten

Meerrettichpaste aus dem Glas, zum Servieren

Mit einem Fleischwolf den Fisch zusammen mit der rohen und der gebratenen Zwiebel durchdrehen, anschließend die Challah. Während Pessach die Challah weglassen. Das Matzemehl, die Eier und Gewürze zu der Mischung geben und alles gut vermengen. Nur so viel Wasser zugeben (bis zu 1 Tasse), um die Mischung aufzulockern. Mit Frischhaltefolie abdecken und für mindestens 2 Stunden kalt stellen, besser über Nacht, damit die Flüssigkeit absorbiert wird und die Mischung sich festigt.

Bevor Sie die Gefilte-Fisch-Bällchen kochen, kochen Sie ein walnussgroßes Probebällchen, um den Geschmack zu testen. Gießen Sie die Brühe mit den in Scheibchen geschnittenen Karotten in den Suppentopf und bringen Sie sie zum Kochen. Mit feuchten Händen aus der Mischung ein walnussgroßes Bällchen rollen und in der Brühe ein paar Minuten ziehen lassen. Abkühlen lassen, probieren und die Mischung, wenn nötig, entsprechend abschmecken.

Mit nassen Händen und einem nassen Löffel, ungefähr 2 Dessertlöffel voll Mischung nehmen, zu Bällchen rollen und in die Brühe gleiten lassen. So weiter verfahren, bis die Mischung aufgebraucht ist. Zugedeckt auf kleiner Flamme 45 Minuten leicht köcheln lassen. Den Topf ab und zu leicht rütteln, damit die Bällchen nicht aneinanderkleben. Die Fischbällchen und die Karottenscheiben mit einem Schaumlöffel aus der Brühe heben. Die Fischbällchen in einer Lage auf eine Servierplatte geben und auf jedes Bällchen eine Karottenscheibe legen. Abkühlen lassen und dann mit Frischhaltefolie abdecken. Bis zum Servieren kalt stellen.

Die zurückgebliebene Brühe durchseihen und kalt stellen. Sie wird beim Kühlen gelieren. Das Gelee kann zum Fisch gereicht werden.

Mit Meerrettich servieren.

*Foto auf Seite 255

Lesen Sie Natanyas Geschichte auf Seite 14

Hähnchen-Tebeet

LILY WAITSMAN

Kindheitserinnerungen an meine Familie, wie sie in Tel Aviv Riesenplatten von Essen teilt, sind der Ursprung für meine Liebe zu Essen und Familienleben. Meine Eltern stammen ursprünglich aus Bagdad und ließen sich in Israel nieder, als sich 1934 die Situation für irakische Juden verschlimmerte.

Damals wurden Kochkenntnisse generationenweise weitergegeben: zusehen, lernen und lehren. Ich habe gelernt, indem ich meine Mutter Daisy und Tante Violet beobachtet habe, wie sie wundervolle Gerichte gekocht haben wie Kooba bamia (Okra-Eintopf mit Fleischklößchen), Sambusa (dreieckige gefüllte Teigtäschchen) und Salona (süß-saurer Fisch). Grundnahrungsmittel waren wichtig – als ich aufwuchs, gab es sonst nicht viel. Aber die Freude, die ganze Familie beieinander zu haben und zusammen zu essen, war vorrangig.

Ich bin 1964 mit meinem Mann und meinem ältesten Sohn Alain nach Sydney gezogen, und meine anderen Kinder, Andre und Nicole, wurden ein paar Jahre später hier geboren. Erst als ich meine eigene Familie hatte und sah, wie hoch selbstgemachtes Essen geschätzt wird, inspirierte mich das, wunderbare Mahlzeiten für meine Kinder zu kochen, und ich hoffe, ich habe sie inspirieren können, diese Gewohnheit ihrerseits weiterzugeben.

LILY WAITSMAN

Dieses Rezept habe ich von meiner Mutter Daisy. Zu jener Zeit hatten sie keinen Herd, also wurden die Schmorgerichte in den öffentlichen Ofen in den Wohnblocks gestellt. Nach der Synagoge am Samstag wurde der Topf wieder abgeholt, und wir kamen mit einer duftenden heißen Mahlzeit nach Hause. Ich mache es immer noch gern, meistens für den Freitagabend, und Reste ergeben dann ein einfaches und köstliches Essen für Samstagmittag. Meine Tochter Nicole liebt es besonders.

HÄHNCHEN-TEBEET*

Ergibt 6 – 8 Portionen

60 ml (¼ Tasse) Pflanzenöl
1 Hähnchen von 2 kg
2 große Zwiebeln, gehackt
3 Tomaten, geschält und gehackt
2 TL Tomatenmark
875 ml (3 ½ Tassen) Wasser
2 TL Meersalz
schwarzer Pfeffer, frisch gemahlen
660 g (3 Tassen) Basmati-Reis
1 ½ EL Baharat-Gewürzmischung (siehe Tipp), plus etwas zusätzlich zum Bestreuen

*Foto auf Seite 259

TIPP:
Baharat ist eine nahöstliche Gewürzmischung, die üblicherweise Folgendes enthält: Salz, Pfeffer, Gewürzrinde (Cassia), Nelken, Koriandersamen und Kardamom. Baharat gibt es in Gewürzhandlungen und Delikatessenläden.

Verwenden Sie eine ofenfeste Kasserolle, die tief genug ist, das ganze Hähnchen, von dem Reis umgeben, zu fassen.

Das Öl in der Kasserolle erhitzen und das Hähnchen von allen Seiten braun anbraten, dabei regelmäßig wenden. Das Fleisch beiseite stellen. Die Zwiebeln hineingeben und bei mittlerer Hitze braten, bis sie fast goldbraun sind. Die Tomaten und das Tomatenmark hinzufügen und gut durchrühren. Das Hähnchen wieder in den Topf geben. 500 ml (2 Tassen) Wasser, Salz und Pfeffer hinzugeben und zum Kochen bringen. Zugedeckt 30 Minuten köcheln lassen.

In der Zwischenzeit den Reis waschen, bis das Wasser ganz klar ist. Den Reis in eine Schüssel geben, mit Wasser bedecken und einweichen, bis er gebraucht wird. Seine Farbe wird sich zu einem kalkigen Weiß entwickeln.

Das Hähnchen erneut aus dem Topf nehmen und beiseite stellen. Die Tomaten-Zwiebel-Mischung abschmecken; wenn nötig, mehr Salz hinzugeben. Den Backofen auf 110 °C vorheizen. Den Reis abtropfen lassen und mit dem restlichen Wasser zu der Zwiebel-Tomaten-Mischung geben. Die Baharat-Gewürzmischung dazugeben und zum Kochen bringen. Das Hähnchen wieder in den Topf legen und mit dem Reis bedecken. Etwas Baharat obenauf streuen, ohne zu rühren. Zudecken, in den Ofen stellen und 4 Stunden garen. Ab und zu prüfen, ob nichts anbrennt. Eine tiefgoldene Reiskruste sollte sich am Boden und an den Seiten der Form gebildet haben.

Zum Servieren legen Sie das Hähnchen in die Mitte einer Servierplatte. Das Hähnchen wird auseinanderfallen, also können Sie einige der kleineren Knochen entfernen. Häufen Sie den Reis um das Hähnchen, wenn möglich so, dass die Kruste oben liegt.

JACQUI WASILEWSKY

Diese süßliche Ochsenbrust haben wir immer an Pessach und Rosch Haschana gegessen. Meine Großmutter machte um ihr Rezept immer ein großes Geheimnis, aber meine Mutter hat es einfach durch Zusehen und Nachmachen gelernt. Wegen ihres schlechten Gesundheitszustands kann meine Mutter nicht mehr kochen, aber wir denken alle an sie und sprechen über sie, wenn wir dieses Rezept bereiten. Dabei liegt eine bestimmte Süße in der Luft, die weit über den Geschmack hinausgeht.

FLOMMEN-TZIMMES-OCHSENBRUST

Ergibt 8 Portionen

1 EL Pflanzenöl
2 kg frische Ochsenbrust
2 Zwiebeln, halbiert und in Spalten geschnitten
1 kg festkochende Kartoffeln (z. B. Kipfler), geschält und in dicke Scheiben geschnitten
400 g (1 ¾ Tassen) entsteinte Backpflaumen
Meersalz und schwarzer Pfeffer, frisch gemahlen
175 g (½ Tasse) Zuckerrübensirup
2 EL Zitronensaft

Sie benötigen eine Kasserolle, die groß genug ist, die ganze Ochsenbrust zu fassen.

Das Öl in der Kasserolle erhitzen und die Ochsenbrust von beiden Seiten anbraten. Die Zwiebeln, die Kartoffeln, ¾ der Pflaumen und 2 TL Salz hinzufügen. Mit kochendem Wasser bedecken und mit der Hälfte des Sirups. Zum Kochen bringen, den Deckel halb auflegen und ungefähr 1 ¼ Stunden köcheln lassen, bis das Fleisch zart wird.

Den Backofen auf 180 °C vorheizen.

Das Fleisch aus der Flüssigkeit herausnehmen und in ein ofenfestes Gefäß legen. Die Flüssigkeit durchseihen und aufbewahren, die Zwiebeln, Kartoffeln und Pflaumen oben auf die Ochsenbrust füllen. So viel Flüssigkeit dazu gießen, dass das Fleisch zur Hälfte bedeckt ist. Die restlichen Pflaumen und den restlichen Sirup dazugeben. ½ TL Salz und reichlich Pfeffer darüber streuen. Ohne Deckel 1 bis 1 ½ Stunden braten, dabei ungefähr alle 15 Minuten begießen, bis das Fleisch von der Gabel fällt.

Zum Servieren mit dem Zitronensaft beträufeln.

Aus Protest gegenüber dem Apartheid-Regime im Südafrika der 1970er-Jahre emigrierten meine Eltern, beide Ärzte, nach Australien. Ich war erst 11 Jahre alt und Sydney ist seitdem mein Zuhause. Trotz einer fettreduzierten Ernährungsweise meiner Eltern wurden alle Frauen in meiner Familie gute Köchinnen, die unentwegt Rezepte austauschten und experimentierten.

Mein Interesse am Kochen hingegen kam durch meinen Vater. In den frühen Jahren, während meine Mutter noch studierte, musste sie an den Wochenenden arbeiten, also nahm Dad das Kochen als Hobby auf, erfand erstaunliche Currys und kreolische und Cajun-Gerichte. Tagelang war ich mit ihm unterwegs und habe Kräuter und Gewürze gesucht. Wir haben jeden Sonntag damit begonnen, zusammen zu kochen – und tun es heute immer noch. Mein Ehemann Hilton und ich haben drei Kinder, und unsere Kochbegeisterung verbindet jetzt drei Generationen.

YVONNE FINK

Tscholent ist ein ganz traditionelles Gericht, das man freitags aufsetzt, dann die ganze Nacht kocht, damit es am nächsten Tag bereitsteht zum Mittagessen am Schabbat. Es ist ein preiswerter herzhafter Eintopf – voller Bohnen, Graupen, Kartoffeln, nur wenig Fleisch – und macht eine Menge Leute satt. Yvonne macht es immer voller Liebe und Geduld, sie steht sogar in der Nacht auf und sieht nach dem Garzustand. Im Lauf der Jahre habe ich viele verschiedene Tscholents kennengelernt, aber diese alte Version aus Melbourne ist mir die liebste. Sie können ein paar Löffel Paprika hinzufügen, damit es herzhafter wird, vielleicht ein paar Stücke Karotte der Farbe wegen und ein paar geräucherte Knochen für das Aroma. – Lauren Fink

YVONNES TSCHOLENT

Ergibt 8 – 12 Portionen

280 g (1 geh. Tasse) Lima-Bohnen, getrocknet
120 g (½ geh. Tasse) rote Kidney-Bohnen, getrocknet
130 g (½ geh. Tasse) Perlgraupen
5 große Zwiebeln, gehackt
60 ml (¼ Tasse) Pflanzenöl
1 Stück frische Ochsenbrust, ungefähr 750 g
5 kleine festkochende Kartoffeln, geschält und geviertelt
2 Stück Rinderrippe, quer geschnitten
1 ½ EL Salz
1 l (4 Tassen) kochendes Wasser

Dieses Rezept 2 Tage vor dem Servieren beginnen.
Sie benötigen ein mindestens 6 Liter fassendes ofenfestes Gefäß.
Die Bohnen und die Graupen in einer großen Schüssel in reichlich Wasser über Nacht einweichen. Am nächsten Tag abtropfen und abspülen.
Den Backofen auf 130 °C vorheizen.
Die Zwiebeln mit dem Öl in einer Bratpfanne über mittlerer bis starker Hitze ungefähr 15 Minuten anschwitzen. Die Zwiebeln herausnehmen und beiseite stellen.
Legen Sie die Ochsenbrust unten in die Kasserolle. Die Zwiebeln, die Bohnen mit Graupen und die Kartoffeln jeweils in drei Teile teilen. In dieser Reihenfolge je eine Lage davon einschichten, dann eine Rinderrippe, wieder von allem eine Lage, dann die zweite Rippe, mit der letzten Lage von allem, oben mit Kartoffeln, abschließen.
Das Salz in dem kochenden Wasser auflösen und in das Gefäß gießen. Es sollte bis kurz unter die oberste Schicht mit den Kartoffeln reichen (wenn nötig, mehr Wasser angießen). Auf dem Herd zum Kochen bringen und dann ein Stück Backpapier auf die Kartoffelschicht legen, den Deckel auflegen und 2 Stunden im Ofen backen. Auf 100 °C herunterschalten und noch einmal 20 – 22 Stunden garen, ab und zu kontrollieren. Alternativ 4 ½ Stunden bei 150 °C garen. Wenn es auszutrocknen droht, mehr Wasser hinzufügen.

Lesen Sie Laurens Geschichte auf Seite 15

MYRNA ABADEE

Tantchen Myrna machte jedes Jahr an Rosch Haschana die traditionellen Honigkarotten. Ich kann mich erinnern, wie sie erklärte, dass sie für ein süßes (dank des Honigs) und ein erfolgreiches (die Karotten-Taler) neues Jahr stehen. Dem Rezept nach braucht man Butter, aber Sie können Margarine nehmen, wenn Sie koscher kochen. Unser Tisch an Rosch Haschana wartete immer auf ihre süßen Karotten-Tzimmes, ein Gericht, das, da bin ich sicher, noch an viele Generationen weitergegeben wird. – Lisa Goldberg

TANTE MYRNAS KAROTTEN-TZIMMES

Ergibt 20 Portionen als Beilage

- 20 Karotten, geschält
- 170 g (¾ Tasse) Zucker
- 440 g (1 ¼ Tassen) Honig
- Saft von 3 Zitronen
- ½ TL Zimt, gemahlen
- Meersalz und schwarzer Pfeffer, frisch gemahlen
- 100 g Butter

Dieses Rezept bitte 1 – 2 Tage vor dem Servieren beginnen.

Die Karotten in 5 mm dicke Scheibchen schneiden und für ein paar Stunden, besser über Nacht, in Wasser einweichen.

Die Karotten abtropfen lassen, in einen großen Topf geben und gerade eben mit Wasser bedecken. Zum Kochen bringen und 5 Minuten kochen lassen, dann den Zucker, den Honig, den Zitronensaft, Zimt, Salz, Pfeffer und die Butter hinzufügen.

Unbedeckt über mittlerer bis hoher Hitze 1 Stunde kochen lassen, dabei regelmäßig rühren, bis die Karotten glasiert und weich sind und das Wasser fast verdampft ist. Nach Geschmack mit zusätzlichem Salz, Pfeffer und Zitronensaft würzen. Die Karotten vollständig abkühlen lassen.

Zum Servieren den Backofen auf 200 °C vorheizen. Die Karotten in ein ofenfestes Gefäß geben, mit Alufolie bedecken und 1 Stunde backen. In den letzten 15 Minuten die Folie entfernen, damit die Karotten glasiert und golden auf den Tisch kommen.

Lesen Sie Lisas Geschichte auf Seite 13

MAXINE RICH UND ALI LINZ

Schwestern

MAXINE

Eine Mutter, zwei Großmütter, ein Erbe von Frauen – alle sprechen vom Essen. Meine Erinnerung ist durchdrungen von den Düften meiner Kindheit; der Brotgeruch von Gugelhupf, der uns beim Heimkommen von der Schule empfing, brutzelnde Pfannen, die am Ende der Woche Schnitzel und Latkes versprachen, und die aufregenden Gerüche von Chili und Knoblauch, die Familie und Freunde ankündigten.

Von Kindheit an ermutigte uns unsere Mum, auch zu kochen; das hieß: Gurken und Karotten schälen, klebrige Finger in Fischteig, Arme Ritter mit besonders viel Puderzucker braten. Kuchenbacken war dem Sonntagnachmittag vorbehalten, wenn meine Mutter ihre saubere Küche für eines ihrer seltenen Mittagsschläfchen opferte.

Dank meiner Gene würzten die Zutaten von deutscher, ungarischer und englischer Herkunft viele unserer Mahlzeiten, während unser polnisches Erbe sich nur ab und zu bemerkbar machte. Für uns war das Essen wie unser Leben – voller Vielfalt, gespickt mit etwas Altem, vermengt mit dem Neuen.

ALI

Für mich bedeutet gutes Essen das Gefühl, geliebt zu werden. Meine Großmutter Ruth hegt und pflegt das Kochbuch, das ihre Mutter – meine Urgroßmutter – eigens für ihre Aussteuer geschrieben hat.

Jede Seite ist in altmodischem Deutsch in einer gestochenen Handschrift geschrieben. Meine Mutter dagegen ist unbefangener. Sie hat am «Cordon Bleu» (berühmte Koch-/Backschule in Paris; Anm. d. Ü.) gelernt, aber als ich noch ein Kind war, legte sie mir einfach Arbeitsbrett und Messer auf den Boden, damit ich voller Spaß nachahmen konnte, wie sie auf der Arbeitsfläche Knoblauch hackte. Später saß ich oben auf der Arbeitsfläche, machte Gugelhupf-Teig und Soufflés, während sie geduldig mein Chaos aufwischte. Meine Kinder machen es jetzt genauso. Wenn ich sie über und über mit Baiser-Mischung bekleckert sehe, fühle ich den Spaß wieder, den ich als Kind hatte.

Unsere ganze Familie ist von Thema Essen besessen. Nicht von der schicken Haute Cuisine, sondern von Nahrung für Leib und Seele. Die Frage, die bei uns gestellt wird, ist nicht: «Wo warst du?», sondern «Was hast du gegessen?».

MAXINE RICH

Dieses Matzen-Müsli entstand vor Jahren aus Verzweiflung, als wir nach Lösungen für ein Geburtstagsfrühstück für unsere Tochter ausgerechnet während Pessach suchten. Es bleiben eigentlich nur Joghurt und Früchte, wenn es keine Croissants, keine Käsetaschen und keinen dick gebutterten Toast geben darf. Was als Geburtstagsleckerei begann, wurde in unserer Familie schnell ein fester Bestandteil für Pessach. Es bietet außerdem eine schmackhafte Abwechslung von dem leckeren, aber schweren Matzenbrei!

MATZEN-KNUSPERMÜSLI

Ergibt 5 Tassen

6 Scheiben Matzen, in Stücke von 2 cm Seitenläge gebrochen
70 g (¾ Tasse) Kokosflocken
115 g (¾ Tasse) Mandeln, ganz
80 ml (⅓ Tasse) Pflanzenöl
175 g (½ Tasse) Honig
¼ TL Meersalz
1½ TL Zimt, gemahlen
80 g (½ Tasse) Rosinen
80 g (½ Tasse) Aprikosen, getrocknet, gehackt

Den Backofen auf 180 °C vorheizen. Ein großes Backblech mit Backpapier auslegen.

Die Matzen, die Kokosflocken und die Mandeln in einer Schüssel vermischen, dann auf dem vorbereiteten Blech verteilen und 20 Minuten backen, ab und zu rühren.

In der Zwischenzeit das Öl, den Honig und das Salz in einem Topf über mittlerer Temperatur erhitzen, bis sich alles verbunden hat.

In einer großen Schüssel den gerösteten Matzen-Mix mit der Honigmischung verrühren. Den Zimt einarbeiten. Wieder auf das Backblech geben und weitere 15 Minuten backen, ab und zu auflockern. Die Rosinen und Aprikosen hinzugeben und gut rühren. Weitere 5 Minuten backen. Aus dem Ofen nehmen und auf dem Blech abkühlen lassen.

Stücke, die zu groß geblieben sind, noch einmal durchbrechen. In einem luftdichten Behälter bis zu 2 Wochen haltbar.

Mit Joghurt und gedünsteten Früchten servieren oder einfach als knusprigen Snack.

ALI LINZ

Ich werde nie vergessen, wie meine Großmutter diese Lammstelzen zum ersten Mal kostete. Sie verkündete: «Damit könntest du überallhin gehen!», was grob übersetzt bedeutet: «Dieses Essen ist so viel wert wie ein Harvard-Abschluss!» Das Gericht ist ideal, wenn man jemandem ein bisschen auf die Beine helfen will, aber auch gut als Freitagabend-Dinner. Es lässt sich einfrieren und gut wieder aufwärmen und die Reste sind, leicht zerkleinert, ideal als Pasta-Sauce.

LAMMSTELZEN MIT BALSAMICO-ESSIG

Ergibt 6 – 8 Portionen

- 40 g (¼ Tasse) Mehl, zum Bestäuben
- 1 TL Meersalz
- 8 kleine Lammstelzen, pariert («French trimmed», siehe Tipp).
- 60 ml (¼ Tasse) Olivenöl
- 4 Knoblauchzehen, zerdrückt
- 1 EL Rosmarinnadeln, fein gehackt
- 185 ml (¾ Tasse) Balsamico-Essig, dunkel
- 250 ml (1 Tasse) Rotwein, trocken
- Meersalz und schwarzer Pfeffer, frisch gemahlen
- 6 kleine rote Zwiebeln, ungefähr 650 g insgesamt (geschält)

Den Backofen auf 180 °C vorheizen.

Das Mehl und das Salz vermengen und die Lammstelzen damit einstäuben.

In einer ofenfesten Kasserolle etwas Olivenöl erhitzen (1 EL für den nächsten Schritt zurückbehalten) und bei mittlerer Temperatur die Stelzen ungefähr 10 Minuten darin schubweise anbräunen, bis sie deutlich Farbe angenommen haben, dann das Fleisch beiseite stellen.

Das restliche Öl, den Knoblauch und den Rosmarin in die Kasserolle geben, umrühren und mit einem Pfannenwender die Röststoffe vom Boden lösen. Den Essig und den Wein einrühren, zum Kochen bringen, dann 5 Minuten köcheln lassen.

Die Stelzen zurück in die Kasserolle geben, mit Salz und Pfeffer würzen, dann mit Backpapier und einem Deckel bedecken. In den Ofen geben und 1 Stunde backen. Jede Zwiebel in 6 Spalten schneiden. Den Topf aus dem Ofen holen und die Zwiebeln hinzufügen. Weitere 2 Stunden backen, bis das Fleisch von der Gabel fällt und sich leicht vom Knochen lösen lässt.

Die Stelzen aus der Kasserolle heben und warm stellen. Das Fett von der Sauce abheben, sie dann auf dem Herd 10 – 15 Minuten köcheln lassen, bis sie zu einer Glasur reduziert ist.

Zum Servieren die Sauce über die Stelzen gießen. Köstlich dazu schmeckt Polenta, Kartoffelpüree oder Kartoffel-Zwiebel-Gratin (siehe Seite 175).

TIPP: Die Lammstelzen können Sie parieren, indem Sie am dünneren Ende nach ca. 3 cm ins Fleisch schneiden, bis auf den Knochen. Das kleine Stück Fleisch und alle Sehnen entfernen, sodass ein Stück freigelegter Knochen wie ein «Griff» übrig bleibt. Das ist lediglich eine optische Maßnahme, da für den Geschmack bedeutungslos (Anm. d. Ü.).

RUTH BRECKLER

Meine Familie zog 1976 von Melbourne nach Perth, als ich 14 Jahre alt war. In unserem Haus war es die Musik, die die Menschen zusammenbrachte. Mein Vater spielte und unterrichtete Saxofon und Klarinette, und meine Mutter war eine begnadete Pianistin. Wir haben uns oft um das Klavier versammelt und miteinander gesungen, bevor wir uns auf Mums köstliche selbstgekochte Spezialitäten stürzten. Ich habe von Mum viele Rezepte gelernt; sie war eine unkomplizierte, aber gute Köchin.

Meine Bobba (Großmutter väterlicherseits) Chaya Kooperman schrieb so gut wie nie ein Rezept auf. Ursprünglich aus Palästina, war sie in der Perth Community bekannt dafür, dass sie Gäste mit einem traditionellen koscheren Essen willkommen hieß. Die Küche meiner Nana Doris Crawcour hingegen war eher englisch, einfach und nahrhaft, hauptsächlich mit Zutaten aus dem eigenen Garten. Wann immer wir sie in Launcestone besuchten, rannten wir zum Gemüsebeet und pflückten, worauf wir Lust hatten – selbstgezogene Erdbeeren zum Dessert waren eine besondere Delikatesse.

Einfach indem ich zusah und half, habe ich im Lauf der Jahre viele Rezepte meiner Großmütter gelernt, und bei meiner eigenen Familie empfinde ich es als äußerst befriedigend, wenn ich meinen Mann und meine Kinder lächeln sehe, wenn sie nach Hause zu den vertrauten Küchendüften kommen.

Ich bin mir absolut sicher, dass das Kochen den Generationen vor uns geholfen hat, fortzubestehen. Ich habe beim Kochen die Bilder meiner verstorbenen Eltern vor mir, die mir zusehen, wie ich diese ganz speziellen Gerichte zubereite. Und ich hoffe sehr, dass meine Kinder diese Tradition fortsetzen wollen.

RUTH BRECKLER

Diese Honigkekse sind für mich etwas Besonderes, denn sie führen mich zu meiner Mutter Lynette und ihrer Mutter Doris zurück. Dieses Rezept ist und bleibt ein Familienliebling und ich hatte eigentlich nicht geglaubt, dass ich es jemals weitergeben würde. Nach all den Jahren, in denen wir die Kekse an Rosch Haschana verschenkt haben, haben Julie und ich nun beschlossen, das Rezept in Mums Namen zu teilen. Sie sind sehr süß und einzigartig in ihrer Konsistenz. Sie halten sich gut und können eingefroren werden.

HONIGKEKSE

Ergibt ungefähr 30 Kekse

60 g Butter, Zimmertemperatur
170 g (¾ Tasse) Zucker, extrafein
170 g (½ Tasse) Honig
1 Ei
420 g (knapp 3 Tassen) Mehl
1 TL Backsoda (Natron)
½ TL Zimt, gemahlen
1 Prise Nelken, gemahlen
1 Eiweiß, leicht verquirlt, zum Bestreichen

Mit dem elektrischen Handrührgerät oder der Küchenmaschine die Butter und den Zucker verquirlen, bis sie hell und cremig sind.

Den Honig sanft in einem Töpfchen oder in der Mikrowelle anwärmen, bis er lauwarm ist, dann zu der Buttermischung gießen. Das Ei unterrühren und gut vermischen.

Mehl, Backsoda, Zimt und Nelkenpulver zusammen sieben. Vorsichtig unter die Buttermischung rühren, bis sich ein weicher Teig bildet.

Den Teig zu einer Kugel formen und mit Frischhaltefolie umwickeln. Im Tiefkühler 1 Stunde oder im Kühlschrank 2 – 3 Stunden ruhen lassen.

Den Backofen auf 180 °C vorheizen. Zwei Backbleche mit Backpapier auslegen.

Den Teig auf einer leicht bemehlten Arbeitsfläche auf 5 mm Stärke ausrollen, dann mit einem Plätzchenausstecher beliebige Formen ausstechen und auf die vorbereiteten Bleche legen, dabei ausreichend Abstand lassen. Mit dem Eiweiß bestreichen und 10 – 12 Minuten backen, bis sie goldbraun sind.

Auf den Blechen abkühlen lassen. In luftdichten Behältern bis zu einem Monat haltbar.

RUTH BRECKLER

Dieses Dessert gab es früher oft bei uns zu Hause. Es lässt sich schon am Vortag zubereiten und es ist parwe, kann also egal nach welchem Hauptgericht serviert werden. Es ist köstlich leicht und schaumig und erfrischt den Gaumen; der krönende Abschluss zu jedem Menü.

ZITRONENBAVAROISE

Ergibt 6 Portionen

- 6 frische große Eier, Eigelb und Eiweiß getrennt
- 230 g (1 Tasse) Zucker, extrafein
- 3 TL Gelatinepulver
- 125 ml (½ Tasse) Wasser, kochend
- feiner Schalenabrieb von 2 Zitronen
- 80 ml (⅓ Tasse) Zitronensaft
- ½ Tasse Himbeeren als Dekoration zum Servieren

Das Eigelb mit der Hälfte des Zuckers verquirlen, bis die Masse dick und cremig wird.

Die Gelatine in das kochende Wasser einrühren, bis sie sich aufgelöst hat. Den Zitronenabrieb und den Saft hinzufügen, dann in die Eigelbmischung einrühren. Zum Andicken in den Kühlschrank stellen, ungefähr alle 10 Minuten umrühren und prüfen, bis die Konsistenz der von flüssiger Sahne gleicht. Wenn es zu sehr stockt, lässt sich das Eiweiß zu schlecht unterheben.

Eiweiß in einer großen Schüssel schlagen, bis es steif, aber nicht trocken ist. Den restlichen Zucker verschlagen. Sanft mit einem großen Metalllöffel unter die Eigelbmischung heben.

Die Bavaroise in eine große Glasschüssel füllen oder auf sechs Portionsschälchen verteilen, mit Frischhaltefolie abdecken und mindestens 1 Stunde kalt stellen. Zum Servieren mit den Himbeeren obenauf dekorieren.

ROCKY LAMBERT

Egal, in welcher Stadt ich war oder mit wem ich das Seder-Mahl geteilt habe, ich habe mich immer an die Tradition der Gerichte gehalten, mit denen ich aufgewachsen bin. Jeder – ohne Ausnahme – verliebt sich in meinen Matzen-Auflauf und will das Rezept. Ich glaube, dass inzwischen in vielen verschiedenen Ländern dieses Rezept gemacht wird, und zwar von unseren Freunden, die in alle Winde verteilt sind. Dieses Rezept hat mir meine Mutter beigebracht. Sie hatte es von einer Cousine aus den USA.

MATZO KUGEL

Ergibt 8 Portionen

3 Blätter Matzen
6 Eier
115 g (½ Tasse) Zucker, extrafein
½ TL Zimt, gemahlen
½ TL Meersalz
80 g (½ Tasse) Sultaninen
4 Äpfel, geraspelt
115 g Butter oder Margarine, geschmolzen
zusätzlich ¼ Tasse Zucker, extrafein, zum Bestreuen
zusätzlich 2 TL Zimt, gemahlen, zu Bestreuen

Den Backofen auf 180 °C vorheizen. Eine quadratische ofenfeste Form (10 x 20 cm) einfetten.

Die Matzen-Blätter grob in 3-cm-Stücke brechen, in eine Schüssel legen, für eine Minute mit Wasser bedecken, dann abtropfen lassen und überschüssiges Wasser ausdrücken.

In einer zweiten Schüssel die Eier, den Zucker, Zimt und Salz verquirlen, bis alles gut vermischt ist. Die Sultaninen einrühren, die geriebenen Äpfel und die Matzen unterrühren. In die vorbereitete Form füllen und die geschmolzene Butter oder Margarine darübergießen, dann alles mit dem zusätzlichen Zimt und Zucker bestreuen. 45 Minuten backen, bis die Oberfläche goldbraun ist.

In Melbourne in einem traditionellen jüdischen Haushalt aufzuwachsen und in eine jüdische Schule zu gehen bedeutet, dass die Feiertage eine große Rolle in der Familienroutine spielen. Soweit ich mich erinnern kann, kam an Pessach nach dem Hauptgang den Matzen-Auflauf, in Alkohol eingelegte Orangen, Mousse au Chocolat und die Pavlova-Torte auf den Tisch. Ich gehe sogar so weit zu behaupten, dass ich an den Desserts erkennen konnte, welchen Feiertag wir begingen. Nach meinem Studium arbeitete ich als Journalistin in London, bekam meine drei Kinder in Sydney, und dann führte ich mit meiner ganzen Familie ein Exilantenleben in Asien. Meine Küche spiegelt mein bisheriges Leben wider. Ich koche das traditionelle jüdische Essen, liebe es aber genauso, chinesische, thailändische oder malaysische Gerichte zuzubereiten. Meine Kinder wissen auch die Mischung aus traditionellem jüdischem Leben mit dem Abenteuer, die große weite Welt zu riechen, darüber zu lernen und zu reisen, sehr zu schätzen. Ich hoffe, dass meine Erfahrungen in ihnen den Wunsch geweckt haben, aus allem, das das Leben ihnen bietet, das Beste zu machen und nicht einen wertvollen Augenblick zu verschwenden.

SUZANNE GOLDBERG

Dieses Käsekuchen-Rezept ist in unserer Familie seit über 30 Jahren ein Highlight und stammt von einer Verwandten in Israel. Es ist ein wirklich großer Kuchen und reicht für eine Menge Gäste. Normalerweise essen wir ihn frisch aus dem Ofen, aber er schmeckt auch nach einer Nacht im Kühlschrank und lässt sich dann einfacher in Scheiben schneiden. Manchmal füge ich noch ein Glas gut abgetropfte entkernte Kirschen hinzu.

RICOTTA-KÄSEKUCHEN

Ergibt 12 – 16 Portionen

7 Eier
290 g (1 ¼ Tasse) Zucker, extrafein
1 kg frischer Ricotta-Käse, abgetropft, wenn er feucht war
250 g saure Sahne
3 EL Vanillesaucenpulver
1 ½ EL Speisestärke
¾ TL Backpulver
2 EL Pflanzenöl
feiner Schalenabrieb einer Zitrone

Den Backofen auf 180 °C vorheizen. Eine Springform von 28 cm oder eine quadratische Kuchenform (24 x 24 cm) einfetten und mit Backpapier auslegen.

Mit einem Handrührgerät die Eier und den Zucker verquirlen, bis sie hell und schaumig sind. Den Ricotta hinzufügen und weiterrühren, bis alles glatt ist, dann alle weiteren Zutaten hinzufügen und weiterschlagen, bis sich alles gut vermischt hat. In die vorbereitete Form füllen und 1 Stunde backen, bis die Oberfläche goldbraun ist. Der Kuchen wird beim Backen aufgehen, nach dem Abkühlen aber wieder zusammenfallen.

Ich bin in Sydney geboren, meine Mutter war Engländerin, mein Vater Ungar, und ihre jeweiligen Mütter verschafften mir den ersten Eindruck von Essen. Meine englische Großmutter hat sich verschiedene Tricks und Spiele ausgedacht, um mich zum Essen zu bringen. Sie legte zum Beispiel einen Apfelschnitz vor mich, drehte sich um und fing an zu singen. Wenn sie sich wieder umdrehte und der Apfel weg war, hatte sie einen Heidenspaß. Als junges Mädchen ließ ich mich inspirieren, wenn ich zusah, wie meine Großmutter ihre berühmten Nockedle (Knödel) oder andere ungarische Spezialitäten machte. Sobald ich alt genug war, betrat ich die Küche, um meine eigenen Fähigkeiten zu testen. Meine Schwester und ich verbrachten die Samstagabende unserer Teenagerzeit damit, mit allen denkbaren Nahrungsmitteln zu experimentieren, während unsere Eltern unterwegs waren.
Wir hatten so viel Spaß daran, zusammen zu planen und zu kochen und auch das Verhunzte vor dem Fernseher zu verspeisen. Natürlich erwarteten unsere Eltern eine pieksaubere Küche, wenn sie heimkamen, aber sie hatten nicht den Hauch einer Ahnung, welches Chaos wir noch wenige Stunden zuvor angerichtet hatten.
Das Experimentieren liegt mir immer noch und ich probiere vor allem neue Rezepte aus und freue mich, wenn die Mitglieder meiner erweiterten Familie genießen, was ich für sie bereitet habe. Meiner Erfahrung nach führt gutes Essen zu guten Gesprächen und unterhaltsamen Stunden.

YVONNE ENGELMAN

Dieses Rezept habe ich von Tantchen Helen gelernt, die wie eine Mutter für mich war. Ich habe sie beim Kochen beobachtet, und sie hat mir einfach erklärt, was zu tun war. Dieser Kuchen ist immer ein Erfolg und erinnert mich bis heute noch an sie. Von diesen Kuchen mache ich an Pessach immer jede Menge, um sie an meine Kinder und Enkelkinder zu verschenken.

NUSSKUCHEN OHNE MEHL

Ergibt 10 Stücke

- 8 Eier, Eiweiß und Eigelb getrennt
- 200 g (¾ Tasse, gehäuft) Zucker, extrafein
- 230 g dunkle Schokolade bester Qualität, geraspelt
- 230 g (2 ⅓ Tassen) Haselnüsse oder Walnüsse, gemahlen
- ¼ Tasse Puderzucker, zum Bestäuben

Den Backofen auf 180 °C vorheizen. Eine Springform von 26 cm Durchmesser einfetten und mit Backpapier auslegen.

Mit einem Handrührgerät das Eiweiß steif schlagen, bis sich weiche Spitzen formen, dann langsam den Zucker hinzufügen und weiterschlagen, bis das Eiweiß dick und glänzend ist. Die Eidotter einzeln unterheben, jedes Mal sorgfältig verrühren. Behutsam die Schokolade und die Nüsse unterheben.

Die Mischung in die vorbereitete Form füllen und 45 Minuten backen, oder bis ein Holzstäbchen, das Sie hineinstecken, sauber wieder heraus kommt (Stäbchenprobe). Der Kuchen wird sich in der Mitte etwas absenken, wenn er aus dem Ofen kommt.

In der Form auskühlen lassen. Zum Servieren mit Puderzucker bestäuben.

1927 in der Tschechoslowakei geboren, war ich ein Einzelkind in einer Familie, die dort schon seit Generationen ansässig war. Während meiner behüteten Kindheit wusste ich nichts über Essen und ich ging nie in die Küche, ich habe aber eine liebevolle Erinnerung, wie meine Großmutter köstliche Rahmpilze machte, frisch im Wald gepflückt.

Der Krieg veränderte alles – ich habe als Einzige meiner Familie überlebt. Als eine von 61 Waisen auf der SS Derna, die 1948 nach Australien kamen, um ein neues Leben zu beginnen, heiratete ich bald, schon 1949. Für meinen Mann und mich bedeutete die Familie alles, und seine beiden Tanten in Sydney waren es, die mir in der Küche sehr viel beigebracht haben. Tante Helen kochte sehr «reichhaltig», machte immer köstliche Fischmahlzeiten, Gurkensalate und wunderbare Kuchen. Mir lag es nicht so, mich nach einem Rezept zu richten, meine Leidenschaft zum Essen folgte reiner Notwendigkeit; ich hatte drei Kinder und einen Ehemann, und ich musste lernen.

Meine beste Freundin Esther Fiszman und ich experimentierten auch manchmal in der Küche. Sie wusste mehr als ich und hat mir sogar kompliziertere Gerichte wie Gefilte Fisch beigebracht. Heute bin ich eine sehr stolze Patriarchin über vier Generationen, und es macht mir viel Freude, das Essen für meine Familie zu kochen, das sie so gern mögen.

MERELYN CHALMERS

Diese mundgerechten Leckereien sind einfache Plätzchen, die in Honigsirup getaucht werden. Es braucht ein wenig Zeit, sie zu machen, dafür halten sie ewig, deshalb können Sie sie schon Wochen vor Rosch Haschana backen. Sie sind das ideale kleine Mitbringsel und versüßen den Nachmittagstee.

KLEINE HONIGKUCHEN

Ergibt 50 – 55 Plätzchen

450 g (3 Tassen) Mehl
1 TL Backsoda (Natron)
2 TL Zimt, gemahlen
½ TL Nelken, gemahlen
½ TL Muskat, frisch gerieben
1 Prise Meersalz
250 ml (1 Tasse) Olivenöl, mild
165 g (¾ Tasse) Zucker, extrafein
60 ml (¼ Tasse) süßer sakramentaler Wein oder Port
feiner Schalenabrieb von 1 Orange
1 Orange, gepresst und durchgesiebt, ungefähr 80 ml (⅓ Tasse)
50 g (⅓ Tasse) Pistazien, geröstet und feingehackt

Honigsirup
½ Vanilleschote, der Länge nach aufgeschnitten
350 g (1 Tasse) Honig
100 g (½ Tasse, fest gedrückt) leichter brauner Zucker
feiner Schalenabrieb und Saft von 1 kleinen Zitrone
1 Zimtstange

Den Backofen auf 200 °C vorheizen. Zwei Backbleche mit Backpapier auslegen.

Für den Honigsirup die Samen aus der Vanilleschote in einen Topf kratzen, die leere Schote und die restlichen Zutaten hinzufügen. Langsam zum Kochen bringen, die Hitze sofort reduzieren und 5 Minuten köcheln lassen.

Das Mehl, das Backsoda, die Gewürze und das Salz in eine große Schüssel sieben. In einer zweiten Schüssel das Öl und den Zucker verquirlen, bis sie gut verbunden sind, dann den Wein oder Port, den Abrieb und den Saft der Orange einrühren.

Vorsichtig die Ölmischung in die trockenen Zutaten gießen und zu einem groben Teig vermischen. Mit dem Knethaken eines Handrührgeräts oder der Küchenmaschine 5 Minuten schlagen, bis der Teig glatt, glänzend und zähflüssig ist. Wenn der Teig zu sehr klebt, mehr Mehl hinzufügen.

Den Teig zu kleinen walnussgroßen Kugeln rollen und mit 3 cm Abstand auf das Backblech legen. Jedes Bällchen mit einem Löffelrücken leicht eindrücken und 12 Minuten backen, bis alle fest sind.

Die Vanilleschote und die Zimtstange aus dem warmen Sirup entfernen, ihn in eine flache Schale gießen und die Küchlein 30 Sekunden auf jeder Seite in dem Sirup tränken. Mit Hilfe von 2 Gabeln aus dem Sirup heben und auf ein Kuchengitter über einem Tablett legen. Mit den Pistazien bestreuen und 1 Stunde trocknen lassen.

Die Honigkuchen halten sich in einem luftdichten Behälter 2 – 3 Wochen.

Lesen Sie Merelyns Geschichte auf Seite 13 f.

JACQUI ISRAEL

Diese kleinen Teilchen zum Wegschnuckeln gab es immer auf unserem Pessach-Tisch. Als Familienlieblinge, traditionellerweise wie kleine Pyramiden geformt, waren sie schnell weggegessen und immer wieder nachbestellt. Nana René hat sie immer gemacht, dann meine Mum Sylvie und jetzt machen sie meine Tochter Lexi und ich. Sie schmecken zu jeder Gelegenheit.

KOKOSMAKRONEN

Ergibt 30 Makronen

290 g (3 ¼ Tassen) Kokosflocken
155 g (⅔ Tasse) Zucker, extrafein
2 Eier, leicht verrührt

Den Backofen auf 180 °C vorheizen. Ein großes Backblech mit Backpapier auslegen.
Eine Schüssel Wasser bereitstellen zum Händeanfeuchten.
Alle Zutaten gründlich mischen, bis die Mischung zusammenhält.
Den Teig mit nassen Händen leicht zusammendrücken und in walnussgroße Bällchen formen. Auf das vorbereitete Blech legen und 20 – 25 Minuten backen, bis die Bällchen außen braun sind.
Halten sich in einem luftdichten Behälter bis zu 2 Wochen.

Lesen Sie Jacquis Geschichte auf Seite 16

JUSTINE COHEN

Dieses Krapfen-Rezept entstand vor Jahren an einem Feiertag zusammen mit unseren Cousinen. In jenem Jahr fielen Chanukka und Silvester auf einen Tag. Als wir unsere Silvesterparty planten, entschieden wir, dass wir zum Feiern jede Menge Sufganiot bräuchten, hatten aber kein Rezept. Ich entschied mich, eines zu versuchen, das uns mehr als 100 heiße knusprige Krapfen beschaffen würde. Hier ist das Ergebnis.

SUFGANIOT

Ergibt 18 – 20 Krapfen

125 ml (½ Tasse) Milch
250 ml (1 Tasse) Wasser
70 ml (3 ½ EL) Pflanzenöl
1 Ei
½ TL Meersalz
1 EL Zucker, extrafein
300 g (2 Tassen) Mehl
10 g (3 TL) Trockenhefe
Pflanzenöl zum Ausbacken
1 Tasse Zimtzucker (siehe Tipp)

Milch, Wasser, Öl, Ei, Salz, Zucker, Mehl und Hefe in eine Küchenmaschine mehrere Minuten erst langsam, dann schnell verquirlen, bis die Mischung zähflüssig und glänzend ist. 1 Stunde stehenlassen oder einige Stunden in den Kühlschrank stellen.

Um die Krapfen auszubacken, gießen Sie das Pflanzenöl 10 cm hoch in einen hohen Topf und erhitzen es über mittlerer Temperatur auf 180 °C oder so lange, bis ein Brotstückchen innerhalb von 15 Sekunden im Öl bräunt. Benutzen Sie zwei Suppenlöffel, um die Krapfen in Form zu bringen; einen, um die Mischung aus der Schüssel zu löffeln, den anderen, um den Teig in das Öl zu befördern. Machen Sie einen Versuchskrapfen: Er sollte nach 2 – 3 Minuten auf jeder Seite goldbraun sein. In Schüben von 3 – 4 Stücken die Krapfen ausbacken, damit das Öl nicht zu sehr auskühlt. Zum Umdrehen eine Gabel benutzen, zum Herausheben einen Schaumlöffel. Auf Küchenpapier abtropfen lassen.

Die Krapfen in dem Zimtzucker wälzen und sofort servieren.

TIPP:

Für den Zimtzucker vermischen Sie 2 TL gemahlenen Zimt mit 1 Tasse extrafeinem Zucker.

Lesen Sie Justines Geschichte auf Seite 105

BARBARA KRELL

Mein Mann und ich hatten beide die ganze Welt bereist, bevor wir uns kennenlernten, heirateten und dann vor über 30 Jahren von Südafrika in die wunderschöne Stadt Adelaide zogen. Ich wurde in Benoni geboren, die Familie meiner Eltern war vor langer Zeit aus Litauen und England nach Südafrika gekommen. Mein nomadisierender Charakter ist vererbt; meine Familie zog von Ort zu Ort, immer auf der Suche nach besseren Möglichkeiten. Dank meines Vagabunden-Gens machte ich mich, sobald es irgend ging, auf Welterkundung. Wo immer ich hinging, nahm ich die schönsten Erinnerungen an den Zauber des Kochens mit.

Ich erinnere mich an Samstagnachmittage in Port Elisabeth, wenn meine Mutter sich in die Küche begab, ihr Rezeptbuch nahm und es nach etwas Besonderem zum Tee durchforstete. Aus diesen magischen Seiten zauberte sie Scones, Kuchen und andere Köstlichkeiten hervor: knallrosa Kokosnusseis, Fondant aus gezuckerter Kondensmilch oder aus Pfefferminz. Nie kann ich irgendwo Pfefferminz riechen, ohne an diese Samstage zu denken.

Als wir in Zimbabwe lebten, mussten wir unsere Pessach-Zutaten aus Südafrika beziehen, also gaben wir unsere besondere Pessach-Bestellung jedes Jahr beim örtlichen jüdischen Supermarkt ab. Das, was wir immer am sehnlichsten erwarteten, waren Pletzlach, eine klebrige süß-säuerliche Köstlichkeit aus getrockneten Aprikosen. Im Lauf der Jahre hatte sich die Zusammensetzung geändert, und meine Mutter entschied, es sei an der Zeit, eigene Pletzlach zu machen. Ich sehe sie noch vor mir, wie sie in den Aprikosen rührte und rührte und mein Blick plötzlich aus dem Küchenfenster auf unseren Papaya-Baum fiel, der nie eine einzige Frucht hervorbrachte, den wir aber behielten für den unwahrscheinlichen Fall, dass er es eines Tages doch tun würde.

BARBARA KRELL

Nachdem Mum angefangen hatte, ihre eigenen Pletzlach zu machen, gab es kein Pessach mehr ohne sie. Auch bei uns heute ist Pessach ohne Pletzlach undenkbar, und wann immer ich sie mache, bringt es meine geliebte verstorbene Mum in mein Leben und in die Küche zurück. Ich erlebe wieder, wie ich neben ihr am Herd stehe und zusehe, wie sie eine klebrige, zähe Masse in Aprikosenköstlichkeiten verzaubert. Nehmen Sie für dieses Rezept die säuerlichen getrockneten Aprikosen, nicht die süßen türkischen.

PLETZLACH

Ergibt ungefähr 100 – 150 Stück

1 kg getrocknete Aprikosen
1,32 kg (6 Tassen) Zucker
150 g (1 Tasse) Mandeln, blanchiert, gehackt (auf Wunsch)
1 – 2 Tassen Zucker, extrafein, zum Bestreuen

Beginnen Sie dieses Rezept einen Tag vor dem Servieren.

Geben Sie die getrockneten Aprikosen in einen Topf mit schwerem Boden und gießen Sie so viel Wasser dazu, dass sie gerade bedeckt sind (ungefähr 3 Tassen). Zum Kochen bringen, dann köcheln, bis die Früchte nach ungefähr 30 Minuten wirklich weich sind und das Wasser verkocht ist. Vom Herd nehmen und mit einem Pürierstab pürieren oder mit einem Holzlöffel weich drücken (kleine verbliebene Aprikosenstückchen stören nicht). Ein großes Holzbrett vorbereiten, das heißt, mit Wasser vollkommen befeuchten.

Den Zucker zu dem Aprikosenpüree hinzufügen. Zum Kochen bringen und über mittlerer Temperatur köcheln lassen, dabei ständig mit einem Holzlöffel umrühren, um ein Ansetzen oder Stocken zu vermeiden. So ungefähr 30 – 40 Minuten fortfahren, bis die Farbe dunkler wird und das Püree andickt und sich beim Umrühren von den Topfseiten löst. Wenn es am Boden anzusetzen droht, die Temperatur reduzieren. Zum Test, ob es fertig ist, einen Löffel voll in ein Glas Wasser fallen lassen. Er sollte sich zu einem Ball formen.

Den Topf vom Herd ziehen und die gehackten Mandeln einrühren, falls Sie sie verwenden. Prüfen, ob das Brett noch richtig feucht ist. Wenn ja, zügig die Fruchtmasse auf das Brett kippen und mit einer Palette gleichmäßig verstreichen.

Über Nacht trocknen lassen. Mit einem scharfen Messer, das Sie regelmäßig in heißes Wasser tunken, Streifen und dann Rauten schneiden. Vom Brett lösen und mit dem Zucker bestreuen.

In einem mit Backpapier ausgelegten Behälter aufbewahren, vor dem Einlegen immer wieder mit Zucker bestreuen.

GLOSSAR

ASCHKENASEN / ASCHKENASIM – Juden osteuropäischer Herkunft.

BABKA – osteuropäischer Hefekuchen.

BLINZEN / PLINSEN – dünne Pfannkuchen mit herzhafter oder süßer Füllung, die gefaltet oder paketartig gerollt werden, Herkunft Osteuropa.

BROCHA(S) – wörtlich ein «Segen», aber in südafrikanischen Communitys eine Zusammenkunft nach der Synagoge.

BUBBA – Großmutter.

BULKA – ein süßes Brötchen, oft mit Zimt.

CHAGIM – ein Oberbegriff für jüdische Feste und Feiertage.

CHALLAH – (ausgesprochen HAH-Lah) ein traditioneller jüdischer geflochtener Hefezopf für Feiertage und Schabbat.

CHANUKKA – das Fest, an dem «das Öl-Wunder» des ersten Tempels in Jerusalem gefeiert wird. Immer eine Entschuldigung, Frittiertes zu essen.

CHAROSSET – eine köstliche Kombination aus Äpfeln, Walnüssen, Zimt und Wein, anlässlich Pessach, um den Mörtel zu repräsentieren, den das jüdische Volk benutzt hat, als es in Ägypten versklavt war. Ausgezeichnet auf Matzen.

CHAZZAN – ein jüdischer Kantor, der u. a. die Gemeinde bei den geistlichen Liedern anleitet.

CHRAIN – das jüdische Wort für Meerrettichwürze oder -würzsauce, die zu Gefilte Fisch gereicht wird. Wirkt wie eine reichliche Dosis Wasabi.

«FRESSING» – abgeleitet vom Jiddischen, essen mit Appetit und Hingabe.

GEFILTE FISCH – ein traditionelles jüdisches Gericht aus durchgedrehtem und gut gewürztem Fisch, der in Bällchenform in Brühe gekocht wird. Üblicherweise mit einer Karottenscheibe obenauf und Meerrettich (Chrain) serviert.

GESCHMIRTE MATZO – Matze belegt mit Käsekuchen und Zimt.

HAIMISCH – einfache, unkomplizierte, schmackhafte Hausmannsküche, oder ein bodenständiger Mensch. Als Adjektiv lobend benutzt.

JIDDISCH – die alte gesprochene Sprache vieler aschkenasischer Juden: eine Mischung aus Deutsch, Hebräisch und anderen Sprachen. Heute meist gesprochen, wenn Eltern nicht möchten, dass die Kinder verstehen, was sie sagen.

JIDDISCHE MAMMA / NANNA – eine Frau, die den Geist der alten Welt verkörpert, indem sie sich um ihre Familie kümmert und sie gut ernährt.

JOM KIPPUR – Versöhnungstag, der höchste jüdische Feiertag. An diesem Tag büßen die Juden für ihre Sünden. Es ist ein Tag des Fastens, der mit einem weiteren Feiertag endet.

JOMTOV / JOMTOVIM – Feste und Feiertage; wörtlich bedeutet es «gute/r Tag/e». Jomtovim ist der Plural.

KASCHRUT – Die jüdischen Speisevorschriften. Siehe auch «koscher».

KIBBUZ – in Israel eine gemeinschaftliche Art zu leben, ursprünglich, um Landwirtschaft zu betreiben, inzwischen für alle denkbaren Geschäftszweige und Berufe.

KICHEL – ein süßer Cracker, üblicherweise mit einem herzhaften Belag wie gehacktem Hering verspeist.

KIDDUSCH –Segensspruch über einem Becher Wein, kann sich auch auf das Gefäß (oft aus Silber oder Gold) beziehen, das zu diesem Zweck benutzt wird.

KNEIDLACH – bekannt auch als Matzenknödel oder Matzenbällchen, typisch jüdische Klößchen aus Matzemehl und Eiern. An Pessach in einer Hühnersuppe serviert, entweder als runde Kugeln oder als ovale Klößchen.

KOSCHER – wer koscher kocht, folgt den jüdischen Speisevorschriften, z. B. bei einer Mahlzeit Fleisch und Milchprodukte nicht zu verbinden, keine Krustentiere und kein Schweinefleisch zu essen.

KREPLACH – Teigtaschen, mit Fleisch gefüllt, werden in Hühnersuppe gegessen; eine Art jüdische Ravioli.

MATZEN / MATZEMEHL – ein ungesäuertes Brot, das an Pessach gegessen wird, wie ein Wasser-Cracker. Matzemehl ist gemahlene Matze und in grob, fein oder extra fein erhältlich.

MATZENBREI – ein Pessach-Gericht aus verschlagenen Eiern und eingeweichter Matze, ähnlich wie Rührei.

MATZO KUGEL – ein Auflauf aus Matze, oft süß.

MOHEL – die Person, die den jüdischen Ritus der Beschneidung vornimmt.

NACHAS – die unbeschreibliche Freude, die einem zuteil wird, oft durch die eigenen Kinder.

OMI / OUMA – Großmutter.

PARWE – eine «neutrale» Speise, die weder Milch- noch Fleischprodukte enthält. Der Kaschrut verbietet es, Fleisch- und Milchprodukte zusammen zu essen.

PESSACH – ein acht Tage währendes Fest anlässlich der Befreiung der Juden aus der Sklaverei in Ägypten. Unsere

Herausforderung ist, gut zu kochen, ohne Brot, Mehl oder Hefeprodukte (Chametz) über unsere Lippen kommen zu lassen.

PLATTA – Kochplatte, die zum Übernachtkochen am Schabbat benutzt wurde.

ROSCH HASCHANA – das jüdische Neujahr, wird mit vielen Gebeten und vielen Festspeisen begangen, besonders mit in Honig getauchten Äpfeln (für ein süßes neues Jahr) und viel zu viel Honigkuchen.

SABRA – die Bezeichnung für eine in Israel geborene jüdische Person.

SAVTA – Großmutter (hebräisch).

SCHABBAT – ist ein Tag der vollkommenen Ruhe. Beginnt am Freitag bei Sonnenuntergang und endet am Samstag bei Sonnenuntergang; keine Arbeit, viel Beten und üppiges Essen.

SCHAWUOT – Das Wochenfest, an dem die Übergabe der Zehn Gebote gefeiert wird. Es werden jede Menge Käsekuchen und Käseplinsen gegessen.

SCHIDDUCH – Eine arrangierte Ehe oder, umgangssprachlich, eine erfolgreiche «Verkupplung» zweier Singles.

SCHMALTZ – eine direkte Übersetzung ist «Fett». Beim Kochen ist damit das überschüssige Fett beim Huhn gemeint, am menschlichen Körper ist es das Ergebnis von zu viel Fett beim Kochen.

«SCHMEARED» – unsere Bezeichnung für «Bestreichen», z. B. «I schmeared chopped liver on a bagel».

SEDER – das traditionelle Festmahl, das an Pessach abgehalten wird und bei dem Juden stundenlang zusammen sitzen, Wein trinken, zu viel essen und die Pessach-Geschichte immer und immer wieder erzählen.

SEPHARDEN / SEPHARDIM – eigentlich Juden der iberischen Halbinsel (jetzt Spanien und Portugal), inzwischen fasst man unter dem Begriff alle Juden zusammen, die keine Aschkenasim sind, zum Beispiel irakischer, indischer oder nordafrikanischer Herkunft.

SIMCHA – eine Feier jeglicher Art, die in der Regel mit Riesenmengen von Essen zu tun hat.

SHUL / SCHUL – der jiddische Begriff für Synagoge, das jüdische Gebetshaus.

SÜSSER SAKRAMENTALER WEIN – auch bekannt unter dem Namen Kiddusch-Wein, roter Wein zum Segnen, kann in Rezepten durch Portwein ersetzt werden.

TSCHOLENT – traditionelles jüdisches Gericht (meist) aus Fleisch, Kartoffeln, Bohnen und Graupen, das zubereitet wird, bevor der Schabbat beginnt, dann die ganze Nacht köchelt und für Samstagmittag breitsteht.

TZIMMES (oder TSIMMES) – ein süßes aschkenasisches Gericht zur Feier des Neuen Jahres, oft aus Karotten und Pflaumen, auch mit Ochsenbrust.

WIZO (Women's International Zionist Organisation) – eine Wohltätigkeitseinrichtung, die Frauen und Kinder in Israel unterstützt.
Siehe auch: www.wizo.org.

Anmerkung:

In den Zutatenlisten ist eine Mehlsorte aufgeführt, die in Deutschland nicht erhältlich ist: «Self-raising Flour», eine in angelsächsischen Ländern gebräuchliche Mischung aus Mehl und Backtriebmitteln. Sie können diese ganz einfach selbst herstellen, indem Sie auf 375 g Mehl 3 TL handelsübliches Backpulver (oder Weinsteinbackpulver) und ⅓ TL Salz geben. Dann weiter so verfahren, wie im Rezept angegeben.

Rezepte nach Gängen

(v) = vegetarisch / (gf) = glutenfrei

DESSERTS, KUCHEN,
AUFLÄUFE UND TORTEN

KEKSE UND SÜSSIGKEITEN

PESSACH

Rezeptregister

Personenregister

Danksagungen

Das *MMCC*-Projekt ist erst durch die Unterstützung unserer wunderbaren Ehemänner (die erstaunlicherweise immer noch unsere Ehemänner sind) möglich geworden, ebenso durch unsere (insgesamt) 17 Kinder, die wir alle sehr lieben. Besten Dank, dass ihr Verständnis hattet für unsere häufige Abwesenheit und Zerstreutheit während der letzten Jahre.

Unser großer Dank gilt dem Team von Harper Collins Publishers, ganz besonders Catherine Milne, für ihren Weitblick, ihre Treue und unerschütterliche Unterstützung; und unserer Lektorin Rachel Dennis, die immer alles auf ihre seelenruhige Art erledigt. Danke auch an das engagierte Team bei Harper Collins 360, Victoria Comella und Jean Marie Kelly, die uns nach New York und darüber hinaus begleitet haben.

Ein riesiges Dankeschön geht an unser talentiertes Kreativteam, das es fertigbrachte, das gleichzeitige Gerede von sechs leidenschaftlichen und besessenen Frauen zu verstehen und trotzdem ein wunderschönes Buch zu produzieren; und unserem brillanten Fotografen Alan Benson, der nach wie vor weit über das Erforderliche hinausgeht und uns Schwestern ein echter Bruder geworden ist. Dank auch an unseren eleganten Food-Stylisten David Morgan, der allem, was er anfasst, seinen kreativen und kenntnisreichen Touch verleiht; an unsere liebenswerte Gestalterin Tania Gomes, die es so gut versteht, alles immer genau richtig zu machen.

Wir danken Caroline (Lowry) Witts, dass sie uns den richtigen Weg zu diesem Buch geebnet hat; Jane Lawson für ihre Beratung und Weisheit; Rachel Quintana, die uns tagein, tagaus hinter den Kulissen hilft; Nicole Wasserman und Louise Leibowitz für ihre Schreib- und Lektoriertalente. Sie alle haben unsere Belastung erträglich gemacht.

Ebenfalls gilt unser Dank Markus Gerlich und ŌraKing Salmon und dem Biboudis-Clan von «Birds Galore», Rose Bay North, deren fantastische Erzeugnisse immer unsere gemeinnützigen Bemühungen unterstützen.

Dank auch an Brenda, Barry und die ganze Crew von «Bianca's», Rose Bay, die sich seit Tag 1 unseres Buches um dessen Verkauf verdient gemacht haben (und es noch tun), indem sie uns erlaubt haben, all ihre Erlöse aus den Buchverkäufen zu spenden. Das Gleiche gilt auch für die «Marshmellow Boutique» und «Mandalaya Flowers», die unsere Bücher verkauft haben, und Dank an «Hairbiz and Halo», die nicht nur unsere Bücher verkauft haben, sondern uns selbst auch äußerlich verschönert haben.

Unser anhaltender Dank an den wunderbaren Tony Ryba von White International, der unser ganzes Lagerwesen und alle Transporte ohne jeden Umstand abwickelt. Dank an unsere Anwälte Arno Bloch Leibler, unsere Wirtschaftsprüfer MBP Advisory und unsere Buchhalterin Belinda Snape von Dakota Corporation dafür, dass sie all die nötigen Dinge für ein Geschäft für uns erledigen, von denen wir selbst keine Ahnung haben.

Dank an Peter Ricci von Yakadanda, der unsere fantastische Website kreiert hat und immer am Telefon bereitsitzt, wenn wir eine unserer unzähligen Fragen stellen.

Vielen Dank auch an die wunderbaren Köchinnen und Köche, die uns in der Küche unterstützt haben, wenn wir sie nötig hatten: Shereen Aaron, Danielle Barroukh (Tochter von Colette Levy), Ruth Breckler, Ata Gokyildrim, Varda Goodman, Brenda Gordon, Judy Kaye, Debbie Levin, Charmaine und Deborah Solomon, Lena Toropova, Nikki Vernon, Esther Wakerman und Dinkie Wasserman.

Monday Morning Cooking Club ist ein gemeinnütziges Unternehmen und 100 Prozent unserer gesamten Einkünfte gehen an Wohlfahrtseinrichtungen.

Wir danken WIZO NSW und WIZO Australien für ihre anhaltende Unterstützung.

Genehmigungen

Die Rezepte Breudher (Seite 208) und Hähnchen «Everest» (Seite 166) abgedruckt mit freundlicher Genehmigung aus *The Complete Asian Cookbook* von Charmaine Solomon, erschienen bei Hardie Grant 1976, komplett überarbeitete und aktualisierte Auflage 2011.

Lammstelzen mit Balsamico-Essig (Seite 270) übernommen von dem Rezept «Balsamic rosemary and spanish onion braised lamb shanks», erschienen in der August-Ausgabe 2002 des *Australian Gourmet Traveller,* angepasst und abgedruckt mit freundlicher Genehmigung.

Kleine Honigkuchen (Seite 282) angepasst und abgedruckt mit freundlicher Genehmigung der Autorin Sophia Young.

Schokoladen-Orangen-Kuchen (Seite 59) übernommen von dem Rezept «Chocolate orange cake» aus *Feast* von Nigella Lawson, erschienen bei Chatto & Windus 2004, angepasst und abgedruckt mit freundlicher Genehmigung.

Langsam geschmortes Rindfleisch mit Ras el-Hanout (Seite 124) übernommen von dem Rezept «Slow-cooked beef with herbs» aus *The Food of Morocco* von Tess Mallos, erschienen bei Murdoch Books 2008, angepasst und mit freundlicher Genehmigung abgedruckt.

Nahöstliches Kompott (Seite 137) abgedruckt mit freundlicher Genehmigung von Danielle und Dino Fossi vom «La Veduta», Russell, Bay of Islands, Neuseeland.

Besuchen Sie auch unsere Homepage unter www.mondaymorningcookingclub.com.au

Das Original erschien unter dem Titel *Monday Morning Cooking Club. The Feast Goes On* bei Harper Collins Publishers Australia Pty Limited: harpercollins.com.au

1. Auflage 2021

Verlag Freies Geistesleben
Landhausstraße 82, 70190 Stuttgart
www.geistesleben.com

ISBN 978-3-7725-2942-9

Fotos: Alan Benson
Food Styling: David Morgan
Design: Tania Gomes
Umschlaggestaltung & Satz: Bianca Bonfert
Lektorat der deutschen Ausgabe: Monika Reutter
Druck: Neografia a. s., Martin-Priekopa
Printed in Slovakia

«Endlich gibt es das Buch vom Monday Morning Cooking Club auch auf dem deutschsprachigen Markt! Was für ein großartiges Projekt dieser sechs tollen Frauen!»

Martina Olufs, Koch Kontor Hamburg

Monday Morning Cookin Club
Sechs Freundinnen, ihre Geschichten, ihre Rezepte
272 Seiten, gebunden
ISBN 978-3-7725-2941-2

Liebe geht bekanntlich durch den Magen – und Freundschaft tut es auch. Zumindest trifft dies auf sechs Freundinnen mit jüdischen Wurzeln zu, die sich seit einigen Jahren montags zum Kochen, Backen und Plaudern treffen. Im so entstandenen Monday Morning Cooking Club genießen sie aber nicht nur gerne gemeinsam gutes Essen und diskutieren lautstark über die Vorzüge oder Nachteile der einzelnen Gerichte, sie wollen vor allem durch die gesammelten Rezepte und Geschichten der Köche und Köchinnen der jüdischen Community aus aller Welt auch ein wichtiges Erbe für die folgenden Generationen bewahren.